# Intergenerationelle Gerechtigkeit und erschöpfbare Ressourcen



Von

Wolfgang Buchholz

DUNCKER & HUMBLOT / BERLIN

CIP-Kurztitelaufnahme der Deutschen Bibliothek

**Buchholz, Wolfgang:**
Intergenerationelle Gerechtigkeit und erschöpfbare Ressourcen / von Wolfgang Buchholz. — Berlin: Duncker und Humblot, 1984.
(Volkswirtschaftliche Schriften; H. 345)
ISBN 3-428-05655-8

NE: GT


Gedruckt 1984 bei Werner Hildebrand, Berlin 65
Printed in Germany

ISBN 3-428-05655-8

WOLFGANG BUCHHOLZ

# Intergenerationelle Gerechtigkeit und erschöpfbare Ressourcen

Volkswirtschaftliche Schriften

Herausgegeben von Prof. Dr. Dr. h. c. J. Broermann, Berlin

Heft 345

## Vorbemerkung

Die vorliegende Arbeit wurde im August des Jahres 1982 abgeschlossen und von der Wirtschaftswissenschaftlichen Fakultät der Eberhard-Karls-Universität Tübingen im Dezember 1982 als Dissertation angenommen.

Meinem Lehrer, Herrn Professor Dr. Dieter Cansier, danke ich für viele wertvolle Anregungen und Ratschläge, meinen Kollegen Michael Korn und Peter Merk für manche fruchtbare Diskussion.

Wolfgang Buchholz

# Inhalt

# Einleitung

Die menschlichen Aktivitäten beruhen in vielfältiger Weise auf dem Einsatz natürlicher Hilfsmittel. Bereits die Aufrechterhaltung des Lebens selber ist nicht ohne die Nutzung von Luft, Wasser und Sonnenlicht möglich. Schon immer setzt der Mensch aber die Natur über das lebensnotwendige Maß hinaus auch zur Verwirklichung höher gesteckter Ziele ein. Seit altersher verwendet er beispielsweise die Wasserkraft oder tierische Energie und in neuerer Zeit fossile Energieträger zur Mechanisierung von Produktionsvorgängen und zur Beschleunigung der Fortbewegung. In gewisser Hinsicht läßt sich sogar der gesamte ökonomische Fortschrittsprozeß als fortlaufende Entwicklung der Fähigkeiten des Menschen auffassen, sich die Natur für seine Zwecke dienstbar zu machen[1]. Je nachdem, von welchem Erkenntnisinteresse man ausgeht, wird man sein Augenmerk auf ganz verschiedene Aspekte dieser Nutzung natürlicher Ressourcen richten. Speziell die Ökonomik betrachtet natürliche Ressourcen vorwiegend im Hinblick auf deren Knappheit und den daraus resultierenden Allokationsproblemen. Ebenso wie die menschliche Arbeitskraft und Kapital sind auch natürliche Ressourcen in der Regel nicht frei und in unbegrenzter Menge verfügbar. Vielmehr erfordert ihre Verwendung für einen bestimmten Zweck fast immer Abstriche bei der Realisierung anderer Ziele. Um insgesamt eine akzeptable Zuteilung der Nutzungspotentiale auf die verschiedenen möglichen Verwendungszwecke zu erreichen, müssen somit die beim Einsatz natürlicher Ressourcen erzielten Nutzen gegen die jeweils entstehenden „Opportunitätskosten" abgewogen werden.

Wo die Ökonomik die Natur als Konsumgut und Produktionsfaktor in ihre Analyse miteinbezieht, konzentriert sie sich auf zwei Arten von Allokationsproblemen, die für natürliche Ressourcen typisch sind. So betrachtet die Ökonomik etwa solche Nutzungen der Natur, bei denen sich (wie etwa im Bereich der Luft) zu vertretbaren Kosten keine privaten Eigentumsrechte abgrenzen lassen und deren Allokation daher nicht ohne weiteres über den Markt geregelt werden kann. Dies führt auf die Theorien öffentlicher Güter und externer Effekte, die im Zentrum der eigentlichen Umweltökonomik stehen[2]. Hingegen befaßt sich die Ressourcenökonomik im engeren Sinn, um die es hier gehen wird, in erster Linie mit Problemen der intertemporalen Allokation[3]. Zu diesen

---

1 Vgl. etwa Meyer-Abich (1981).

2 Vgl. hierzu z.B. Cansier (1975).

3 Vgl. zur allgemeinen Einführung in diese Thematik etwa Siebert (1981 a).

Problemen kommt es dann, wenn durch die Nutzung einer natürlichen Ressource deren Bestand und damit auch deren spätere Nutzungsmöglichkeiten beeinflußt werden. Ein Ressourcenverbrauch wird dabei in vielen Fällen zu einer Bestandsreduktion führen, die wiederum mit einer Verminderung zukünftiger Konsumchancen einhergeht. Die Art und Weise, in der sich die Bestände natürlicher Ressourcen infolge ihrer Nutzung ändern, liefert der Ressourcenökonomik das wichtigste Kriterium zur Klassifikation ihrer Untersuchungsobjekte: Man spricht von nicht erneuerbaren Ressourcen dann, wenn die Entnahme einer gewissen Ressourcenmenge aus dem vorgegebenen Bestand diesen in irreversibler Weise reduziert. Als typische Beispiele für solche erschöpfbaren Ressourcen können die fossilen Energieträger wie Öl oder Kohle gelten. Ressourcen hingegen, deren Bestände aufgrund natürlicher Vorgänge „nachwachsen", bezeichnet man als regenerierbar. Die Standardbeispiele hierfür liefern Wald- und vor allem Fischbestände.

Bei beiden Arten natürlicher Ressourcen geht es der theoretischen Ressourcenökonomik in erster Linie um die Ermittlung optimaler intertemporaler Allokationen, d.h. um eine bestmögliche Verteilung der Rohstoffnutzung über die Zeit. Als Bewertungsmaßstab für die Qualität der verschiedenen möglichen Allokationen wird dabei in der Regel zunächst das aus der herkömmlichen Theorie optimalen Wachstums vertraute Diskontkriterium verwendet[4]. Ihm zufolge gilt eine Allokation dann als optimal, wenn der mit ihr verbundene Konsumpfad $(c_1, c_2, c_3, \ldots)$ die Summe $\sum_{t=1}^{\infty} u(c_t)(1+r)^{-t}$ der auf den Gegenwartswert abdiskontierten Erträge späterer Perioden unter allen überhaupt möglichen Konsumpfaden maximiert. Dabei bezeichnet $u(\cdot)$ eine zunächst nicht näher spezifizierte Nutzenfunktion und $r > 0$ den Diskontfaktor, der angibt, in welchem Maße zukünftige Erträge gegenüber den heute anfallenden geringer zu bewerten sind. Bei der Anwendung dieses Diskontkriteriums auf Allokationsmodelle mit erschöpfbaren Ressourcen ergibt sich aber vielfach ein unerwünschter Effekt. Unter Umständen sind nämlich die entsprechenden Optimalpfade so beschaffen, daß auf ihnen das Konsumniveau im Zeitablauf immer mehr zurückgeht und nach endlicher oder unendlicher Zeit schließlich den Wert Null erreicht. Eine solche Entwicklung ist natürlich dann unvermeidlich, wenn ein gegebener Ressourcenbestand nur zu reinen Verbrauchszwecken verwendet werden kann und sich so mit dem vorgegebenen „Kuchen" nichts anderes anfangen läßt, als ihn „aufzuessen". Ähnliche Verlaufsformen ergeben sich möglicherweise aber auch dann, wenn eine Aufrechterhaltung des Bestandes und damit eine gleichmäßigere Verteilung der Konsummöglichkeiten über die Zeit prinzipiell möglich wäre. „A positive rate of impatience, no matter how small, implies that it is judged optimal to allow the economy to decay in

---

4 Vgl. hierzu bereits Hotelling (1931) als Klassiker der theoretischen Ressourcenökonomik.

the long run, even although it is feasible to avoid decay."[5] Beispielsweise kann eine nach dem Diskontkriterium optimale Nutzung eines Fischbestandes dazu führen, daß dieser nach endlicher Zeit ausgerottet ist[6]. Besonders problematisch erscheint eine solche ungleichmäßige Verteilung der Konsumchancen wohl dann, wenn man die verschiedenen Perioden, über die sich die Planung erstreckt, als unterschiedliche Generationen interpretiert. Dabei stellt man sich aus Vereinfachungsgründen vor, daß diese Generationen klar voneinander abgegrenzte Einheiten gleicher Größe darstellen, die hintereinander auf der Zeitachse aufgereiht sind. Probleme, die sich durch überlappende Generationen oder Bevölkerungswachstum ergeben, sind damit von vornherein von der Betrachtung ausgeschlossen[7]. Aus dieser Perspektive besteht die intertemporale Nutzungskonkurrenz nicht mehr nur einfach zwischen verschiedenen Zeitpunkten, sondern zwischen verschiedenen nicht zur selben Zeit lebenden Individuen. Die Existenz solcher konfligierender Ansprüche zwischen Individuen gibt aber ganz allgemein Anlaß zur Frage nach der Gerechtigkeit von Allokationen. Konkret in unserem Fall ist also zu prüfen, wann eine Verteilung der Rohstoffnutzung auf die verschiedenen Generationen als „fair" gelten kann. Vorläufig ist nur klar, welche dies nicht sind. Wie wir zuvor bemerkt haben, führen ja Optimallösungen nach dem Diskontkriterium vielfach zu Ergebnissen, die sich jetzt als Ungerechtigkeiten deuten lassen, die zu Lasten zukünftiger Generationen gehen. Während die anfänglichen Generationen eventuell noch im Überfluß schwelgen, werden ihren Nachfolgern beträchtliche Konsumverzichte aufgebürdet. Um derartige Entwicklungen zu vermeiden, bedient sich die Ressourcenökonomik vielfach eines anderen Vergleichskriteriums. Und zwar zieht sie zur Bewertung intertemporaler Konsumprogramme aus der Rawlsschen Gerechtigkeitstheorie[8] die Maximin-Regel heran, nach welcher diejenigen Konsumpfade als optimal gelten, bei denen das Konsumniveau der jeweils am schlechtesten gestellten Generationen maximiert wird[9]. Die bei Verwendung dieses alternativen Kriteriums resultierenden Lösungen sind dann in der Regel sogar so beschaffen, daß sie jeder Generation das gleiche Konsumniveau zugestehen.

Daß sich die Ressourcenökonomik bei ihrer Suche nach einem Gerechtigkeitskriterium in starkem Maße an Rawls orientiert, ist bei vordergründiger Betrachtung kaum überraschend. Zweifellos kann ja Rawls als der im letzten

---

5 Dasgupta / Heal (1979, 299).

6 Die Literatur zu diesem Themenbereich ist sehr zahlreich. Vgl. in jüngster Zeit etwa Heal (1982).

7 Vgl. hierzu auch Siebert (1980 b).

8 Vgl. Rawls (1975 a).

9 Vgl. Solow (1974 a, v.a. 29 f.) und im Anschluß daran etwa Peterson / Fischer (1977, 703 f.), Dasgupta / Heal (1979, 288 ff.), Howe (1979, 85 f., 167 f.), Schneider (1980, 826 f.) sowie Webb / Ricketts (1980, 61 ff.). Auf eine etwas andere Art nimmt Page (1977 a, 200 ff.) auf Rawls Bezug.

Jahrzehnt einflußreichste Theoretiker auf dem Gebiet der philosophischen Ethik gelten, dessen Werk weit über die Grenzen der Philosophie hinaus Beachtung gefunden hat. Gerade auch in der Ökonomik erfolgte eine intensive Rezeption von Rawls, die sich keineswegs nur auf den engeren Bereich der Ressourcenökonomik beschränkte. So setzten sich nicht nur einige renommierte Ökonomen mit Rawls auseinander[10], sondern dessen „Theorie der Gerechtigkeit" gehört auch zu den in neueren wohlfahrtstheoretischen Arbeiten regelmäßig zitierten Werken[11]. In gewisser Weise ist also die Bezugnahme der Ressourcenökonomik auf Rawls sicher Teil einer wissenschaftlichen Modeerscheinung. Ob sie darüber hinaus auch aus tieferen Gründen als gerechtfertigt gelten kann, ist jedoch eine ganz andere Frage. Zum einen würde es für die Zwecke der Ressourcenökonomik an sich völlig ausreichen, sich bei der Wahl eines Kriteriums am einfachen Gleichverteilungsgrundsatz zu orientieren[12]. Den Gerechtigkeitsvorstellungen des „gesunden Menschenverstandes" wäre auf diese Weise unmittelbar Rechnung getragen. Zum anderen entspricht das Vorgehen der Ressourcenökonomie nicht einmal der eigenen Konzeption von Rawls. Dieser schließt nämlich das Problem der intergenerationellen Gerechtigkeit explizit aus dem Geltungsbereich seiner allgemeinen ethischen Theorie und damit auch aus dem der Maximin-Regel aus[13]. Mit den konzeptionellen Fragen der Anwendung der Rawlsschen Theorie auf das Problem der Gerechtigkeit zwischen den Generationen befaßt sich die Ressourcenökonomie jedoch kaum. Das Maximin-Kriterium wird von ihr in der Hauptsache auf einer rein formalen Ebene erörtert, die Erläuterung seines normativen Hintergrundes und dessen Relevanz für die intergenerationelle Problematik kommt demgegenüber zu kurz[14]. Deshalb soll in der vorliegenden Arbeit zunächst der Frage nachgegangen werden, welche „Ratio" man hinter einer Anwendung der Rawlsschen Gerechtigkeitskonzeption auf das Problem der intergenerationellen Fairneß sehen kann. Damit verfolgen wir im wesentlichen die gleiche Absicht wie Dasgupta / Heal, die von diesen aber – obwohl auch sie später mit der Maxinin-Regel arbeiten – nur für das Diskontkriterium verwirklicht wird: „The question arises: how are the conflicting needs of different generations to be weighed and balanced off against one another . . . What can one do . . . is to articulate

---

10 Vgl. etwa Phelps (1973 a, 1979), Arrow (1973 a), Musgrave (1974), Buchanan (1972, 1975), Hayek (1982).

11 Vgl. etwa Rowley / Peacock (1975), Sohmen (1976), Mueller (1979), Ng (1979).

12 Vgl. hierzu etwa Solow (1974 a, 30).

13 Vgl. Rawls (1975 a, 319 ff.).

14 Während sich Solow (1974 a, 29) mit ein paar wenig aufschlußreichen Bemerkungen begnügt, gehen Page (1977 a), Dasgupta / Heal (1979) und Webb / Ricketts (1980) zumindest auf die Rawlssche Konstruktion eines „Urzustandes" ein, ohne dabei aber den Zusammenhang mit der Maximin-Regel deutlich herauszuarbeiten.

in a precise manner the various considerations that may appear morally relevant in answering it."[15]

Wir gehen in zwei Schritten vor: Zunächst erläutern wir allgemein und ohne direkten Bezug zur intergenerationellen Problematik die Kerngedanken der Rawlsschen Gerechtigkeitstheorie. Insbesondere versuchen wir dabei auch zu klären, welche Wertvorstellungen hinter der Rawlsschen Präferenz für die Maximin-Regel stecken. Solche grundsätzlichen Überlegungen erscheinen uns vor allem auch deshalb erforderlich, weil sich – trotz des beträchtlichen Umfangs der Sekundärliteratur zu Rawls – die normativen Grundlagen seiner Überlegungen doch dem raschen Zugriff entziehen. Im zweiten Schritt wird dann ein Bezug zwischen diesen allgemeinen Überlegungen und der speziellen intergenerationellen Problematik hergestellt. Zu diesem Zwecke setzen wir uns mit der Rawlsschen Interpretation des Problems intergenerationeller Gerechtigkeit auseinander und halten dieser unsere eigene, die der allgemeinen Rawlsschen Theorie wohl näher liegen dürfte, entgegen. Nach diesen Überlegungen zur normativen Bedeutung der Maximin-Regel als intertemporales Bewertungskriterium wenden wir diese im zweiten Hauptteil der Arbeit auf ein ganz bestimmtes Allokationsmodell an. Und zwar analysieren wir das Solow-Modell[16], in dem eine erschöpfbare Ressource im Zeitablauf so durch reproduzierbares Kapital ersetzt werden soll, daß auch der Konsum der am schlechtesten gestellten Generation auf einem positiven Niveau bleibt. Insbesondere wird dabei nach Bedingungen für die Existenz von Maximin-Werten, die größer als Null sind, gesucht und eine explizite Beschreibung maximin-optimaler Allokationsprogramme gegeben. Im dritten Hauptteil gehen wir das Thema intergenerationelle Gerechtigkeit schließlich aus einer eher wirtschaftspolitischen Perspektive an. Wir fragen dort nämlich danach, welche Aussichten bestehen, daß die Allokation erschöpfbarer Ressourcen über den Markt der Forderung nach intergenerationeller Gerechtigkeit Rechnung trägt. Viele Argumente aus der aktuellen Diskussion um die Grenzen des Wachstums lassen sich auf diese Frage beziehen, die insgesamt höchst kontrovers diskutiert wird. Während manche für die nachfolgenden Generationen extreme Nachteile infolge des heutigen „Raubbaus" an erschöpfbaren Ressourcen erwarten, sehen gerade viele Ökonomen hier keine Gefahren. Sie vertrauen darauf, daß der Markt wie bisher auch in Zukunft ausreichende Vorsorge für die kommenden Generationen treffen wird. Diese beiden gegensätzlichen Positionen im einzelnen darzustellen und zu beurteilen, ist das Hauptziel im dritten Teil unserer Arbeit.

---

15 Dasgupta / Heal (1979, 260).

16 Vgl. Solow (1974 a).

# I. Die Bedeutung der Rawlsschen Gerechtigkeitstheorie für das Problem der intergenerationellen Gerechtigkeit

## 1. Die allgemeine Rawlssche Maximin-Gerechtigkeit

### *1.1. Der normative Gehalt des Maximin-Kriteriums*

Für die theoretische Ressourcenökonomik stellt sich das Problem nach intergenerationeller Gerechtigkeit in der folgenden abstrakten Situation: Über einer in der Regel unendlich langen Generationenfolge sind verschiedene Konsumpfade $(c_1, c_2, \ldots)$ gegeben. Gefragt ist danach, welcher von ihnen als der relativ gerechteste gelten kann. Bei der Suche nach einem entsprechenden Bewertungskriterium kann man zunächst von den spezifisch intertemporalen Aspekten der Problemstellung absehen. Die Objekte, die in diesem allgemeineren Fall nach Gerechtigkeitsgesichtspunkten verglichen werden sollen, sind dann Allokationen $(x_1, \ldots, x_n)$ (bzw. $(x_i)_{i \in \mathbb{N}}$), die über einer endlichen (bzw. unendlichen) Grundgesamtheit von „Positionen" definiert sind. Als Inhaber dieser „Positionen" kann man sich entweder einzelne Wirtschaftssubjekte oder aber, wie etwa im Falle von Generationen, Gruppen von Individuen vorstellen. Für eine bestimmte Allokation $X := (x_1, \ldots, x_n)$ (bzw. $X := (x_i)_{i \in \mathbb{N}}$) soll die $i$-te Komponente $x_i \geqq 0$ die Konsummenge angeben, die dem Inhaber der $i$-ten Position zuteil wird, wenn die Allokation $X$ zum Zuge kommt. Alternativ dazu kann man alle $x_i$ aber auch als Nutzenniveaus interpretieren, die sich dann ergeben, wenn die Konsumniveaus durch eine feste Nutzenfunktion $u$ bewertet werden. Am Kern der folgenden Überlegungen ändert sich dadurch nichts Wesentliches. In diesem formalen Rahmen geht es bei der *Bestimmung eines Gerechtigkeitskriteriums* jetzt um die *Wahl* einer bestimmten Rangordnung (formal: *einer Ordnungsrelation*[1]) zwischen den verschiedenen Allokationen. Dabei nehmen wir an, daß die Forderung nach Gerechtigkeit dem üblichen Effizienzziel nachgeordnet ist. D.h. wir betrachten von vornherein nur solche Bewertungskriterien $R$, bei denen Pareto-Verbesserungen niemals zu einer Verschlechterung im Hinblick auf $R$ führen. Die Frage, welche von zwei gegebenen Allokationen man als die gerechtere anzusehen hat, stellt sich im Rahmen unserer Überlegungen nur dann, wenn sich die beiden nicht nach dem Pareto-Kriterium vergleichen lassen.

---

[1] Vgl. zu diesem Begriff in der ökonomischen Literatur z.B. Arrow (1963, 11 ff.) oder Sen (1970, 7 ff.).

Speziell bei Rawls ergibt sich jetzt als Gerechtigkeitskriterium das „Unterschiedsprinzip“, das in formaler Hinsicht mit der aus der statistischen Entscheidungstheorie[2] bekannten Maximin-Regel identisch ist, welche zwei Allokationen $X = (x_1, \ldots, x_n)$ und $Y = (y_1, \ldots, y_n)$ nach der Größe ihrer minimalen Komponenten vergleicht[3]. Die Allokation $X$ wird also von Rawls gegenüber $Y$ genau dann als gerechter angesehen, wenn sich das unter $X$ am schlechtesten gestellte Wirtschaftssubjekt auf einem höheren Konsumniveau befindet als das unter $Y$ am schlechtesten gestellte Wirtschaftssubjekt, d.h. wenn $\min_i x_i > \min_i y_i$ gilt. Nach dem Maximin-Kriterium gilt so beispielsweise die Allokation (2, 2, 2, 3) gegenüber (6, 4, 5, 1) als gerechter, da die Minimalkomponente der ersten Allokation (= 2) die der zweiten (= 1) übersteigt. In diesem Falle schreiben wir $X\hat{M}Y$. (Die Bezeichnung $XMY$ hingegen verwenden wir dann, wenn $X$ entweder gerechter als oder mindestens ebenso gerecht wie $Y$ ist, d.h. wenn $\min_i x_i \geqq \min_i y_i$ ist.) – Die Maximin-Regel ist offensichtlich mit dem Pareto-Kriterium vereinbar: Wenn für $X = (x_1, \ldots, x_n)$ und $Y = (y_1, \ldots, y_n)$ die Beziehung $x_i \geqq y_i$ für alle Positionen $i = 1, \ldots, n$ besteht, dann kann auf keinen Fall $\min_i x_i < \min_i y_i$ sein und somit durch den Übergang von $X$ nach $Y$ auch keine Verbesserung nach der Maximin-Regel zustandekommen. Die Maximin-Regel ist natürlich nicht identisch mit dem Pareto-Kriterium: Daß sie Verschlechterungen bei den besser gestellten Positionen toleriert, wenn nur auf diese Weise das Konsumniveau der am schlechtesten gestellten Position erhöht werden kann, ist ja das Hauptcharakteristikum der Maximin-Regel, durch das sie sich deutlich vom Pareto-Kriterium abhebt[4].

Mit Hilfe der Maximin-Regel ist immer ein Vergleich zwischen allen endlichen Allokationen möglich. Dies gilt jedoch nicht für Allokationen, die über einer unendlich langen Folge von Generationen definiert sind. Wie das Beispiel der Allokation (2, 1.5, 1.25, 1.125, ...) zeigt, müssen in diesem Fall wirkliche Minima von Allokationen nicht unbedingt existieren[5]. Man kann sich dann aber leicht dadurch behelfen, daß man zwei Allokationen $(x_i)_{i \in \mathbb{N}}$ und $(y_i)_{i \in \mathbb{N}}$

---

2 Vgl. hierzu etwa Wald (1950) oder Schneeweiß (1966, 21).

3 Rawls (1975a, 104) selber wendet sich gegen eine Identifizierung seines „Unterschiedsprinzips“ mit der Maximin-Regel: „Unter der Maximin-Regel versteht man gewöhnlich eine Regel für Entscheidungen unter großer Unsicherheit ( . . . ), während das Unterschiedsprinzip ein Gerechtigkeitsgrundsatz ist. Für zwei so verschiedene Dinge sollte man nicht denselben Namen verwenden.“ Trotzdem wird hier durchgehend vom Maximin-Kriterium die Rede sein. Dies scheint deswegen gerechtfertigt, weil das Unterschiedsprinzip ohnehin nur als abstraktes Wohlfahrtskriterium in Erscheinung tritt, dessen wesentliche Eigenschaft aber gerade in der Bezeichnung Maximin-Regel zum Ausdruck kommt.

4 Vgl. zur Gegenüberstellung von Pareto- und Maximin-Kriterium auch Rawls (1975a, 86 ff.).

5 Vgl. Dasgupta / Heal (1979, 274).

nach der Größe ihrer Infima vergleicht. Da jedes Minimum einer Allokation im Falle seiner Existenz mit deren Infimum übereinstimmt, wirft es keine besonderen Probleme auf, auch dieses modifizierte Bewertungskriterium erneut mit $M$ zu bezeichnen. Allgemein wollen wir also für $X = (x_i)_{i \in \mathbb{N}}$ und $Y = (y_i)_{i \in \mathbb{N}}$ $XMY$ (bzw. $X\hat{M}Y$) genau dann setzen, wenn $\inf_i x_i \geqq \inf_i y_i$ (bzw. $\inf x_i > \inf y_i$) gilt.

So unkompliziert die Maximin-Regel als formales Entscheidungskriterium auch ist, so wenig liegt doch auf der Hand, was gerade sie als Gerechtigkeitskriterium auszeichnen soll. Ein großer Teil der Gerechtigkeitstheorie von Rawls stellt in gewisser Weise den Versuch dar, eine Antwort auf diese Frage zu finden. Dabei schlägt Rawls zumindest in seiner „Theorie der Gerechtigkeit“[6] einen Weg ein, den in ähnlicher Weise bereits andere Theoretiker vor ihm beschritten haben[7]. Und zwar will Rawls Grundsätze der Gerechtigkeit mit Hilfe eines Verfahrens ableiten, das seinerseits als „fair“ gelten kann[8]. In einem Gedankenexperiment geht Rawls dabei von einem „Urzustand“ aus, in dem sich „vernünftige Menschen, die ihre Interessen verfolgen“, in einer „Situation der Freiheit und Gleichheit treffen“[9] und sich auf ein Wohlfahrtskriterium zur Beurteilung von Allokationen einigen sollen. Mit seiner Konstruktion des „Urzustandes“ schafft Rawls bestimmte Randbedingungen für die Kriterienwahl: „Keiner kennt seine Stellung in der Gesellschaft und seine natürlichen Gaben, daher kann niemand Grundsätze auf seinen eigenen Vorteil zuschneiden.“[10] Die Verteilung der Individuen auf die verschiedenen gesellschaftlichen Positionen erfolgt erst dann, wenn die Entscheidung hinter dem „Schleier des Nichtwissens“ gefallen ist. Das Urteil, das sich im „Urzustand ergibt, ist somit auf alle Fälle unparteiisch und kann *in dieser Hinsicht* zweifellos als „gerecht“ gelten. Das Problem ist nur, daß die Grundidee des „Urzustandes“ noch keine allzu weitreichenden Schlußfolgerungen über die konkrete Gestalt des gewählten Wohlfahrtskriteriums erlaubt[11]. Zwar wird durch die Anonymisierung der

---

6 In seinen früheren Arbeiten (vgl. etwa Rawls (1958, 1967)) hat Rawls aber einen anderen, unmittelbarer „philosophischen“ Ansatz zur Herleitung des Unterschiedsprinzips benutzt. Vgl. zur Gegenüberstellung der verschiedenen Begründungsansätze bei Rawls z.B. auch Barry (1978).

7 Vgl. etwa Harsanyi (1953, 1955), Vickrey (1960), Pattanaik (1968).

8 Vgl. allgemein zum Begriff der Verfahrensgerechtigkeit Rawls (1975a, 105 ff.). Als Anwendungsbeispiel wird dort auch das altbekannte Problem der gerechten Aufteilung eines Kuchens genannt. Vgl. zum Zusammenhang dieses Kuchenteilungsproblems mit der Maximin-Regel Siep (1977) oder ganz ähnlich bereits Steinhaus (1948).

9 Rawls (1975a, 29 u. 37).

10 Rawls (1975a, 163).

11 Vgl. etwa Höffe (1979, 179): „Die Verfassungswahl ist als Entscheidung unter Unsicherheit nicht eindeutig bestimmt.“ Ähnliche Aussagen finden sich beispielsweise auch bei Sen (1970, 140), Hare (1975), Nagel (1975), Barry (1973, v.a. 87 ff.), Arrow (1973a), Mueller / Tollison / Willett (1974), Mus-

Entscheidungssituation die Zahl der möglichen Ordnungsrelationen stark eingeschränkt. So wird man sich im „Urzustand" sicherlich nur auf solche Vergleichskriterien einigen, bei denen für die Bewertung von Allokationen die Reihenfolge der jeweiligen Komponenten keine Rolle spielt und somit etwa die drei Allokationen (1, 2, 3, 1), (2, 3, 1, 1) und (3, 1, 1, 2) als völlig gleichwertig gelten. Zur definitiven Bestimmung der Maximin-Regel oder auch irgendeines anderen Wohlfahrtskriteriums gelangt man auf diese Weise jedoch nicht. Vielmehr wird es in starkem Maße nocn von den konkreten Umständen der Entscheidung abhängen, welches Bewertungskriterium hinter dem „Schleier des Nichtwissens" tatsächlich akzeptiert wird. Eine Wahl der Maximin-Regel scheint man etwa nur dann erwarten zu können, wenn man annimmt, daß bei den Individuen im „Urzustand" eine extreme Abneigung gegen Risiken vorherrscht[12]. Indem man sich in einer Situation der Unsicherheit für eine maximin-optimale Allokation entscheidet, sorgt man ja dafür, daß man unter den schlechtestmöglichen Umständen noch am relativ besten wegkommt, und verschafft sich so in gewisser Hinsicht ein Höchstmaß an Sicherheit.

Daß der Ausgang des fairen Verfahrens nicht von vornherein festliegt und es deshalb zusätzlicher Voraussetzungen bedarf, gesteht auch Rawls zu: „Von ihm (dem ‚Urzustand', W.B.) gibt es unendlich viele mögliche Abwandlungen, und daher gibt es ohne Zweifel unendlich viele Sätze der moralischen Geometrie."[13] Folglich geht es Rawls nur noch um den Nachweis, daß die Maximin-Regel in einer ganz speziellen Version des „Urzustandes" gewählt wird. *Seinen* „Urzustand" charakterisiert nun Rawls v.a. durch drei Eigenschaften[14], denen aber im Hinblick auf die Begründung des Maximin-Kriteriums keineswegs der gleiche Stellenwert zukommt. So läßt sich dem zweiten von Rawls genannten Merkmal des „Urzustandes" im Gesamtzusammenhang seiner Überlegungen eigentlich nur eine ergänzende und illustrierende Funktion zuschreiben. Denn

---

grave (1974), Alexander (1974), Harsanyi (1975a), Rowley / Peacock (1975, 134 ff.), Gordon (1976), Mueller (1979, 235 ff.).

12 Vgl. hierzu etwa Arrow (1973a) und v.a. Harsanyi (1975a). Welche Rolle die Annahme einer starken Risikoaversion in der Argumentation von Rawls selber spielt, bleibt unklar. So bemerkt er im Hinblick auf den „Urzustand" zum einen explizit: „. . . , the parties will surely be considerably risk-averse" (Rawls (1974a, 143); zum anderen stellt er aber auch fest: „It is tempting at first sight to suppose that the maximin criterion is based on an extreme and arbitrary assumption about risk aversion. I wish to show that this is a misapprehension." (Rawls (1974b, 646).

13 Rawls (1975a, 148). An anderer Stelle (Rawls (1975a, 186)) spricht er auch von „unterschiedlichen Konkretisierungen des Urzustandes".

14 Vgl. Rawls (1975a, 174 ff.). Da nicht alle Kritiker der Rawlsschen Theorie dem Umstand hinreichend Rechnung tragen, daß Rawls nur eine bestimmte Version des „Urzustandes" im Auge hat, verwundert es nicht, daß Rawls gerade in Entgegnungen auf Kritik (vgl. z.B. Rawls (1974a, b) die besonderen Merkmale seines „Urzustandes" besonders betont.

die Annahme, daß „der Mensch, der sich entscheiden soll, ... eine Vorstellung von seinem Wohl (hat, W.B.), nach der es ihm so gut wie gleichgültig ist, ob er über das nach der Maximin-Regel sicher erreichbare Minimum noch etwas gewinnt“[15], ist ja fast schon identisch mit der Forderung, daß die Wahl hinter dem „Schleier des Nichtwissens“ auf das Maximin-Kriterium fallen muß[16]. Von wirklicher Bedeutung für die Herleitung seines Gerechtigkeitskriteriums sind nur die beiden anderen von Rawls genannten Eigenschaften seines „Urzustandes“. Zum einen geht Rawls davon aus, daß sich die Individuen sehr großen Risiken aussetzen, wenn sie gegen die Maximin-Regel votieren, so daß sich deren Ablehnung auch bei „normaler“ Risikoaversion verbietet. Zum anderen bleiben in der Rawlsschen Konstruktion bei der Kriterienwahl weitaus mehr Informationen ausgeschlossen als in anderen Spielarten des „Urzustandes“. Bei Rawls werden nämlich die Individuen hinter ddem „Schleier des Nichtwissens“ nicht nur – wie auch in jedem anderen denkbaren „Urzustand“ – im Unklaren darüber gelassen, welche gesellschaftlichen Positionen sie nach ihrer Entscheidung zugewiesen bekommen, sondern es werden ihnen darüber hinaus auch alle Informationen über die Wahrscheinlichkeiten vorenthalten, mit denen sie auf die verschiedenen Positionen gelangen können[17]. Es ist ihnen nicht einmal gestattet, diese Wahrscheinlichkeiten etwa nach dem „Prinzip des unzureichenden Grunde“ zu *schätzen*[18]. Denn Rawls verlangt, „daß Wahrscheinlichkeitsaussagen eine objektive Grundlage haben müssen, wenn sie maßgeblich in vernünftige Entscheidungen eingehen sollen“[19].

Durch diese Zusatzannahmen über die Beschaffenheit des „Urzustandes“ wird von Rawls zweifellos erreicht, daß sich die Chancen für eine Entscheidung zugunsten der Maximin-Regel stark erhöhen. Zu der eigentlich erwarteten und von ihm auch selber ausdrücklich angestrebten strengen Ableitung[20] des Maximin-Kriteriums gelangt er jedoch keineswegs. Er begnügt sich in der „Theorie der Gerechtigkeit“ vielmehr mit recht allgemeinen und letztlich wenig überzeugenden[21] Plausibilitätserwägungen, die allenfalls belegen können, daß das Maximin-Kriterium unter den Prämissen seines „Urzustandes“ eine „einleuchtende

---

15 Rawls (1975a, 179).

16 Vgl. hierzu auch Rae (1975, 637).

17 Vgl. hierzu Rawls (1975a, 180): „Zunächst einmal schließt der Schleier des Nichtwissens jede Kenntnis von Wahrscheinlichkeiten aus.“ Vgl. ebenso die treffende Interpretation Wittmans (1979, 224): „... the distinction between Rawls and the utilitarians can be seen as one of uncertainty versus risk.“

18 Vgl. v.a. Rawls (1975a, 193 ff.) sowie Rawls (1974b, 649).

19 Rawls (1975a, 197).

20 Vgl. Rawls (1975a, 143): „Die Argumentation sollte letzten Endes streng deduktiv sein. ... Man sollte nach einer Art moralischer Geometrie mit der ganzen Strenge streben, die dieser Ausdruck andeutet.“

21 Vgl. hierzu etwa Barry (1973, 95), der von einer „circularity of Rawls' procedure“ bei der Ableitung seiner Gerechtigkeitsprinzipien spricht.

Regel"[22] darstellt. Erst in einer späteren Arbeit bemüht sich Rawls um eine präzisere Fassung dieses Teils seiner Argumentation; so verweist er dort auf ein Resultat von Arrow / Hurwicz, demzufolge sich unter den herkömmlichen Annahmen der Entscheidungstheorie rationale Entscheidungen in Situationen sehr großer Unsicherheit immer nur an den jeweiligen Allokationsmaxima oder -minima orientieren dürfen[23].

Doch selbst wenn Rawls das Maximin-Kriterium aus seiner speziellen Version des „Urzustandes" schlüssig abgeleitet hätte, wäre damit das normative Begründungsproblem noch nicht gelöst, sondern zunächst lediglich auf eine andere Ebene verlagert. *Irgendeine* Konstruktion zu finden, aus der sich das Maximin-Kriterium ergibt, ist nicht das eigentliche Problem. Würde es nur darum gehen, so müßte man ja den „Urzustand" lediglich so definieren, daß seine Eigenschaften bereits nahe genug am anvisierten Ergebnis liegen. Wenn man aber mehr als eine wenig aussagekräftige Tautologie will, muß man jedoch von Annahmen ausgehen, die sich von den aus ihnen gezogenen Folgerungen hinreichend unterscheiden und wesentlich einsichtiger als diese sind. *In unserem konkreten Fall müßte dann also ein „Urzustand" gefunden werden, der nicht nur die Maximin-Regel auf eine logisch zwingende Weise impliziert, sondern zusätzlich als Ausgangspunkt für Gerechtigkeitsüberlegungen hinreichend plausibel erscheint*[24]. Was die normative Rechtfertigung seines „Urzustandes" angeht, läßt Rawls uns jedoch weitgehend im Stich. Zwar kündigt er an, daß er „in jedem Falle" aufzeigen wolle, inwieweit die von ihm „bevorzugte Deutung (des ‚Urzustandes', W.B.) philosophisch vernünftig ist"[25]. Im Rahmen der dann folgenden Ausführungen verwirklicht er dieses Vorhaben aber nur in Ansätzen. Typisch für seine gesamte Argumentation in diesem Zusammenhang dürfte sein, daß er seine Überlegungen an einem entscheidenden Punkt mit der folgenden nicht weiter erläuterten Feststellung abbricht: „Der Urzustand weist diese besonderen Eigenschaften in ausreichendem Maße auf, weil die Wahl einer Gerechtigkeitsvorstellung etwas so Grundlegendes ist."[26] Teilweise muß man in der Tat den Eindruck gewinnen, daß Rawls seinen „Urzustand" in viel zu vordergründiger Weise gerade so definiert, „daß das Gewünschte herauskommt"[27], und dabei die Auseinandersetzung mit den seinen Überlegungen zugrundeliegenden Normen vernachlässigt.

---

22 Rawls (1975a, 179).

23 Vgl. Rawls (1974, 649 f.) mit Bezug auf Arrow / Hurwicz (1972). Vgl. hierzu auch Maskin (1979).

24 Vgl. hierzu etwa Höffe (1979, 231): „Die Rechtfertigung besteht weniger darin, unter gegebenen Wahlbedingungen die Gerechtigkeitsprinzipien zu wählen, als in der Wahl der Wahlbedingungen selbst."

25 Rawls (1975a, 140).

26 Rawls (1975a, 181).

27 Rawls (1975a, 165).

Wie Rawls *im einzelnen* argumentiert, soll uns hier nicht weiter interessieren. Wir beschränken uns vielmehr darauf zu zeigen, wie man – zwar auf der Basis der Grundideen von Rawls, jedoch ohne sich im Detail an ihm zu orientieren – zu einer normativ gehaltvolleren Deutung des Maximin-Kriteriums gelangen kann. Dazu schlagen wir drei verschiedene Wege ein und skizzieren nacheinander einen entscheidungstheoretischen, einen verhandlungstheoretischen sowie einen „Kantischen Ansatz" zur Begründung der Maximin-Regel.

Beim *entscheidungstheoretischen Ansatz* gehen wir von einem speziellen Merkmal der Rawlsschen Konstruktion eines „Urzustandes" aus: Wenn Rawls seinen „Urzustand" durch „umfangreiche Beschränkungen der Kenntnisse" charakterisiert, meint er damit insbesondere, daß niemand hinter dem „Schleier des Nichtwissens" die „Besonderheiten seiner Psyche" kennen darf[28]. Keines der hinter dem „Schleier des Nichtwissens" versammelten Individuen verfügt damit über eine ausgebildete Präferenzstruktur, auf deren Grundlage es etwa die aus Einkommensverbesserungen resultierenden Nutzenzuwächse gewichten könnte. Da ansonsten aber der Ausgang der Entscheidung im „Urzustand" völlig offen bliebe, muß man den Individuen zumindest einige Leitlinien für die Bewertung an die Hand geben. Plausibel scheint es, sie davon ausgehen zu lassen, daß eine höhere Konsummenge immer einer niedrigeren vorzuziehen ist. Auf dieser eingeschränkten Informationsbasis kann sich die Entscheidung zwischen den verschiedenen Allokationen ausschließlich an den Größenrelationen zwischen ihren einzelnen Komponenten orientieren. Beim Vergleich von $X = (x_1, \ldots, x_n)$ und $Y = (y_1, \ldots, y_n)$ darf es dann nur eine Rolle spielen, daß ein $x_i$ beispielsweise größer als ein $y_j$ ist, nicht jedoch, welches Ausmaß diese Differenz hat. Nach einem zentralen Theorem der neuen Wohlfahrtstheorie[29] stellt – unter einigen naheliegenden Zusatzannahmen wie v.a. der einer schwachen Risikoaversion bzw. Gleichheitsfreundlichkeit – die Maximin-Regel aber das einzige Wohlfahrtskriterium dar, das bei einer Beschränkung auf solche „koordinalen"[30] Vergleiche überhaupt anwendbar ist. Damit ist eine präzisere Ableitung der Maximin-Regel gefunden. *Zu prüfen bleibt, wie man den dieser Deduktion zugrunde liegenden Annahmen eine unter normativen Gesichtspunkten überzeugendere Deutung geben kann*: Der

---

28 Rawls (1975a, 160).

29 Das entsprechende Resultat findet sich erstmals bei d'Aspremont / Gevers (1977, 203 ff.), dort allerdings auf eine wesentlich kompliziertere Situation als die hier zugrunde gelegte bezogen. Wichtige Vorüberlegungen liefern Sen (1974, 1976) und v.a. Strasnick (1976, 1977) sowie Hammond (1976). Vgl. ebenfalls die zusammenfassenden Darstellungen der neueren Wohlfahrtstheorie, so z.B. Sen (1977a), Arrow (1977), Kern (1980), v. Rothkirch (1981), Gaertner (1981).

30 Vgl. zu diesem Begriff etwa d'Aspemont / Gevers (1977, 200) und im Anschluß daran Arrow (1977, 220). Sen (1979, 546) spricht in diesem Zusammenhang von „interpersonal comparability without cardinality".

Grundgedanke dieses Begründungsansatzes ist, daß ein konkretes Individuum im „Urzustand" von seiner eigenen Präferenzstruktur und damit in gewisser Weise von seiner eigenen „Persönlichkeit" völlig abzusehen hat. Zum einen läßt sich dies so interpretieren, daß die Anonymität der Entscheidungssituation auf eine höhere Ebene gehoben wird. Sie bezieht sich nicht mehr nur auf die nach der Entscheidung zugewiesenen sozialen Positionen, sondern darüber hinaus bleibt jetzt auch unbekannt, aus welcher der Perspektiven ein Individuum den Vergleich vorzunehmen hat. Zum anderen kann man in der koordinalen Vergleichbarkeit eine Art kleinsten gemeinsamen Nenner aller Bewertungen sehen, die sich auf der Basis der verschiedenen individuellen Präferenzstrukturen ergeben. Von hier ausgehend kann man sich vorstellen, daß ein Individuum im „Urzustand" sich zunächst in alle denkbaren Individuen hineinversetzt[31] und seine Entscheidung dann nur an den Gesichtspunkten orientiert, die auch nach den Bewertungskriterien aller anderen Individuen von Bedeutung sind. Die Beschränkung der Informationsgrundlagen erscheint bei dieser Sichtweise als Ausdruck der Forderung nach „Verallgemeinerbarkeit (Universalisierbarkeit) der Perspektive"[32]:

Dieser entscheidungstheoretische Ansatz steht zwar dem Rawlsschen Begründungsverfahren recht nahe, weist aber zwei grundsätzliche Schwächen auf. So ist er zum einen nicht unmittelbar auf den Fall einer unendlichen Grundgesamtheit von Positionen anwendbar, der gerade im Zusammenhang mit der Frage nach intergenerationeller Gerechtigkeit aber von besonderer Bedeutung ist. Zum anderen läßt er – weil die Ausgangsforderung nach „Universalisierbarkeit" nur auf indirekte Weise ins Spiel gebracht wird – den normativen Hintergrund des Maximin-Kriteriums nicht besonders deutlich hervortreten.

Diese Nachteile lassen sich mit Hilfe der anderen beiden Ansätze aber vermeiden[33]. Den Ausgangspunkt für diese direkteren Begründungen der Maximin-Regel liefert dabei der Teil der Argumentation in der „Theorie der Gerechtig-

31 Vgl. hierzu auch die Erläuterungen, die Arrow (1963, 114 f.) zu seinem „extended sympathy principle" gibt. Vgl. auch die wenig beachtete Arbeit von Meyer (1975).

32 Vgl. dazu in der ökonomischen Literatur z.B. Sen (1970, 131 ff.), der zur Erläuterung des Verallgemeinerungsprinzips auf Sidgwick (1906, 379) zurückgreift: „Sidgwick's principle of 'equity' or 'fairness' is a particularly useful expression of this approach: '... whatever action any of us judges to be right for himself, he implicitly judges to be right for all similar persons in similar circumstances'." Vgl. zum Universalisierbarkeitsbegriff in der neueren philosophischen Literatur v.a. Singer (1975), der gleichfalls von diesem Zitat Sidgwicks ausgeht (vgl. Singer (1975, 59)).

33 Mit diesen alternativen Ansätzen wird dann einer Forderung entsprochen, die Musgrave (1974, 628) so formuliert: „... we ... conclude that maximin ... should be deduced directly from the more general axioms ... already contained in Rawls's system, rather than be derived from a model of optimizing under uncertainty". Vgl. hierzu z.B. auch Höffe (1979, 227 ff.).

keit", den Rawls selber eher als heuristisch ansieht[34]. Rawls deutet ja sein „Unterschiedsprinzip" insbesondere auch als „Spezialfall einer allgemeinen Gerechtigkeitsvorstellung ..., die man folgendermaßen formulieren kann: Alle sozialen Werte ... sind gleichmäßig zu verteilen, soweit nicht eine ungleiche Verteilung jedermann zum Vorteil gereicht. Ungerechtigkeit besteht demnach einfach in Ungleichheiten, die nicht jedermann Nutzen bringen"[35]. Um aus dieser Gerechtigkeitskonzeption eine präzise Begründung der Maximin-Regel zu gewinnen, kann man sich nun zunächst eines *verhandlungstheoretischen Ansatzes* bedienen[36]. Dann ergibt sich das Maximin-Kriterium als Ergebnis einer vertraglichen Vereinbarung gleichberechtigter Partner, also wiederum auf dem Weg über ein faires Verfahren. Im Gegensatz zum Rawlsschen „Urzustand" befinden sich die am Verhandlungsprozeß Beteiligten jetzt aber nicht mehr unbedingt hinter einem „Schleier des Nichtwissens", sondern kennen eventuell ihre jeweiligen gesellschaftlichen Positionen. Für ein gerechtes Ergebnis sorgt dann nicht mehr die Anonymität der Entscheidungssituation, sondern die Forderung nach Einstimmigkeit beim Zustandekommen des Vertrags: Jeder Verhandlungspartner befindet sich damit in einer Vetoposition, d.h. er kann, falls er sich bei einer vorgeschlagenen Lösung benachteiligt fühlt, die soziale Kooperation überhaupt verhindern und auf diese Weise den wenig attraktiven „Nullzustand" herbeiführen, in dem keiner etwas erhält.

Ganz ähnlich wie zuvor beim entscheidungstheoretischen Ansatz reichen aber auch bei diesem verhandlungstheoretischen Ansatz die Grundannahmen noch nicht zur Herleitung des Maximin-Kriteriums aus. Die deshalb zur Ermittlung der Maximin-Regel nötigen Zusatzprämissen lassen sich auf verschiedene Weise ins Spiel bringen. So kann man etwa von der Vorstellung ausgehen, daß ein Verhandlungsteilnehmer um so mehr Einfluß auf das Verhandlungsergebnis nehmen kann, je weniger er beim Scheitern der Verhandlungen zu verlieren hat. Der am wenigsten Bevorzugte verfügt dann über das höchste Drohpotential und bestimmt somit, welche Allokation bzw. Kooperationsform gewählt wird[37]. Die Annahme einer solchen Asymmetrie der Drohpotentiale ist aber keineswegs selbstverständlich[38] und scheint zudem in ihrer Konkretheit dem allgemeinen Charakter der Rawlsschen Fragestellung auch kaum angemessen. Derartige

34 Vgl. Rawls (1975a, 81 ff.)

35 Rawls (1975a, 83).

36 Vgl. v.a. Buchanan (1976), der aber überflüssigerweise mit einem „Schleier des Nichtwissens" argumentiert.

37 Vgl. Buchanan (1976, 10).

38 Deshalb gibt Buchanan Zusatzbegründungen an, die allerdings auch nicht sehr überzeugend sind. Vgl. etwa Buchanan (1976, 14): „My argument ... presupposes that persons do act from other than utilitarian motives, that justice ... does matter." Vgl. auch Buchanan / Faith (1980, 30): „... the individual who will 'drive the rules' is that individual who can hold out longer, who can recover his opportunity losses of holding out in a shorter time".

Schwierigkeiten lassen sich vermeiden, wenn man diesen Ansatz von vornherein in dem für die Verhandlungstheorie typischen abstrakten Rahmen formuliert[39]. Dabei stellt man zunächst eine Liste von Merkmalen zusammen, die man von einem Verhandlungsergebnis plausiblerweise erwartet, und ermittelt als „Lösungen" dann diejenigen Allokationen, die alle geforderten Eigenschaften zugleich aufweisen. Speziell bei der verhandlungstheoretischen Begründung der Maximin-Regel kommt in diesem Zusammenhang die Schlüsselstellung einem „Monotonieaxiom" zu, das in gewisser Weise den Kern der Rawlsschen Gerechtigkeitsvorstellungen widerspiegelt. Es besagt, „that if additional options were made available to the individuals in a given situation then no one of them should lose utility because of the availability of these new options. Thus this is a principle of justice. However, it may also be viewed as a bargaining principle since a player who is asked to lose utility because of the new options may have a very convincing case in threatening to break cooperation"[40]. Auf die detaillierte Ausführung des formalen verhandlungstheoretischen Ansatzes wollen wir hier aber verzichten und statt dessen seine Grundidee durch eine philosophische Interpretation direkt erschließen. Zu diesem Zweck zeigen wir jetzt eine explizite Verbindung zwischen der Gerechtigkeitskonzeption von Rawls und der normativen Theorie Kants auf[41]. Dies liegt auch insofern nahe, als sich bereits Rawls selber in die Tradition Kants stellt. Im Gegensatz zur hier gegebenen Interpretation sieht Rawls dabei allerdings in erster Linie die Konstruktion seines „Urzustandes" als Ausdruck Kantischer Ideen[42].

Bei unserem *Kantischen Ansatz* wird von jedem beteiligten Individuum verlangt, daß es, falls eine bestimmte Menge $\Pi$ von Allokationen zur Auswahl steht, im Hinblick auf dieses $\Pi$ einen *Mindestanspruch* auf ein Konsumniveau formuliert. Entscheidend ist, daß es dabei die folgende Nebenbedingung zu beachten hat: Mindestens das, was es selber fordert, muß es auch allen anderen Individuen zugestehen. Etwas formaler ausgedrückt besagt dieses Gebot: Ein jeder darf nur einen Betrag $a^*$ fordern, zu dem es eine Allokation $X^* = (x_1^*, \ldots, x_n^*)$ (bzw. $X^* = (x_i^*)_{i \in \mathbb{N}}$) aus der gegebenen Grundmenge $\Pi$ gibt, die *jeder* Position zumindest die Menge $a^*$ zukommen läßt. Für ein solches

39 Vgl. hierzu allgemein z.B. Roth (1979a, b).

40 Kalai (1977, 1623). Vgl. ebenso Buchanan (1976, 10), der aber den Stellenwert dieser Annahme für seinen Begründungsansatz nicht hinreichend klar macht.

41 Vgl. zur allgemeinen Bedeutung Kants für ökonomische Theorien der Gerechtigkeit auch Phelps (1973 b).

42 Vgl. v.a. Rawls (1975a, 283 ff.). Die Grundidee des von Rawls hergestellten Zusammenhangs bringt sehr deutlich auch Page (1980, 194) zum Ausdruck: „... in the Kantian tradition defining a just or fair rule depends upon first setting aside one's own specific interests in the matter. ... Putting the matter in another way, in the Rawlsian version of this tradition, an intertemporally fair rule is one that would be chosen if all the generations were present in an original position under a veil of ignorance ..."

$X^*$ gilt also offensichtlich $x_i^* \geqq a^*$ für alle $i = 1, 2, \ldots$ Die Allokation $X^*$ ist dann maximin-optimal in $\Pi$, und man hat $a^* = \max_{X \in \Pi} \min_i x_i^*$. Mit Hilfe dieser *Forderung nach Verallgemeinerbarkeit von Ansprüchen* ist jetzt aber ein unmittelbarer Zusammenhang zwischen dem Maximin-Kriterium und dem kategorischen Imperativ Kants hergestellt[43], dessen wohl bekannteste Formulierung folgendermaßen lautet:

„Handle nur nach derjenigen Maxime, durch die du zugleich wollen kannst, daß sie ein allgemeines Gesetz werde.“ [44]

Aus den Beispielen, anhand derer Kant dieses Moralpostulat näher erläutert, geht deutlich hervor, daß er mit dieser Forderung insbesondere auch meint: Handle nur so, daß sich ein mit den gegebenen Umständen verträglicher Zustand ergibt, falls alle anderen genauso handeln wie du selber[45]! Speziell auf unser Problem angewandt, besagt dies aber gerade: Beanspruche nur so viel, wie unter den durch $\Pi$ gegebenen („produktionstechnischen“) Bedingungen für dich erreichbar ist, wenn alle anderen mindestens einen gleich großen Anspruch realisieren wie du selber!

Was das Verständnis des normativen Gehalts der Rawlsschen Gerechtigkeitstheorie angeht, hat diese Kantische Begründung der Maximin-Regel nun einen besonderen Vorteil. Aus ihr geht nämlich deutlich hervor, welche Rolle der Idee der Gleichheit im Rahmen der Rawlsschen Gerechtigkeitsauffassung spielt: Die Maximin-Regel drückt – anders als etwa die herkömmlichen Ungleichheitsmaße – nicht die Forderung nach einer möglichst gleichmäßigen Verteilung des Produktionsergebnisses (ex post), sondern die Idee einer *Gleichheit der Mindestansprüche* (ex ante) aus[46]. Sofern *vollkommen egalitäre und zugleich pareto-optimale* Allokationen überhaupt zur Wahl stehen, genießen diese auch nach der Rawlsschen Gerechtigkeitskonzeption absolute Priorität, denn sie erlauben die vollständige Realisierung der für alle gleichen Anspruchsrechte. Die wirkliche Bedeutung des Maximin-Kriteriums wird erst dann deut-

---

43 Eine solche direkte Verbindung zwischen der Maximin-Regel und dem kategorischen Imperativ Kants stellen weder Rawls selber noch die mir bekannten Rawls-Interpreten her. Vgl. Rawls (1975 a, v.a. 286) und z.B. Levine (1974), Darwall (1976, 1980), Wolff (1977, 101 ff.), Höffe (1979, v.a. 221 ff.) und Barry (1980). Vgl. auch Rawls (1975 b).

44 Kant (1785 a), 51).

45 Vgl. etwa das Beispiel über das Einhalten von Versprechen (Kant (1785 a, 52 f.)) oder die Bemerkung: „Einige Handlungen sind so beschaffen, daß ihre Maximen ohne Widerspruch nicht einmal als allgemeines Naturgesetz *gedacht* werden können, weit gefehlt, daß man noch *wollen* könne, es *sollte* ein solches werden.“ (Kant (1785 a, 54 f.)).

46 Vgl. hierzu auch das erste Gerechtigkeitsprinzip von Rawls: „Jedermann sollte gleiches Recht auf das umfangreichste System gleicher Grundfreiheiten haben, das mit dem gleichen System für alle anderen verträglich ist.“ (Rawls (1975 a, 81)).

lich, wenn Zustände völliger Gleichverteilung entweder überhaupt nicht herstellbar oder alle entsprechenden Lösungen nicht pareto-optimal sind. In diesem Fall lassen sich die gleichberechtigten Ansprüche aller Beteiligten sinnvollerweise nicht mehr durch egalitäre Allokationen realisieren, sondern nur dadurch, daß man das *allen zugleich* zugängliche Einkommensniveau maximiert. Nur dieser gemeinsame Einkommenssockel ist aus der Perspektive der Rawlsschen Gerechtigkeitstheorie von Interesse, nur für dessen Niveau liefert sie eine Rechtfertigung: Auf der einen Seite darf *keiner* – weder zugunsten der Wohlfahrt anderer noch zugunsten eines höheren Ziels – so diskriminiert werden, daß er unter diese Schwelle fällt[47]. Wenn einem Individuum auf der anderen Seite vom Maximin-Kriterium jedoch mehr als dieses gemeinsame Minimum zuteil wird, dann ist dies eigentlich nur der Unvollkommenheit der Umstände zu verdanken, die eine wirkliche Gleichheit auf diesem höheren Niveau ausschließt. Die Einkommensunterschiede, die sich bei der Anwendung der Maximin-Regel möglicherweise ergeben, haben somit keinerlei Eigenwert, sondern stellen für die Rawlssche Gerechtigkeitstheorie nicht viel mehr als eine Art notwendiges Übel dar. Wir halten fest:

*Gerecht ist nach Rawls eine Allokation nur dann, wenn sie die Mindestansprüche maximiert, die unter den gegebenen produktionstechnischen Bedingungen alle Beteiligten zugleich realisieren können.*

### *1.2. Der Gegensatz der Maximin-Gerechtigkeit und dem reinen Utilitarismus*

Das Maximin-Kriterium bringt die Kantische Idee gleicher Anspruchsrechte in reiner Form zum Ausdruck. Die ausschließliche Orientierung der Entscheidung an dieser Norm führt aber manchmal zu Ergebnissen, die den intuitiven Vorstellungen über eine „richtige" Bewertung deutlich widersprechen. So wird man zwar für einen Vergleich zwischen den beiden Allokationen (2, 2, 2, 2, 2, 2) und (1, 1, 1, 1, 1, 3) das Maximin-Kriterium ohne weiteres akzeptieren können, kaum jedoch für die Wahl zwischen (1, 1, 1, 3, 4, 5) und (0.99, 100, 100, 100, 100, 100)[48]. Im zweiten Fall erscheint es ja nur wenig sinnvoll, die beträcht-

---

47 Vgl. hierzu bereits Kant (1785a, 61): „Der Mensch aber ist keine Sache, mithin nicht etwas das bloß als Mittel gebraucht werden kann, sondern muß bei allen seinen Handlungen jederzeit als Zweck an sich betrachtet werden." Bei Rawls (1975a, 206) findet sich diese Vorstellung dann folgendermaßen ausgedrückt: „Die Menschen im Rahmen des Grundplans der Gesellschaft als Zweck an sich selbst behandeln, heißt auf solche Vorteile verzichten, die nicht jedermanns Aussicht verbessern. Die Menschen als Mittel behandeln, heißt dagegen, den bereits Benachteiligten um anderer Willen noch schlechtere Lebenschancen auferlegen."

48 Mit vergleichbaren Gegenbeispielen argumentieren etwa Arrow (1973a) und Harsanyi (1975a) gegen Rawls. Dieser fühlt sich dadurch aber nicht getrof-

lichen Einkommensverbesserungen, die ein Übergang von der ersten zur zweiten Allokation für fünf der sechs Positionen mit sich brächte, nur deswegen auszuschlagen, weil sie mit einer recht unerheblichen Verschlechterung bei einer Position erkauft werden müßten. Ein solches „Versagen" der Maximin-Regel ist natürlich darauf zurückzuführen, daß sie beim Vergleich von Allokationen ihr Augenmerk ausschließlich auf die Höhe des Konsums bei den jeweils am schlechtesten gestellten Positionen richtet. Einkommensveränderungen, die lediglich alle anderen Individuen betreffen, haben auf die Bewertung einer Allokation nach der Maximin-Regel von vornherein keinerlei Einfluß.

Was diese „Unempfindlichkeit" der Maximin-Regel im einzelnen für Konsequenzen hat, läßt sich für den Fall einer Zwei-Personen-Gesellschaft auf recht einfache Weise darstellen. Dies führt uns gleichzeitig zu einem besseren Verständnis der normativen Gesichtspunkte, die vom Maximin-Kriterium *nicht* berücksichtigt werden[49]. Der Einfachheit halber gehen wir dabei von einer egalitären Allokation $(x, x)$ aus und nehmen an, daß das Konsumniveau des ersten Individuums um den Betrag $d$ vermindert wird. Den Erwartungen des gesunden Menschenverstandes würde es jetzt entsprechen, wenn sich dieser Verlust des ersten Individuums durch einen Zuwachs von $k(d) > 0$ bei der zweiten Position ausgleichen ließe[50]. ($k(d)$ wird dann also gerade so bestimmt, daß die Allokation $(x - d, x + k(d))$ im Hinblick auf die jeweils zugrunde gelegte Wohlfahrtsfunktion $R$ zum ursprünglichen $(x, x)$ äquivalent ist, formal somit $(x - d, x + k(d)) \sim (x, x)$ gilt.) Für die Maximin-Regel $M$ bestehen solche Kompensationsmöglichkeiten sicher nicht. $(x - d, x + k(d))$ ist in bezug auf $M$ immer schlechter als $(x, x)$. Für alle $d$ hat man $k(d) = \infty$, und das Maximin-Kriterium läßt sich durch diese Eigenschaft gerade charakterisieren.

Wir nehmen jetzt an, daß immer $k(d) < \infty$ ist. Die zugrunde liegende Ordnungsrelation $R$ läßt sich dann durch das Verhältnis von $k(d)$ zu $d$ näher beschreiben: Ist $k(d)/d < 1$, so sind die zum Ausgleich erforderlichen Kompensationszahlungen für das zweite Individuum kleiner als die Verluste des ersten. Eine Abweichung vom Zustand der Gleichverteilung ist dann relativ leicht

fen. Vgl. Rawls (1975a, 181 f.). So entgegnet er z.B., „daß das Unterschiedsprinzip nicht für solche abstrakte Möglichkeiten gedacht ist" (Rawls (1975a, 182)). Im Rahmen seiner ansonsten recht theoretisch angelegten Überlegungen erscheint ein solches Argument jedoch kaum passend.

49 Vgl. auch ähnliche Betrachtungen z.B. bei Atkinson (1970), Blackorby / Donaldson (1977, 1978), Wittman (1979) sowie Mishan (1981, v.a. 129 ff.).

50 Damit ist in der Terminologie Arrows (1977, 223) eine „Stetigkeitsforderung" erfüllt: „... the intuition behind the continuity requirement is a small step in the direction of utilitarian ethics; even the worst-off member of the society might be made to suffer if there is enough benefit to others." Diese Stetigkeitsforderung spielt auch im entscheidungstheoretischen Ansatz Harsanyis (z.B. 1977a, 32 ff.) eine entscheidende Rolle. Sie ist dort Ausdruck der Bereitschaft zur Übernahme gewisser Risiken hinter dem „Schleier des Nichtwissens".

möglich, mithin räumt das Kriterium $R$ der Gleichheitsnorm keinen besonders hohen Stellenwert ein. Eine Wohlfahrtsfunktion $R$, bei der für alle $(x, x)$ und alle $d$ eine derartige Beziehung besteht, als *ungleichheitsfreundlich* zu bezeichnen, scheint somit recht plausibel. – Ist hingegen immer $k(d)/d > 1$, so müssen die Gewinne bei der zweiten Position die Verluste bei der ersten übersteigen. Einen Zustand der Gleichverteilung zu verlassen, erfordert dann relativ hohe „Kosten", d.h. für das gegebene $R$ genießt die Gleichheitsnorm eine eher hohe Präferenz. Ordnungsrelationen mit dieser Eigenschaft sollen deshalb *gleichheitsfreundlich* heißen.

Die Grenze zwischen den gleichheitsfreundlichen und den ungleichheitsfreundlichen Ordnungsrelationen ist nun offensichtlich dadurch gekennzeichnet, daß sich dort die Verluste beim ersten und die Gewinne beim zweiten Individuum gerade die Waage halten. Es gilt also $k(d)/d = 1$ bzw. $k(d) = d$. Wenn diese Bedingung für alle $d < x$ gelten soll, ist hierdurch ein Wohlfahrtskriterium $U$ bereits eindeutig bestimmt. Und zwar ist dieses $U$ so beschaffen, daß es Allokationen ausschließlich nach der Summe ihrer Komponenten beurteilt. Wir bezeichnen $U$ als Kriterium des *reinen Utilitarismus*. Gemäß $U$ ist eine Allokation $(x_1, x_2)$ einer zweiten Allokation $(y_1, y_2)$ genau dann vorzuziehen $((x_1, x_2)\ \hat{U}\ (y_1, y_2))$, falls $x_1 + x_2 > y_1 + y_2$ gilt. Für eine $n$-Personen-Gesellschaft definiert man die Relation $U$ ganz entsprechend durch die Forderung $(x_1, \ldots, x_n)\ \hat{U}\ (y_1, \ldots, y_n) \Leftrightarrow \sum_{i=1}^{n} x_i > \sum_{i=1}^{n} y_i$.

Die folgende Abb. 1 veranschaulicht die drei möglichen Fälle:

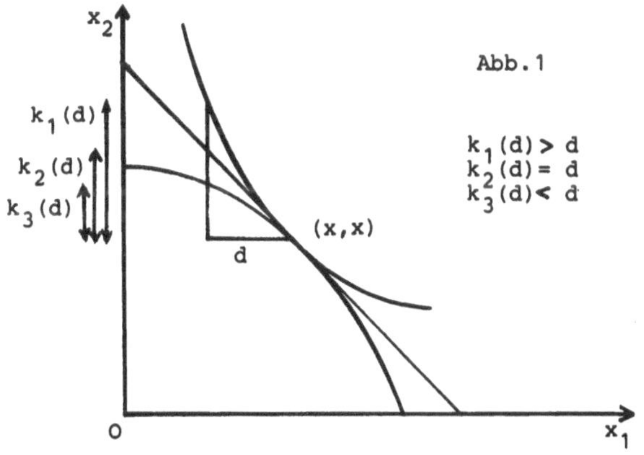


Die gleichheitsfreundlichen Wohlfahrtsfunktionen werden also auf der einen Seite durch das Maximin-Kriterium, auf der anderen Seite durch das Kriterium des reinen Utilitarismus begrenzt. Diese beiden Randkriterien lassen sich im Hinblick auf die in ihnen enthaltenen Verteilungsnormen wie folgt kennzeichnen: Die Maximin-Regel verkörpert das höchste Maß an Gleichheitsfreundlichkeit, das mit dem Pareto-Kriterium noch vereinbar ist, und enthält keine utilitaristische Komponente. Deshalb könnte man sie auch als Kriterium des reinen Egalitarismus bezeichnen. Der reine Utilitarismus hingegen ist völlig verteilungsneutral, d.h. die Verteilung der Gesamtkonsummenge einer Allokation auf die verschiedenen Positionen ist für ihre Bewertung durch $U$ ohne jede Bedeutung[51]. Jede gleichheitsfreundliche Wohlfahrtsfunktion kann nun als Kompromiß zwischen diesen beiden Extrema aufgefaßt werden[52]. Als brauchbares Maß für die utilitaristische Komponente einer Wohlfahrtsfunktion läßt sich das Verhältnis $d/k\,(d)$ ansehen. Entsprechend wird dann die egalitaristische Komponente durch $1 - d/k\,(d)$ angegeben.

Der strikte Egalitarismus der Maximin-Regel ist identisch mit dem völligen Fehlen einer utilitaristischen Komponente. Genau dieses utilitaristische Defizit wird dem Maximin-Kriterium (wie auch der gesamten Rawlsschen Gerechtigkeitstheorie) mit Beispielen der anfangs beschriebenen Art zum Vorwurf gemacht. Dieser Einwand wird teilweise noch mit dem Hinweis darauf verstärkt, daß sich auch unter Wohlfahrtsfunktionen, die zumindest gewisse Kompensationen für Verschlechterungen bei der am schlechtesten gestellten Position gestatten und die somit wenigstens eine minimale utilitaristische Komponente aufweisen, bereits solche finden lassen, die auch recht weitgehenden Gerechtigkeitswünschen Rechnung tragen[53]. Der beim Übergang zur Maximin-Regel eintretende Verlust an Plausibilität erscheint deshalb nicht einmal durch eine starke Präferenz für Gerechtigkeit ausreichend legitimierbar. Im Extremfall gilt das Maximin-Kriterium gar als „not worth even a mention except as limiting case“[54].

---

51 Die Forderung nach Verteilungsneutralität kann umgekehrt auch als Ausgangspunkt für eine deduktive Begründung des reinen Utilitarismus dienen. Vgl. hierzu bereits Milnor (1954, 53). Vgl. ebenso die neueren Axiomatisierungen des Utilitarismus z.B. bei d'Aspremont / Gevers (1977), Deschamps / Gevers (1977, 1978), Gevers (1979), Roberts (1980).

52 Vgl. hierzu auch Rawls (1975 a, 52 ff.). Unter gewissen Zusatzannahmen sind die Zwischenkriterien sogar im engeren Sinne utilitaristisch, da sie sich durch eine additive Wohlfahrtsfunktion der Gestalt $\sum_{i=1}^{n} u_i\,(x_i)$ darstellen lassen. (Die $u_i$'s sind dabei gewisse Nutzenfunktionen.) Vgl. hierzu z.B. auch Maskin (1978) und Sugden / Weale (1979), die beide auf Debreu (1954) zurückgreifen. Diesen Sachverhalt hat im übrigen auch Harsanyi im Auge, wenn er für den Utilitarismus einen Ausschließlichkeitsanspruch erhebt. Vgl. etwa Harsanyi (1978, 224) oder auch die Kontroverse zwischen Sen (1977 b) und Harsanyi (1975 b, 1977 b).

53 Dies – wie überhaupt der trade-off zwischen Utilitarismus und Egalitarismus – wird in der Literatur vielfach mit Hilfe von Wohlfahrtskriterien veranschaulicht, die durch Indifferenzkurven konstanter Elastizität charakterisiert sind. Vgl. z.B. Alexander (1973) und Wagner (1980).

54 Ng (1981, 240).

Mit einer derartigen Kritik wird man dem eigentlichen Anliegen von Rawls jedoch in keiner Weise gerecht. Rawls verfolgt ja von vornherein die Absicht, dem Utilitarismus eine normative Konzeption entgegenzustellen, die dessen charakteristische Eigenschaften gerade nicht aufweist[55]. Am Utilitarismus als ethischer Theorie stört Rawls dabei vor allem, daß es dieser erlaubt, die Nutzenniveaus verschiedener Individuen gegeneinander aufzurechnen. „Die Frage ist, ob Nachteile, die einigen auferlegt werden, durch eine größere Summe von Vorteilen anderer aufgewogen werden können, oder ob vielmehr die Gerechtigkeit gleiche Freiheit für jeden fordert und nur solche wirtschaftlichen und sozialen Ungleichheiten zuläßt, die in jedermanns Interesse liegen."[56] Rawls entscheidet sich natürlich für die zweite Alternative und kommt auf diese Weise zu seiner Maximin-Gerechtigkeitskonzeption. Deren utilitaristische Defizite sind somit für Rawls keine bedauerlichen Nebenerscheinungen, sondern von Anfang an bewußt miteinkalkuliert.

Gegen ein solches Vorgehen ließe sich auch kaum etwas einwenden, wenn es Rawls lediglich darum ginge, eine zum Utilitarismus alternative normative Konzeption zur Diskussion zu stellen. Bei einem solchen Verständnis wäre die Maximin-Regel nur ein Kriterium unter vielen anderen. Ein Gegensatz zur althergebrachten Auffassung, daß sich jedes Kriterium, das den Ansprüchen allgemeiner „Vernünftigkeit" genügen will, aus Bestandteilen verschiedener ethischer Grundpositionen zusammensetzen muß, deren „richtiges" Mischungsverhältnis aber nicht objektiv bestimmbar ist, bestünde nicht[57]. Diese „pluralistische" Sichtweise akzeptiert Rawls aber nicht. Vielmehr will er für seine Gerechtigkeitskonzeption eine Vorrangstellung gegenüber dem Utilitarismus begründen und auf diese Weise die philosophische Schule des „Intuitionismus" überwinden[58].

Wie weit sich Rawls diesem hochgesteckten Ziel tatsächlich nähert, ist aber nur die eine Frage. Ein viel grundsätzlicheres Problem dürfte darin liegen, in welchem Maße derartige Ansprüche überhaupt zu realisieren sind. Über dieses seinen eigentlichen normativen Überlegungen vorgelagerte Thema läßt Rawls

[55] So erklärt Rawls (1975a, 40) explizit: „Ich möchte eine Theorie der Gerechtigkeit ausarbeiten, die eine Alternative zum utilitaristischen Denken im allgemeinen und damit zu allen seinen Schattierungen ist."

[56] Rawls (1975a, 52).

[57] Vgl. hierzu im Zusammenhang mit der Diskussion um Rawls z.B. Pettit (1974, 323), Strasnick (1979, 196) oder Höffe (1979, 178): „Die Konkurrenz zwischen Utilitarismus und Fairneß-Prinzipien läßt sich nur partiell wissenschaftlich entscheiden."

[58] Vgl. v.a. Rawls (1975a, 52 ff.). Seine Kritik am Intuitionismus formuliert er wie folgt: „Die Gewichtung ist kein nebensächlicher, sondern ein wesentlicher Teil jeder Gerechtigkeitsvorstellung. Lassen sich diese Gewichte nicht auf vernünftige ethische Maßstäbe zurückführen, dann ist die vernünftige Diskussion am Ende. Man könnte sagen, eine intuitionistische Gerechtigkeitsvorstellung sei nur eine halbe." (Rawls 1975a, 61).

sich jedoch kaum aus, sondern geht über die wissenschaftstheoretischen Probleme der Normenbegründung eher schnell hinweg. So bemerkt er im Hinblick auf den Intuitionismus nur ganz knapp: „Inwieweit eine solche Auffassung mit bestimmten erkenntnistheoretischen Vorstellungen verbunden ist, das ist eine Frage für sich.“[59] Daß die Maßstäbe, an denen Rawls seine Gerechtigkeitstheorie messen lassen will, im Dunkeln bleibt, dürfte v.a. auf diese Versäumnisse zurückzuführen sein.

Auf die Frage, ob die Rawlssche Maximin-Gerechtigkeit oder der Utilitarismus die prinzipiell angemessenere ethische Theorie darstellt, soll hier nicht weiter eingegangen werden. Eine solche Erörterung würde zu tief in allgemeine philosophische Fragestellungen führen[60] und ist zudem für unsere Zwecke auch nicht allzu wichtig. Wir begnügen uns deshalb am Ende dieser allgemeinen Ausführungen zu Rawls mit der folgenden Einschätzung seiner Gerechtigkeitstheorie, die sich völlig im Rahmen des von Rawls zwar kritisierten, intuitiv jedoch höchst plausiblen philosophischen Pluralismus bewegt: Unabhängig davon, wie angreifbar seine Argumentation im Detail auch sein mag, leistet Rawls doch einen entscheidenden Beitrag zur Beschreibung und Präzisierung normativer Ideen, die vom utilitaristischen Denken vernachlässigt werden. Dabei gelangt er zur Maximin-Gerechtigkeit als einer eigenständigen normativen Konzeption, die sich als Folgerung aus der Forderung nach gleichen Mindestanspruchsrechten und damit aus dem kategorischen Imperativ Kants begreifen läßt. Auch wenn Rawls die Konkurrenz zwischen dieser „Equity“-Norm und der „Efficiency“-Norm des Utilitarismus sicher nicht in dem von ihm gewünschten Sinne entscheiden kann, so verhilft er diesem für das ethische Denken zentralen „trade-off“ doch zu einer gehaltvolleren Darstellung.

## 2. Die Maximin-Gerechtigkeit im intergenerationellen Fall

### *2.1. Die Anwendung des Maximin-Kriteriums auf das Problem der Gerechtigkeit zwischen Generationen*

#### a) Die grundsätzliche Rechtfertigung ihres Einsatzes

Vielfach steht man der Anwendung der Rawlsschen Maximin-Konzeption auf das Problem der Gerechtigkeit zwischen Generationen skeptisch gegenüber. Teilweise wird der intergenerationelle Fall sogar als Standardbeispiel dafür angesehen, daß die Maximin-Regel aufgrund ihrer utilitaristischen Defizite zu

59 Rawls (1975a, 53 f.).

60 Dann müßte nämlich die diffizile Frage nach der „Letztbegründbarkeit“ von Normen in die Erörterung einbezogen werden. Vgl. zu der höchst kontroversen philosophischen Diskussion um diese Frage etwa Albert (1975), Lübbe (1980) und Kuhlmann (1981).

höchst unplausiblen Ergebnissen führen kann. Die strikte Bewertung intertemporaler Allokationen nach diesem Kriterium würde ja – wie sich im Rahmen eines einfachen Wachstumsmodells vom Harrod-Domar-Typ leicht zeigen läßt – eventuell jedes Sparen und damit auch jegliches auf Kapitalakkumulation beruhendes Wirtschaftswachstum ausschließen[61]. Der bei einem gegebenen Anfangskapitalstock $x_0$ und einer Kapitalproduktivität von $\sigma > 0$ mögliche Konsumpfad $(\sigma x_0, \sigma x_0, \ldots)$ ist nach dem Maximin-Kriterium offenbar allen Pfaden überlegen, auf denen irgendeine Generation durch eine Investition in Höhe von $d$ einen Wachstumsprozeß in Gang setzt. Der Konsum dieser Generation vermindert sich dann nämlich auf $\sigma x_0 - d$ und liegt so sicher unter dem Minimalwert des ursprünglichen Pfades.

Bemerkenswerterweise nimmt Rawls dieses Argument seiner utilitaristischen Kritiker vorweg. Er ist nicht einmal selber bereit, die Maximin-Regel als Bewertungskriterium für den intergenerationellen Fall zu akzeptieren. So erklärt Rawls explizit: „Das Unterschiedsprinzip ist ... auf die Frage nach Gerechtigkeit zwischen Generationen nicht anwendbar."[62] Auch Rawls hält nämlich – aus letztlich utilitaristischen Motiven[63] – gewisse Investitionen für unabdingbar. Die Kapitalakkumulation soll seiner Ansicht nach jedenfalls so lange dauern, bis den von ihm anvisierten „gerechten Institutionen" eine ausreichende materielle Grundlage verschafft ist[64]. Daß zumindest in diesem begrenzten Rahmen[65] auch die Möglichkeit für das gewünschte Wirtschaftswachs-

61 Vgl. etwa Arrow (1973a, 261): „... it would appear that the maximin rule would most likely lead to zero as the agreed-on savings rate; for the first generation would lose under any positive savings rate, whereas the welfare of all future generations would increase." Vgl. auch Harsanyi (1975a, 602 f.) sowie Solow (1974a).

62 Rawls (1975a, 322).

63 Daß er sich an dieser Stelle zum Utilitarismus hinbewegt, gesteht Rawls jedoch nicht offen ein. Vgl. v.a. Rawls (1975a, 319 ff.). Vielmehr orientiert er sich bei seiner Forderung nach Wirtschaftswachstum vor allem an einem autonomen Fortschrittsmotiv, das sich bereits bei Kant findet. Bei Kant (1785 b, 37) klingt in diesem Zusammenhang sogar schon ganz deutlich das Grundproblem der intergenerationellen Gerechtigkeit bei Kapitalakkumulation an: „Befremdend bleibt es immer hierbei: daß die älteren Generationen nur scheinen um der späteren willen ihr mühseliges Geschäft zu treiben, um nämlich diesen eine Stufe zu bereiten, von der diese das Bauwerk, welches die Natur zur Absicht hat, höher bringen könnten; und daß doch nur die spätesten das Glück haben sollen, in dem Gebäude zu wohnen, woran eine lange Reihe ihrer Vorfahren (zwar freilich ohne ihre Absicht) gearbeitet hatten, ohne doch selbst an dem Glück, das sie vorbereiteten, Anteil nehmen zu können."

64 Vgl. Rawls (1975a, 323).

65 Auf eine Einschränkung der Pflicht zum Sparen legt Rawls besonderen Wert, da er sich hierdurch vom eigentlichen Utilitarismus abgrenzen will: „... : das letzte Stadium, in dem Sparen noch nötig ist, ist nicht durch großen Überfluß gekennzeichnet. ... Die Gerechtigkeit verlangt von den früheren Genera-

tum besteht, ist für Rawls eine Selbstverständlichkeit, die er nicht weiter diskutiert. Die Frage nach intergenerationeller Gerechtigkeit bezieht sich dann bei Rawls fast nur noch auf das Problem einer fairen Verteilung der Sparopfer auf die verschiedenen Generationen. Als Lösung hierfür schlägt Rawls eine gerade auch in der ökonomischen Literatur ausführlich diskutierte „Sparregel"[66] vor, die aber für unsere Fragestellung nicht unmittelbar von Bedeutung ist. Uns interessiert vielmehr ein anderes Problem der Gerechtigkeit zwischen den Generationen, das sich immer dann stellt, wenn etwa infolge einer Übernutzung natürlicher Ressourcen die Gefahr eines Negativ-Wachstums droht. Auf diesen grundsätzlicheren Aspekt der intergenerationellen Gerechtigkeit geht zwar auch Rawls am Rande ein, so z.B. wenn er davon spricht, daß „eine Gesellschaft ihre Gerechtigkeitspflicht (erfüllt, W.B.), wenn sie ... ihre materielle Grundlage sichert", oder aber, wenn er zu den „Fragen der sozialen Gerechtigkeit zwischen Generationen" auch die Frage nach der „Erhaltung natürlicher Hilfsquellen und der Umwelt" zählt[67]. In einen systematischen Zusammenhang mit seiner eigentlichen Gerechtigkeitstheorie bringt Rawls diese Andeutungen jedoch nicht. Damit vernachlässigt er aber nicht nur den Problembereich, der mittlerweile ins Zentrum der Diskussion gerückt ist[68], sondern verzichtet – was aus theoretischer Perspektive noch viel bedeutsamer sein dürfte – gleichzeitig auch auf die Behandlung eines für seine allgemeine Gerechtigkeitstheorie besonders gut geeigneten Anwendungsgebietes. Gerade die Rawlssche Maximin-Gerechtigkeitskonzeption stellt nämlich einen idealen Ausgangspunkt für eine Präzisierung der Vorstellungen von intergenerationeller Gerechtigkeit dar, die auf die *Forderung nach „Bestandserhalt"* ausgerichtet sind[69].

---

tionen nicht, dafür zu sparen, daß die späteren einfach reicher sind." (Rawls 1975a, 326).

66 Vgl. Rawls (1975a, 322 f.). Auf die Formulierung und Begründung der „Sparregel" bei Rawls dürfte aber das folgende Urteil von Arrow (1977, 224 Fn.) zutreffen: „I do not find Rawls's theory of just saving at all clear." Vgl. zur Kritik an der Rawlsschen „Sparregel" ebenso Arrow (1973a, 260 ff.) und Barry (1977, v.a. 279). Formale Ansätze zur Präzisierung der Rawlsschen „Sparregel" finden sich z.B. bei Arrow (1973 b), Dasgupta (1974 a, b), Riley (1976), Grout (1977), Murrell (1980).

67 Rawls (1975a, 323 u. 160).

68 Vgl. etwa Barry (1977, 276), der Rawls folgendermaßen kritisiert: „... if we concentrate on the question how much we are obliged to make our successors better off, we miss the whole question whether there may not be an obligation to avoid harm that is stronger than any obligation to make better off." Vgl. ebenso Birnbacher (1977, 387): „Mit der undiskutierten Zugrundelegung einer optimistischen Wachstumsprämisse verkürzt Rawls seine Theorie genau um jene Dimension, die die Frage nach der Gerechtigkeit zwischen Generationen in den letzten Jahren zuallererst motiviert ... hat."

69 Andere Versuche einer Anwendung der allgemeinen Rawlsschen Gerechtigkeitstheorie auf das Problem der intergenerationellen Gerechtigkeit stellen den Aspekt einer Kriterienwahl hinter dem „Schleier des Nichtwissens" in den

Anhand eines einfachen Beispiels läßt sich dies leicht erläutern. Dazu bezeichne $Y_0 > 0$ einen Bestand einer regenerierbaren Ressource, welcher der ersten Generation gegeben sein soll. Wir nehmen an, daß die Rate der natürlichen Reproduktion bei dieser Ressource unabhängig von der Größe des Ressourcenbestandes ist und $w > 0$ beträgt. Auf der Basis von $Y_0$ kann dann jede Generation die in einer Periode jeweils nachwachsende Menge $wY_0$ konsumieren, ohne dadurch das Ausmaß des Ressourcenbestandes in irgendeiner Weise zu verändern. Wenn aber z.B. die erste Generation mehr als $wY_0$ abschöpft, so reduziert sie den an ihre Nachfolger weiter vererbten Rohstoffbestand gerade um den Betrag dieses Mehrkonsums. Sie zehrt damit am Bestand und handelt so dem Gebot nach Sicherung der materiellen Grundlagen in offensichtlicher Weise zuwider. Als Folge eines solchen „Raubbaus" ist jetzt aus ökonomischer Perspektive aber nicht die Bestandsabnahme an sich als die mit ihr einhergehende Einschränkung der Konsummöglichkeiten späterer Generationen von Bedeutung. Diese läßt sich auf verschiedene Weisen beschreiben. Den Vorstellungen des gesunden Menschenverstandes dürfte aber die folgende Interpretation besonders nahe kommen: Ein über $wY_0$ hinausgehender Konsum der ersten Generation erscheint insbesondere deshalb als ungerecht, weil er auf alle Fälle bewirkt, daß sich zumindest einige der späteren Generationen mit einem Konsumniveau begnügen müssen, das unter dem liegt, welches der vorgegebene Anfangsbestand $Y_0$ *für alle Generationen zugleich* ermöglicht hätte. Das Fehlverhalten der ersten Generation beruht so gesehen also darauf, daß sie die Norm gleicher Anspruchsrechte verletzt und damit insbesondere den kategorischen Imperativ Kants mißachtet. Sie verhält sich somit unfair gegenüber ihren Nachfolgern, weil sie sich im wahrsten Sinne des Wortes mehr herausnimmt, als sie den anderen Generationen zugesteht. Die Norm gleicher Anspruchsrechte läßt sich aber, wie wir zuvor gesehen haben, als Grundlage der Rawlsschen Gerechtigkeitstheorie begreifen. Das Maximin-Kriterium stellt dann nichts anders als formaler und auf abstrakte Situationen wie die hier zugrunde gelegte bezogener Ausdruck dieser Norm dar. Wenn man einen maximin-optimalen Konsumpfad bestimmt und daran für die verschiedenen Generationen fairerweise erlaubte Konsumniveaus bemißt, *sichert man deshalb automatisch die Einhaltung dieser Forderung nach Anspruchsgleichheit und verhindert damit Raubbauphänomene der beschriebenen Art. Genau dadurch wird aber die Anwendung der Maximin-Regel auf den intergenerationellen Fall grundsätzlich sinnvoll*[70].

Vordergrund. Vgl. hierzu etwa Hubin (1976), Barry (1977), Page (1977a, 200 ff.), Birnbacher (1977), Webb-Ricketts (1980, 61 ff.). Vgl. ebenso Mueller (1974), der allerdings nicht primär auf Rawls Bezug nimmt. Damit weichen diese Arbeiten von dem hier ausgewählten Vorgehen ab, das unmittelbar an den dem Maximin-Kriterium zugrunde liegenden ethischen Vorstellungen ansetzt.

70 Den Grundgedanken dieser Anwendung der Maximin-Regel auf den intergenerationellen Fall bringen Peterson / Fisher (1977, 702) wie folgt zum Ausdruck: „. . . , how do we justify depriving one generation just because the

Dieses allgemeine Argument zugunsten der Maximin-Regel als Bewertungskriterium für intertemporale Allokationen läßt sich durch zwei Zusatzüberlegungen ergänzen. So kann man zum einen der Norm gleicher Anspruchsrechte gerade im Falle verschiedener Generationen eine besonders hohe Legitimation zusprechen. Prima facie *unterscheiden sich ja die verschiedenen Generationen nur im Hinblick auf ihre zeitliche Lage, nicht jedoch aufgrund spezifischer Leistungen oder Bedürfnisse.* In gewisser Weise erscheint es als Produkt des reinen Zufalls, zu welcher Zeit ein bestimmtes Individuum lebt. Aus der unterschiedlichen Stellung in der Generationenfolge lassen sich so nur dann irgendwelche Vorrechte ableiten, wenn man dem Prinzip „Wer zuerst kommt, mahlt zuerst" folgt. Diese Auffassung steht mit dem intuitiven Gerechtigkeitsempfinden nicht in Einklang. Dieses wird vielmehr in der Regel fordern, daß Individuen nicht allein deshalb Vor- oder Nachteile erwachsen dürfen, weil sie das Glück bzw. Pech hatten, früher oder später geboren worden zu sein[71]. Von daher liegt es viel eher nahe, *in einem von der Natur gegebenen Rohstoffbestand ein „gemeinsames Erbe"* zu *sehen*, auf dessen Erträge alle Generationen einen prinzipiell gleichen Anspruch haben sollten[72].

Zum anderen steht unsere Anwendung der Maximin-Regel auf den intergenerationellen Fall auch nicht im Gegensatz zu der utilitaristischen Forderung nach Konsumeinschränkungen zur Ermöglichung von Wirtschaftswachstum. Dies wird klar, wenn man sich vor Augen hält, von welch grundsätzlich verschiedenen Fragestellungen die Überlegungen jeweils ausgehen. So sollen aus

---

resultant given to another generation adds more to the objective than was subtracted? With such problems, we are attracted to the radical approach of John Rawls . . . ".

71 Vgl. hierzu etwa Mishan (1977, 301): „. . . , making the minor assumption that the average effort of each generation is about the same, the reasonable supposition that the distribution of relevant characteristics is much the same for one generation as for another impels us to the view that no generation deserves as of right to enjoy a higher standard than any other." Er zieht daraus den Schluß: „In sum, the ethical appeal of equality of per capita consumption over generational time is independent of a belief in the justice of an equal division of the product in any existing society, and is far more compelling."

72 Vgl. hierzu z.B. Page (1980, 191): „The first generation did not create or earn its initial endowment . . . . In a sense this resource base is the 'common heritage of all generations', and the first generation happens to be its first trustee, by virtue of being born first – by the happenstance of time." Derselbe Gedanke klingt übrigens schon bei Marx (1894, 784) an: „Selbst eine ganze Gesellschaft, eine Nation, ja alle gleichzeitigen Gesellschaften zusammengenommen, sind nicht Eigentümer der Erde. Sie sind nur ihre Besitzer, ihre Nutznießer, und haben sie als boni patres familias den nachfolgenden Generationen verbessert zu hinterlassen." Vgl. auch Rawls (1975 a, 122), der allerdings ohne direkten Bezug auf natürliche Ressourcen bemerkt: „Wer von der Natur begünstigt ist, . . . , der darf sich der Früchte nur so weit erfreuen, wie das auch die Lage der Benachteiligten verbessert."

utilitaristischer Sicht ja Konsumprogramme bestimmt werden, die im Hinblick auf das Ziel der Nutzenmaximierung „gut" sind, während hier lediglich ermittelt werden soll, welche Konsumniveaus den einzelnen Generationen allenfalls zugestanden werden können. Statt Anweisungen für ein in einem absoluten Sinne „richtiges" Verhalten werden somit nur ethische Mindestanforderungen formuliert. Erst wenn deren Einhaltung gesichert ist, läßt sich an weiterreichende Forderungen nach zusätzlichen Konsumverzichten zum Zwecke der Kapitalakkumulation denken.

Gegenüber der Art und Weise, in der sowohl die eigentlichen Utilitaristen als auch Rawls selber die Maximin-Regel auf das Problem der Gerechtigkeit zwischen den Generationen beziehen, ergibt sich bei unserem Ansatz noch in einer weiteren Hinsicht eine bedeutsame Veränderung der Perspektive. Das Maximin-Kriterium weist jetzt einer Generation gegenüber ihren Nachfolgern nämlich nicht länger Rechte, sondern Pflichten zu. Jede Generation hat auf die nach ihr kommenden Generationen insoweit Rücksicht zu nehmen, als sie nicht mehr als ein ganz bestimmtes Konsumniveau wählen darf. Dem entspricht, daß man weniger die heutige Generation als deren Nachfolger für potentiell eher benachteiligt hält[73]. Es gilt, deren Interessen dadurch zu schützen, daß man der heutigen Generation Schranken setzt. Ganz allgemein wird man aber in der Formulierung solcher Restriktionen das Hauptanliegen einer ethischen Theorie sehen. Es entspricht den gängigen Vorstellungen, daß eine Moral eher verbietet als erlaubt.

### b) Verwandte Regeln für faires intergenerationelles Handeln

Benutzt man im intergenerationellen Fall die Maximin-Regel nur zum Vergleich „fertiger" Allokationen, ist man mit zwei Schwierigkeiten konfrontiert. Zum einen kann man auf diese Weise nicht immer jeder Generation ein eindeutig bestimmtes Konsumniveau zuweisen, da es eventuell mehrere maximin-optimale Lösungen gibt. Zum anderen vernachlässigt man den spezifisch intertemporalen Aspekt der Problematik, d.h. den Umstand, daß wir es mit einer Abfolge von Generationen zu tun haben, von denen jede durch ihre Konsumentscheidung Einfluß auf die Konsummöglichkeiten ihrer Nachfolger nimmt. Deswegen erscheint es vielleicht sinnvoller, eine Theorie intergenerationeller Gerechtigkeit in Form von Regeln für faires Verhalten gegenüber zukünftigen Generationen zu formulieren. Um diesen Ansatz in einem allgemeinen Modell präziser zu fassen, gehen wir davon aus, daß eine Generation I einen *produktiven Bestand A* (aus der Gesamtheit Π aller produktiven Bestände) vorfin-

73 Vgl. hierzu Lippit / Hamada (1977, 295): „What the environmental crisis has done is to change the position of future generations from the most advantaged to the least advantaged. A just principle of intergenerational distribution must take this into account, according to Rawls' second principle."

det[74]. Auf der Basis dieses produktiven Bestandes $A$ soll die Generation I jedes Konsumniveau $c$ aus einem Intervall der Gestalt $[o, c(A)]$ wählen können. Mit der Wahl eines solchen zulässigen Wertes von $c$ bestimmt I den produktiven Bestand, den sie der nachfolgenden Generation II hinterläßt[75]. Diesen bezeichnen wir mit $p(A, c)$. Die Gesamtheit der für einen Anfangsbestand $A \in \Pi$ möglichen Konsumpfade bezeichnen wir mit $P(A)$. Jedes solche $P(A)$ soll den Nullpfad (0, 0, . . . ) und mit jedem Pfade auch alle dazu nach dem Pareto-Kriterium schlechteren Pfade enthalten.

Im Rahmen dieses Modells läßt sich faires Handeln gegenüber zukünftigen Generationen auf verschiedene Weise definieren[76]. Am nächsten an der Rawlsschen Gerechtigkeitskonzeption bewegt man sich dabei, wenn man die Maximin-Regel in ein handlungstheoretisches Gewand steckt. Von der ersten Generation wird dann verlangt, daß sie das maximale[77] Konsumniveau $c_1^*$ wählt, mit dem ein auf der Basis des ihr verfügbaren produktiven Bestandes $A_0$ möglicher maximin-optimaler Konsumpfad beginnen kann. Die erste Generation hinterläßt dabei den produktiven Bestand $A_1^* := p(A_0, c_1^*)$, auf dessen Grundlagen sich dann die zweite Generation ganz analog mit Hilfe des Maximin-Kriteriums für ein Konsumniveau $c_2^*$ zu entscheiden hat[78]. Der Konsumpfad $(c_1^*, c_2^*, c_3^*, \ldots)$, der sich durch Iteration dieses Vorgehens ergibt, ist sowohl maximin- als auch pareto-optimal. Die Maximin-Optimalität folgt sofort daraus, daß sich die zu den jeweiligen produktiven Beständen gehörigen Maximin-Niveaus im Zeitablauf allenfalls erhöhen, niemals jedoch vermindern. Weil jedes $c_t^*$ aber das maximale Konsumniveau ist, das sich auf der Basis des produktiven Bestandes der $t$-ten Periode zu einem maximin-optimalen Konsumprogramm fortsetzen läßt, bewirkt jeder über $c_t^*$ hinausgehende Konsum eine Verminderung des für die folgenden Generationen noch erreichbaren Maximin-Niveaus. Deshalb muß $(c_1^*, c_2^*, c_3^*, \ldots)$ auch pareto-optimal sein.

Anweisungen für faires intergenerationelles Handeln werden vielfach aber auch ohne direkte Bezugnahme auf die Rawlssche Maximin-Gerechtigkeitskonzeption formuliert. Die beiden wichtigsten dieser alternativen Ansätze stehen aber in recht enger Beziehung zum Maximin-Kriterium.

---

74 Der theoretische Rahmen der folgenden Überlegungen entspricht dem verallgemeinerten Kapitalbegriff Hirshleifers (1974, v.a. 156 ff.).

75 Vgl. etwa Siebert (1980, 453): „Sachzusammenhänge zwischen Generationen ergeben sich daraus, daß der Zustand der Ökonomie am Ende einer Periode die Anfangsausstattung der nächsten Periode oder Generation definiert."

76 Vgl. hierzu auch die Zusammenstellung von Regeln für intergenerationelles Verhalten bei Goodin (1980, v.a. 435 ff.).

77 In dieser Forderung kommt eine Art „schwacher Gegenwartspräferenz" zum Ausdruck: Bei der Aneignung eventueller „Überschüsse" über das Maximin-Niveau sollen cet. par. die früheren Generationen den Vortritt haben.

78 Vgl. etwa Hubbard (1978, v.a. 329 f.), dessen „just saving principle" auf das Befolgen einer solchen Maximin-Strategie hinausläuft.

Ganz offensichtlich ist dies bei der *MSY-Regel* der Fall, die insbesondere in Zusammenhang mit regenerierbaren Ressourcen Anwendung findet, ohne daß dabei jedoch ihr normativer Gehalt deutlich gemacht wird[79]. Dieser Regel gemäß darf jede Generation aus dem ihr verfügbaren Ressourcenbestand $Y_0$ (bzw. allgemeiner aus dem ihr vorgegebenen produktiven Bestand $A_0$) nur den *Ertrag* $m(Y_0)$ (bzw. $m(A_0)$) ziehen, der sich *auf Dauer* aufrechterhalten läßt[80]. Dies bedeutet, daß jede Generation nur so viel konsumieren darf, wie auf der Basis des Anfangsbestandes *für alle Generationen zugleich möglich* ist. Mit der Beschränkung des Konsums einer jeden Generation auf den jeweiligen „maximum sustainable yield" (MSY-)Wert wird der Kantischen Konzeption von intergenerationeller Gerechtigkeit unmittelbar Rechnung getragen: Jeder Generation wird untersagt, mehr zu konsumieren, als sie auch allen ihren Nachfolgern zugestehen kann. Das Konsumprogramm, das sich von einem Anfangsbestand $Y_0$ (bzw. $A_0$) durch die fortlaufende Befolgung der MSY-Regel ergibt, ist sicher maximin-optimal. Es ist jedoch nicht zwangsläufig pareto-optimal, wie das folgende Beispiel zeigt. Für eine regenerierbare Ressource soll die Funktion $w(Y)$, welche die von einem Ressourcenbestand während einer Periode reproduzierte Ressourcenmenge angibt, den in Abb. 2 eingezeichneten Verlauf aufweisen.

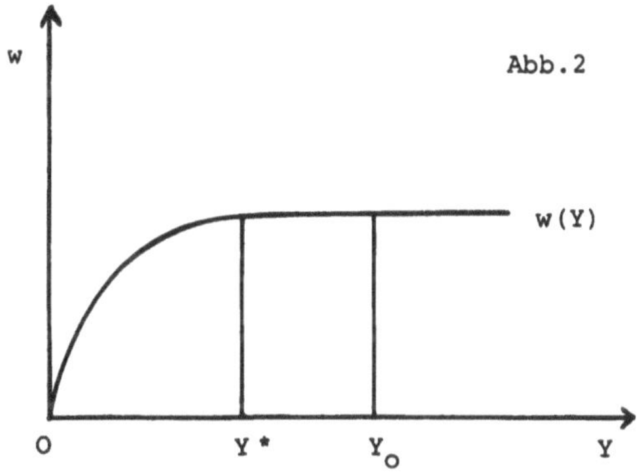


Für jeden Bestand $Y_0 > Y^*$ ist der MSY-Pfad $(w(Y_0), w(Y_0), \ldots) = (w(Y^*), w(Y^*), \ldots)$ dann nicht pareto-optimal. Dieser Bestandsüberschuß

79 Vgl. etwa Clark (1976, 13) oder Anderson (1977, 37).

80 Diesem Ansatz folgt z.B. Page (1977a, v.a. 179 ff.), der eine Beziehung zwischen dem MSY-Konzept und der Gerechtigkeitstheorie von Rawls zumindest andeutet: „..., the sustainable yield criterion is closer to another criterion, the 'intertemporal maximin criterion', ... This criterion often leads to egalitarian sharing over time." (Page (1977a, 183)). Vgl. auch Pearce (1977, 363) oder die aus der Forstwirtschaft stammende Forderung nach einer „nachhaltigen Nutzung" regenerierbarer Bestände, so etwa bei Nießlein (1980, 43) oder Binswanger u.a. (1981, 52 f.).

$Y_0 - Y^*$ kann ja in beliebiger Weise von den verschiedenen Generationen abgebaut werden, ohne daß dadurch Beeinträchtigungen des MSY-Niveaus entstehen.

Der normative Hintergrund der MSY-Regel läßt sich noch auf eine etwas andere Weise verdeutlichen. Und zwar kann man danach fragen, was in dem vorigen Beispiel geschieht, wenn ausgehend von einem Ausgangsbestand $Y_0 > Y^*$ eine Generation nach der anderen versucht, ein Konsumniveau $c' > w(Y^*)$ zu realisieren. Das Ergebnis liegt auf der Hand: Der Ressourcenbestand nimmt von Generation zu Generation ab und ist nach spätestens $Y_0/(c' - w(Y^*))$ Perioden endgültig erschöpft, und alle späteren Generationen gehen völlig leer aus. Die Folgen, die sich ergeben, wenn alle Generationen ein über $w(Y^*)$ hinausgehendes Konsumniveau durchsetzen wollen, sind dann in der Tat „verheerend“[81].

Bei der anderen Definition von fairem intergenerationellem Handeln, auf die wir eingehen wollen, wird von jeder Generation verlangt, *daß sie der nachfolgenden einen produktiven Bestand hinterläßt, der genauso „gut“ wie derjenige ist, der ihr selber von ihrer Vorgängerin überlassen wurde*[82]. Die Forderung nach Bestandserhalt dient dann unmittelbar als Ausgangspunkt der Überlegungen. Im Gegensatz zu den beiden zuvor beschriebenen Handlungsanweisungen spielen die von verschiedenen produktiven Beständen gelieferten Konsummöglichkeiten zunächst keine Rolle. Bei diesem Ansatz hat jede Generation nur auf ihre direkte Nachfolgerin zu achten, trotzdem nimmt sie dabei aber indirekt auch Rücksicht auf alle nachfolgenden Generationen[83].

Hinter dieser Definition steckt eine weit verbreitete Vorstellung von intergenerationeller Gerechtigkeit. Ihr zufolge kommt jeder Generation mit dem Recht, einen produktiven Bestand für ihre Zwecke zu nutzen, auch die Pflicht zu, ihn zu pflegen und zu bewahren. Diese Auffassung von intergenerationeller Gerechtigkeit erscheint vielfach als Ausdruck einer allgemeinen Reziprozitätsforderung. *Danach stellt die Rücksichtnahme auf zukünftige Generationen, die man von einer Generation fordert, eine Art Preis dafür dar, daß sie selber von einem entsprechenden Verhalten ihrer Ahnen profitieren kann*[84]. Eine

81 Vgl. zu einer solchen Argumentation Singer (1975, 88 ff.).

82 Vgl. etwa Kavka (1978, 200), der fordert, daß „... the generation alive leaves the next generation at least as well off, with respect to usable resources, as it was left by it's ancestors“. Vgl. ebenso Barry (1977, 284): „... those alive at any time are custodians rather than owners of the planet, and ought to pass it in at least no worse shape than they found it in.“ oder Barry (1978, 244) mit seiner Forderung: „Keep the capital intact!“

83 Das Problem der „intervening generation“ wird bei diesem Ansatz somit von vornherein vermieden. Vgl. hierzu Barry (1977, 276).

84 Dieser Reziprozitätsgedanke findet sich auch bei Rawls, allerdings ohne erkennbaren Bezug zu seinen anderen Gerechtigkeitsvorstellungen: „Dieses Kapital ist das Entgelt für das von früheren Generationen übernommene, das

von den früheren Generationen erbrachte Leistung muß dann gewissermaßen durch eine den nachfolgenden Generationen zugute kommende Gegenleistung kompensiert werden. Von einem „normalen" Austauschprozeß unterscheidet sich diese intergenerationelle Reziprozität nur in einer zwar unter praktischen, kaum jedoch unter moralischen Gesichtspunkten relevanten Hinsicht: Bei den Transfers produktiver Bestände zwischen den verschiedenen Generationen kann aufgrund der Asymmetrie der Zeit keine Identität zwischen den Erbringern einer Leistung und den Empfängern der zugehörigen Gegenleistung bestehen[85]. Die Reziprozität ist hier also im Gegensatz zum gewohnten intragenerationellen Fall nicht real, sondern bloß „virtuell"[86].

Um bei diesem Ansatz im konkreten Fall entscheiden zu können, ob das Verhalten einer Generation fair ist oder nicht, müssen wir in der Lage sein, die verschiedenen produktiven Bestände zu bewerten. Formal gesehen benötigen wir eine Ordnungsrelation $R$ auf $\Pi$: Für $A, B \in \Pi$ steht dann $ARB$ dafür, daß $A$ „mindestens genauso gut" wie $B$ ist. (Falls $ARB$, nicht jedoch $BRA$ ist, soll $A$ gegenüber $B$ sogar als „besser" gelten, wofür wir $A\hat{R}B$ schreiben. $A$ und $B$ werden als „äquivalent" bezeichnet ($A \sim B$), falls sowohl $ARB$ als auch $BRA$ gilt.) Daß ein Interessenkonflikt zwischen den verschiedenen Generationen bestehen soll, drückt sich jetzt in der Annahme aus, daß für jedes $A \in \Pi$ aus $c_1 \geqq c_2$ immer $p(A, c_2) R\, p(A, c_1)$ folgt. Je mehr (weniger) die heutige Generation konsumiert, desto schlechter (besser) ist der von ihr an die nächste Generation vererbte produktive Bestand. Wir wollen sagen, daß eine Generation, der ein produktiver Bestand $A$ zur Verfügung steht, bei einem Konsum in Höhe von $c$ fair (unfair, altruistisch) ihren Nachfolgern gegenüber handelt, wenn sie diesen einen im Vergleich zu $A$ äquivalenten (schlechteren, besseren) produktiven Bestand hinterläßt, d.h. wenn $p(A, c) \sim A$ $(A\, \hat{R}\, p(A, c)$, $p(A, c)\, \hat{R}\, A)$ gilt. Als Verhaltensregel fordern wir jetzt von jeder Generation, daß sie das maximale Konsumniveau $c^*(A)$ wählt, das auf der Basis ihres produktiven Bestandes $A$ noch als fair gilt. Das Konsumprogramm $(c_1^*, c_2^*, c_3^*, \ldots)$, das sich ergibt, wenn alle Generationen ausgehend von einem Anfangsbestand $A_0$ in diesem Sinne handeln, muß weder pareto- noch maximin-optimal sein. Um dies zu zeigen, nehmen wir an, daß bei einer regenerierbaren Ressource

es den späteren ermöglicht, ein besseres Leben in einer gerechteren Gesellschaft zu führen." (Rawls (1975a, 325)). In der deutschen Finanzwissenschaft finden sich ganz ähnliche Ansichten bei Stucken (1964, 53): „Wir nutzen in großem Maße Bauten und Einrichtungen, die von vergangenen Generationen geschaffen ... worden sind. Also haben wir die Verpflichtung, einen solchen Bestand ... zu erhalten." Vgl. ebenso Haller (1969, v.a. 308).

85 Vgl. hierzu etwa Golding (1972, 91): „We cannot enter into an explicit contract with the community of the future. And although future generations might derive benefits from us, these benefits cannot be reciprocated."

86 Vgl. hierzu auch die Bemerkungen Hallers (1980, 39 f.) zur „Gruppenmäßigen Äquivalenz im zeitlichen Sinne". Er meint damit ziemlich genau das, was hier mit virtueller Reziprozität bezeichnet wird.

die Reproduktionsfunktion $w(Y)$ bei einem bestimmten $Y^* > 0$ ein echtes Maximum aufweist und die Ordnungsrelation $R$ die verschiedenen Rohstoffbestände einfach nach deren Größe vergleicht (vgl. Abb. 3).

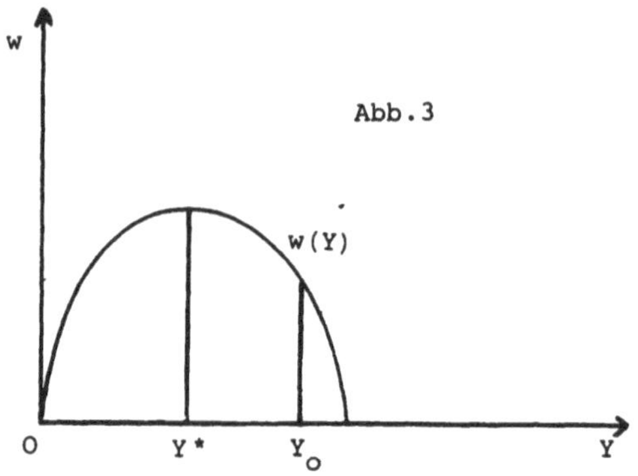


In diesem Falle hat ja der Pfad, der für die dauernde Aufrechterhaltung eines Bestandes $Y_0 > Y^*$ sorgt, offenbar die Gestalt $(w(Y_0), w(Y_0), \ldots)$. Auf der Grundlage eines solchen $Y_0$ ist aber sicher auch der Pfad $(w(Y^*), w(Y^*), \ldots)$ möglich, welcher $(w(Y_0), w(Y_0), \ldots)$ wegen $w(Y^*) > w(Y_0)$ sowohl nach dem Pareto- als auch nach dem Maximin-Kriterium überlegen ist. *Der Rohstoffbestand wird bei der Wahl von $(w(Y_0), w(Y_0), \ldots)$ gewissermaßen für die „Ewigkeit" konserviert*, und die von $Y_0$ gebotenen Konsummöglichkeiten bleiben z.T. für immer ungenutzt[87]. Dieses Phänomen läßt sich darauf zurückführen, daß die zugrunde gelegte Ordnungsrelation $R$ unzweckmäßig gewählt ist. So ist die Maximin-Optimalität der in diesem Sinne fairen Konsumpfade z.B. immer dann gegeben, wenn wir von der *MSY-Relation* $R_M$ auf $\Pi'$ ausgehen. Diese ordnet die verschiedenen produktiven Bestände nach der Größe ihrer MSY-Werte, d.h. es gilt $AR_MB$ genau dann, wenn $m(A) \geq m(B)$ ist.

Um zu erreichen, daß in diesem Sinne faire Konsumprogramme immer maximin- und pareto-optimal sind, kann man aber auch von anderen, allgemeineren Bedingungen ausgehen, so etwa von der Annahme, daß ein produktiver Bestand $A$, der im Hinblick auf $R$ nicht „schlechter" als ein produktiver Bestand $B$ ist, mindestens ein gleich hohes faires Konsumniveau wie $B$ gestattet. Formal ausgedrückt besagt diese *Monotonieforderung (M)* also, daß für je zwei $A, B \in \Pi$ aus $ARB$ immer $c^*(A) \geq c^*(B)$ folgen muß. Diese Bedin-

[87] Unter dem Stichwort „dynamische Ineffizienz" wird dieses Phänomen in der Wachstumstheorie ausführlich diskutiert. Vgl. hierzu etwa Wan (1971, 281 ff.) oder in bezug auf die Theorie des Wachstums mit erschöpfbaren Ressourcen Dasgupta / Heal (1979, 213 ff.). Bei Narveson (1979, 59) findet sich in diesem Zusammenhang die Bezeichnung „jam tomorrow"-Paradoxon: „... the benefit is always in the future, and each actual generation is miserable."

gung ist in dem vorigen Beispiel offensichtlich verletzt. Der glockenförmige Verlauf der Reproduktionsfunktion bewirkt ja, daß für alle $Y > Y^*$ mit wachsendem $Y$ die Ressourcenmenge, die man ohne Bestandsveränderung abschöpfen kann, nicht zu-, sondern abnimmt. Wenn jetzt zusätzlich die Annahme getroffen wird, daß ein Konsum in Höhe des MSY-Wertes niemals unfair gegenüber zukünftigen Generationen ist, so wird mit Hilfe von (*M*) in der Tat die Pareto- und Maximin-Optimalität aller fairen Konsumpfade gesichert. Schließlich läßt sich auch die folgende Aussage treffen: *Wenn (M) gilt, ist jeder faire Konsumpfad, der pareto-optimal ist, bereits maximin-optimal.* Denn aufgrund von (*M*) ist jedes von einem beliebigen $A_0$ ausgehende faire Konsumprogramm im Zeitablauf konstant und somit mit $(c^*(A_0), c^*(A_0), \ldots)$ identisch. Weil dieses Konsumprogramm auch pareto-optimal sein soll, muß aber $c^*(A_0) = m(A_0)$ und somit die Behauptung gelten. Wenn unter der plausiblen Bedingung (*M*) nach dem Reziprozitätsgebot Optionen für zukünftige Generationen bewahrt und die produktiven Bestände zugleich nach dem Effizienzgebot für Konsumzwecke genutzt werden sollen, muß man die Konsumentscheidungen zwangsläufig am MSY-Wert orientieren. Die Forderung nach einem fairen Transfer produktiver Bestände führt dann im wesentlichen zum gleichen Allokationsergebnis wie die Maximin- oder MSY-Regel.

### *2.2. Die Zielharmonie von intergenerationeller Maximin-Gerechtigkeit und reinem Utilitarismus in produktiven Ökonomien*

Bezieht man die Frage nach intergenerationeller Gerechtigkeit nicht auf das Problem der Kapitalakkumulation, sondern auf das des Bestandserhalts, so verliert der Gegensatz zwischen der Norm gleicher Anspruchsrechte und den Zielsetzungen des Utilitarismus an Schärfe. Dann ergibt sich nämlich die Möglichkeit, daß ein zu hoher Konsum einer Generation nicht nur zu Ungerechtigkeiten im eigentlichen Sinne führt, sondern darüber hinaus auch Beeinträchtigungen am über die Zeit hinweg erzielten Gesamtkonsum nachsichzieht[88]. Die Forderung nach fairem Verhalten gegenüber zukünftigen Generationen läßt sich in den entsprechenden Fällen dann zusätzlich durch utilitaristische

---

88 Ein Zusammenhang zwischen der Forderung nach intergenerationeller Gerechtigkeit und utilitaristischen Zielen wird bereits von Pigou (1932, 27 f.) angedeutet: „... people ... use up existing capital to such a degree that larger future advantages are sacrificed for smaller present ones." Als Beispiel hierfür nennt er dann auch die „tendency to wasteful exploitation of Nature's gifts". In der neueren Literatur wird dieser Zusammenhang aber bemerkenswert selten aufgegriffen. Vgl. jedoch Solow (1974a, 34, Fn.) und v.a. Williams (1978, 178): „I will argue that utilitarian theory mandates maximum sustainable yield." Solow beschränkt sich allerdings auf eine sehr knappe Andeutung, und die Ausführungen Williams orientieren sich zu sehr an einem speziellen Modell aus der Theorie regenerierbarer Ressourcen, als daß dabei der Kern des Problems deutlich werden könnte.

Gründe rechtfertigen und erscheint deshalb wesentlich überzeugender. Unter welchen Bedingungen eine derartige Zielharmonie besteht, soll im folgenden untersucht werden.

Dabei gehen wir der Einfachheit halber davon aus, daß für jedes $A_0 \in \Pi$ der MSY-Pfad $(m(A_0), m(A_0), \ldots)$ pareto-optimal ist und die produktiven Bestände durch die MSY-Relation $R_M$ bewertet werden. Wir nehmen jetzt an, daß die erste Generation unfair handelt, d.h. bei einem ihr verfügbaren produktiven Bestand $A_0$ ein Konsumniveau $c_1 > c^*(A_0) = m(A_0)$ wählt und damit der nachfolgenden Generation einen produktiven Bestand $A_1 := p(A_0, c_1)$ hinterläßt, der im Hinblick auf $R_M$ von geringerem Wert als $A_0$ ist. Wann man nun sinnvollerweise davon sprechen kann, daß durch einen solchen übermäßigen Konsum der Anfangsgeneration ein Verlust im Sinne des reinen Utilitarismus eintritt, liegt aber nur bei endlichem Zeithorizont auf der Hand. In diesem Fall kann man nämlich einfach die beiden maximalen Gesamtkonsummengen vergleichen, die sich auf der Basis des gegebenen $A_0$ während des gesamten Planungszeitraums jeweils erzielen lassen, wenn in der ersten Periode mit einem Konsum in Höhe von $c_1$ bzw. $c^*(A_1)$ begonnen wird. Bei einem unendlichen Zeithorizont, wie er hier der Betrachtung zugrunde gelegt wird, ist hingegen die Anwendbarkeit des einfachen Summenkriteriums stark eingeschränkt. Vielfach werden dort ja von dem gegebenen $A_0$ aus auch Konsumpfade möglich sein, deren einzelne Komponenten sich zum Wert Unendlich aufaddieren. Deshalb begnügen wir uns im ersten Schritt mit eher heuristischen Überlegungen. Und zwar zeigen wir, daß *unter ganz bestimmten Annahmen über das Verhalten der einzelnen Generationen* der von der ersten Generation durch unfaires Handeln erzielte Mehrkonsum durch Verluste der nachfolgenden Generationen wieder ausgeglichen werden muß.

Zunächst gehen wir davon aus, daß bei einem gegebenen Anfangszustand $A_0$ die erste Generation zwar ein Konsumniveau $c_1 > m(A_0)$ wählt, alle nachfolgenden Generationen unter den veränderten Bedingungen dann aber fair handeln. Als Konsumprogramm ergibt sich auf diese Weise $(c_1, m(A_1), m(A_1), \ldots)$, falls man mit $A_1$ den von der ersten Generation vererbten produktiven Bestand bezeichnet. Weil aber aufgrund des unfairen Verhaltens der ersten Generation dieses $A_1$ im Hinblick auf $R_M$ schlechter als $A_0$ ist, hat man $m(A_1) < m(A_0)$. Damit muß sich auf dem neuen Pfad jede Generation von der zweiten an mit einem Konsumniveau zufrieden geben, das um den Betrag $\epsilon := m(A_0) - m(A_1)$ unter dem liegt, das sie bei einem durchgehend fairen Verhalten aller Generationen erhalten hätte. *Der Mehrkonsum der ersten Generation in Höhe von $c_1 - m(A_0)$ wird durch diese Einbußen bei den nachfolgenden Generationen im Zeitablauf sicher überkompensiert.* So sind die bis zu einer Periode $T$ gegenüber $(m(A_0), m(A_0), \ldots)$ insgesamt angefallenen Konsumverluste auf alle Fälle dann größer als $c_1 - m(A_0)$, sobald nur $T > \frac{c_1 - m(A_0)}{\epsilon} + 1$ ist.

Man wird vermuten, daß sich diese Einbußen am Gesamtkonsum noch vergrößern, wenn *alle* Generationen Konsumansprüche verwirklichen, die gemessen an den ihnen verfügbaren produktiven Beständen als zu hoch erscheinen. Dies ist aber nicht ganz so selbstverständlich, wie es vielleicht auf den ersten Blick erscheint. Es ist nämlich auch der Fall denkbar, daß im Schnitt alle Generationen von einem durchgehend unfairen Verhalten profitieren können. Gewissermaßen würden dann die Auswirkungen der laufenden Verschlechterungen der produktiven Bestände auf den Konsum dadurch kompensiert, daß man die Produktionsgrundlagen immer noch weiter dezimiert. In diesem Falle gelingt es jeder Generation, zumindest einen Teil der Beeinträchtigungen, die ihr aus dem unfairen Verhalten ihrer Vorgänger erwachsen, auf ihre Nachfolger abzuwälzen. Die „Lasten" werden dann von Generation zu Generation weiter gereicht und lassen sich im Idealfall in die Unendlichkeit verschieben[89]. Niemand hat dann die Folgen der kontinuierlichen Verschlechterung der produktiven Bestände tatsächlich zu tragen. Durch unsere bisherigen Annahmen ist diese reine Form eines „Ponzi-Spiels"[90] aber sicher ausgeschlossen. Bei gegebenen $A_0$ läßt sich jedenfalls auf Dauer kein Konsumniveau aufrechterhalten, das über dem allen Generationen gerechtigkeitshalber zustehenden MSY-Wert $m(A_0)$ liegt. Um auch in komplizierteren Situationen zu vermeiden, daß andauerndes nicht-altruistisches Verhalten im utilitaristischen Sinne vorteilhaft ist, sind Zusatzannahmen erforderlich. So muß man vor allem genauere Angaben darüber machen, welche Konsumprogramme die verschiedenen $A \in \Pi$ erlauben. Intuitiv einsichtig erscheint in diesem Zusammenhang etwa die *Annahme (Z)*, nach der für jedes $A \in \Pi$ und jedes $c \geqq c^*(A)$ die Inklusion $P(p(A, c)) \subseteq P(A)$ zu gelten hat. Jedes nicht-altruistische Verhalten vermindert dann also die Zahl der zulässigen Konsumpfade oder läßt sie allenfalls gleich: Ein Konsumprogramm, das auf der Basis eines gewissen $A \in \Pi$ nicht möglich ist, darf es, falls $c \geqq c^*(A)$ ist, auch nicht auf der Basis von $p(A, c)$ sein.

Es sei $(c_1, c_2, \ldots)$ nun ein Konsumprogramm, das von irgend einem $A_0$ ausgeht und das mit einem unfairen Verhalten der ersten Generation eingeleitet wird. Keine der nachfolgenden Generationen soll altruistisch handeln. $(A_0, A_1, A_2, \ldots)$ bezeichne die zu $(c_1, c_2, \ldots)$ gehörige Folge produktiver Bestände. Wegen $c_1 > m(A_0)$ hat man sicherlich $m(A_1) < m(A_0)$. Wir zeigen, daß es unter der Annahme (Z) ein $T$ mit $c_t \leqq m(A_1) + \delta$ für alle $t \geqq T$ gibt, wobei $\delta$ eine beliebige positive Zahl kleiner als $m(A_1) - m(A_0)$ ist. Gäbe es ein solches $T$ nämlich nicht, so ließe sich eine Folge $(t_n)_{n \geqq 2}$ mit $c_{t_n} > m(A_1) + \delta$ für alle $n \geqq 2$ finden. Von $A_1$ aus müßte dann aber aufgrund

89 Vgl. in diesem Zusammenhang auch die finanzwissenschaftliche Diskussion um die Möglichkeiten einer dauerhaften Erweiterung des staatlichen Ausgabenspielraums durch die Staatsverschuldung, so etwa Domar (1944), Mückl (1981), Cansier (1982).

90 Vgl. zu diesem Begriff v. Weizsäcker (1979).

von (Z) mit dem Konsumpfad $(c_2, c_3, \ldots)$ auch der Konsumpfad $(c_{t_2}, c_{t_3}, \ldots)$ möglich sein. Weil sich die produktiven Bestände im Zeitablauf annahmegemäß niemals verbessern sollen, erlaubt es (Z) ja, den ursprünglichen Konsumpfad $(c_1, c_2, \ldots)$ schrittweise so „zusammenzuziehen", daß schließlich nur noch $(c_{t_2}, c_{t_3}, \ldots)$ bleibt. Wegen (Z) und $A_{t_n} R_M A_{t_n+1-1}$ für alle $n \geqq 2$ ist auf der Basis eines jeden $A_{t_{n-1}}$ mit $(c_{t_n}, c_{t_n+1}, \ldots)$ eben immer auch der Pfad $(c_{t_n}, c_{t_{n+1}}, c_{t_{n+1}+1}, \ldots)$ möglich. Für das Konsumprogramm $(c_{t_1}, c_{t_2}, \ldots)$ würde dann aber insbesondere $\inf_{n \in \mathbb{N}} c_{t_n} \geqq m(A_1) + \delta$ gelten. Dies ist aber mit der Definition des „maximum sustainable yield" nicht vereinbar. – Falls (Z) gilt, führt also ein dauerndes nicht-altruistisches Verhalten sicher dazu, daß von einer gewissen Periode $T$ an *alle* nachfolgenden Generationen gegenüber $(m(A_0), m(A_0), \ldots)$ eine Konsumeinbuße erleiten[91], die beispielsweise für $\delta = (m(A_0) + m(A_1))/2$ mindestens $(m(A_0) - m(A_1))/2$ beträgt. Die Summe dieser Verluste wird aber im Zeitablauf unendlich groß, so daß auf lange Sicht alle in den ersten $T-1$ Perioden über $(m(A_0), m(A_0), \ldots)$ erzielten Überschüsse schließlich ausgeglichen werden. Im Extremfall sinken aufgrund der allmählichen Verschlechterung der produktiven Bestände die Konsumniveaus sogar unter das für jede Generation erforderliche Existenzminimum. Der dauernde Raubbau an den produktiven Beständen führt dann in der Tat zu einer Zerstörung der materiellen Lebensgrundlagen. Daß die Gewinne einer begrenzten Anzahl „früher" Generationen durch insgesamt viel größere Verluste bei ihren unendlich vielen Nachfolgern erkauft werden müssen, wird in diesem Fall besonders deutlich.

Entwicklungen, wie sie in diesem ersten Beispiel beschrieben werden, sind unvermeidlich, falls Verschlechterungen in der Qualität produktiver Bestände nicht rückgängig zu machen sind und unfaires Handeln somit mit irreversiblen Konsequenzen verbunden ist. Altruistisches Verhalten gegenüber zukünftigen Generationen im Sinne der vorherigen Definition ist dann nicht möglich. Bei regenerierbaren Ressourcen tritt dieser Fall ein, wenn unterhalb einer gewissen Bestandsmindestgröße die Reproduktionsrate der Ressource auf Null zurückgeht und durch einen zu hohen Anfangskonsum der Ressourcenbestand in den entsprechenden Bereich abgesunken ist. Wenn jedoch die Ressource „nachwachsen" kann, so läßt sich der durch einen ungerechtfertigt hohen Konsum zunächst dezimierte produktive Anfangsbestand durch anschließende Konsumverzichte wiederherstellen. Diese Möglichkeit soll jetzt in allgemeiner Form näher diskutiert werden.

---

91 Daß nur endlich viele Generationen gewinnen, unendlich viele aber Konsumeinbußen erleiden, kann auch unabhängig von utilitaristischen Vergleichen der jeweils erzielten Gesamtkonsummengen direkt als Kriterium für die Ablehnung von Pfaden dienen. Man kommt dann zum „almost anywhere dominates"-Kriterium. Vgl. hierzu Page (1977a, 172) sowie Ferejohn / Page (1978).

*Wir nehmen also an, daß* – nachdem sich die erste Generation für ein Konsumniveau $c_1 > m(A_0)$ entschieden und damit einen produktiven Bestand $A_1$ mit $m(A_1) < m(A_0)$ hinterlassen hat – *die nachfolgenden Generationen versuchen, das Fehlverhalten der ersten Generation zu korrigieren.* Auf den Egoismus in der ersten Periode folgt dann eine Phase intergenerationell altruistischen Handelns. Der Einfachheit halber soll zunächst die zweite Generation allein die gesamte Last der Wiedergutmachung tragen. Sie muß sich dann mit einem Konsumniveau $c_2$ zufrieden geben, für das $p(A_1, c_2) \sim A_0$ gilt und das damit sogar unter $m(A_1)$ liegen muß. Es ist aber von vornherein nicht ausgeschlossen, daß $c_1 - m(A_0) > m(A_0) - c_2$ bzw. $c_1 + c_2 > 2\,m(A_0)$ gilt. Das Opfer, das die zweite Generation dann im Vergleich zu $m(A_0)$ zu erbringen hat, wäre in diesem Fall also kleiner als der Zusatzkonsum, den sich die erste Generation über den ihr gerechtigkeitshalber zustehenden Betrag hinaus aneignet. *Durch unfaires Handeln der ersten Generation ließe sich so der Gesamtkonsum in den ersten beiden Perioden gegenüber dem MSY-Pfad erhöhen,* ohne daß deshalb die Qualität des produktiven Bestandes am Ende der zweiten Periode schlechter wäre, als sie es zu Beginn der ersten Periode war. Unter welchen Bedingungen diese Situation eintritt, läßt sich leicht anhand der Abb. 4 verdeutlichen:

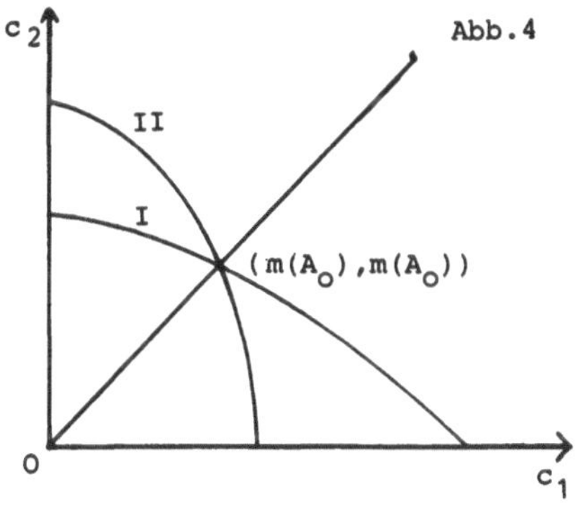


Auf der Abszisse ist dabei der Konsum in der ersten, auf der Ordinate der Konsum in der zweiten Periode abgetragen. Die Produktionsmöglichkeitskurven I und II geben den Ort aller derjenigen Kombinationen von Konsumniveaus an, die sich unter der Bedingung herstellen lassen, daß nach Ablauf der zweiten Periode ein zum ursprünglichen $A_0$ *äquivalenter* produktiver Bestand vorhanden sein soll. Die *Produktionsmöglichkeitskurve I* verläuft beim Durchgang durch den Ort $(m(A_0), m(A_0))$, der fairen Lösung, relativ flach; insbesondere ist der Betrag ihres Anstiegs dort kleiner als Eins. In der Nähe von $(m(A_0), m(A_0))$ läßt sich eine nach oben gerichtete Abweichung von $m(A_0)$ in der ersten Periode somit in der zweiten Periode durch eine kleinere Variation des Konsums in der Gegenrichtung wieder ausgleichen. Bei dieser Konstellation wird also der Gesamtkonsum der ersten beiden Generationen sicher nicht durch das faire Programm $(m(A_0), m(A_0))$ maximiert. Es besteht deshalb ein Zielkonflikt zwischen der Gerechtigkeitsnorm und den Zielsetzungen des reinen Utilitarismus. Dies ist in der durch die *Produktionsmöglichkeitskurve II* beschriebenen Situation aber anders. Die Kurve II fällt beim Durchgang durch $(m(A_0), m(A_0))$ ziemlich stark an, d.h. sie weist einen Anstieg auf, dessen Betrag über Eins liegt. Die Kompensation der Folgen einer unfairen Konsumentscheidung in der ersten Periode erfordert jetzt ein größeres Opfer der zweiten Generation. Unter der Bedingung, daß die erste Generation nichtaltruistisch handelt, d.h. $c_1 \geqq m(A_0)$ gilt, ist der Gesamtkonsum beider Generationen somit bei der fairen Allokation $(m(A_0), m(A_0))$ am größten. Die Maximin-Regel und das Kriterium des reinen Utilitarismus weisen dann in gewisser Weise in dieselbe Richtung.

Dieser zweite Fall läßt sich in ökonomisch plausibler Weise deuten. Zu diesem Zweck fragen wir nach dem Effekt, der sich ergibt, wenn die erste Generation nicht mehr, sondern *weniger* als $m(A_0)$ konsumiert und somit altruistisch ihrer Nachfolgerin gegenüber handelt. Die Differenz zwischen $m(A_0)$ und dem jetzt von der ersten Generation gewählten Konsumniveau läßt sich jetzt als Investition in den produktiven Bestand auffassen. Wenn man die Maximierung des Gesamtkonsums anstrebt, erscheint eine derartige Investition genau dann als lohnend, wenn sie in der zweiten Periode einen Mehrkonsum ermöglicht, welcher die investierte Menge übersteigt. Eine in diesem Sinne „produktive" Ökonomie wird offenbar gerade durch die Produktionsmöglichkeitskurve II repräsentiert[92]. *In solchen produktiven Ökonomien liefert das Maximin-Kriterium also einen gewissen Schutz vor Verschlechterungen im utilitaristischen Sinne, denn es verhindert auf alle Fälle einen Bestandsverzehr der ersten Generation, der sich nur unter Inkaufnahme größerer Konsumverzichte in der zweiten Periode wieder ausgleichen läßt.* Dieser Sachverhalt ist insofern bemerkenswert, als gerade in diesen produktiven Ökonomien eine *unmittelbare* Anwendung des Maximin-Kriteriums wenig akzeptabel erscheint. Es würde ja jegliche Beschränkung des Konsums der ersten Generation auf ein unterhalb von $m(A_0)$ gelegenes Konsumniveau ausschließen und damit eine weitergehende Ausnutzung von „Produktionsumwegen" vereiteln.

Ein einfaches Beispiel für derartige produktive Ökonomien liefern regenerierbare Ressourcen, bei denen die Regenerationsfunktion $w(Y)$ in $Y$ streng monoton wächst. Offenbar lautet die Indifferenzbedingung, welche die Produktionsmöglichkeitskurve $\tilde{c}_2(c_1)$ definiert, in diesem Falle ja

$$Y_0 + w(Y_0) - c_1 + w(Y_0 + w(Y_0) - c_1) - \tilde{c}_2(c_1) = Y_0 .$$

[92] Die insgesamt produzierte Menge läßt sich dann durch das „Einschlagen von Produktionsumwegen" steigern. Vgl. Böhm-Bawerk (1921, 11 ff.). Die Mehrergiebigkeit der Produktionsumwege wird durch technischen Fortschritt zusätzlich erhöht.

Durch Differentiation beider Seiten dieser Gleichung nach $c_1$ erhält man dann insbesondere $\tilde{c}_2' (w (Y_0)) = -1 - w' (Y_0)$. Weil annahmegemäß aber $w'(Y) > 0$ für alle $Y \geq 0$ sein sollte, ist der Betrag von $\tilde{c}_2' (w (Y_0))$ somit wie behauptet sicher größer als Eins. Ist die Reproduktionsfunktion $w(Y)$ gar linear, gilt also $w(Y) = wY$, so läßt sich die Produktionsmöglichkeitskurve $\tilde{c}_2 (c_1)$ explizit darstellen; und zwar ist

$$\tilde{c}_2 (c_1) = (2 + w)\, wY_0 - (1 + w)\, c_1 ,$$

falls man von einem Ressourcenanfangsbestand von $Y_0$ ausgeht. Bei gegebenem $Y_0$ ist die Produktionsmöglichkeitskurve also gerade der im ersten Quadranten gelegene Abschnitt einer Geraden mit dem Anstieg $-(1 + w)$.

In vielen Fällen läßt sich die Aussage, daß ein ungerechtfertigt hoher Konsum in der ersten Periode zu Einbußen am Gesamtkonsum führen muß, aber auch unabhängig von solchen konkreten Beispielen treffen. Dazu bedienen wir uns des *Überholkriteriums*[93], das auch dann Bewertungen von Konsumpfaden im Sinne des Utilitarismus erlaubt, wenn die auf diesen Pfaden erzielten Gesamtkonsummengen unendlich groß sind. Dieses Überholkriterium besagt für den Fall des reichen Utilitarismus[94], daß ein Konsumpfad $(c_1^{(1)}, c_2^{(1)}, \ldots)$ einem anderen Konsumpfad $(c_1^{(2)}, c_2^{(2)}, \ldots)$ genau dann vorzuziehen ist, falls ein Zeitpunkt $T_0$ mit $\sum_{t=1}^{T} c_t^{(1)} > \sum_{t=1}^{T} c_t^{(2)}$ für alle $T > T_0$ existiert, d.h. von gewissen Periode an die auf dem ersten Pfad insgesamt erzielte Konsummenge immer größer ist als die auf dem zweiten Pfad erzielte.

Mit Hilfe des Überholkriteriums lassen sich jetzt zunächst die für die eben diskutierten Beispiele erhaltenen Aussagen neu formulieren. So kann man feststellen, daß unter plausiblen Zusatzannahmen der zu einem beliebigen $A_0 \in \Pi$ gehörige MSY-Pfad $(m(A_0), m(A_0), \ldots)$ sowohl jeden von $A_0$ ausgehenden Pfad überholt, der sich durch andauerndes nicht-altruistisches Verhalten gegenüber zukünftigen Generationen ergibt, als auch jeden von $A_0$ ausgehenden Pfad, bei dem nach einem unfairen Verhalten der ersten Generation der produktive Bestand durch altruistisches Handeln der zweiten Generation wieder auf das ursprüngliche Niveau $A_0$ gebracht wird und der dann in seinem weiteren Verlauf dem MSY-Pfad $(m(A_0), m(A_0), \ldots)$ folgt.

Für den *allgemeinen Fall* könnte man nun eine Definition für naheliegend halten, nach welcher der Übergang von einem Konsumniveau $c_1'$, das speziell bei uns immer $m(A_0)$ beträgt, zu einem höheren Konsumniveau $c_1$ in der ersten Periode dann zu einem Verlust im Sinne des reinen Utilitarismus führt,

---

93 Vgl. zu dieser Definition etwa v. Weizsäcker (1965) oder speziell in der ressourcenökonomischen Literatur z.B. Dasgupta / Heal (1979, 266 ff.).

94 Es werden also keine Nutzen-, sondern zur Vereinfachung der Darstellung nur Konsumströme betrachtet.

wenn sich *jeder* mit $c_1$ beginnende Pfad $(c_1, c_2, \ldots)$ von einem Konsumpfad überholen läßt, der statt mit $c_1$ mit dem niedrigeren Wert $c_1'$ anfängt. Diese Definition würde der Problematik aber nicht ganz gerecht. Möglicherweise läßt sich ja ein diesem Kriterium genügender Überholpfad zu $(c_1, c_2, \ldots)$ auch dadurch finden, daß man auf einem mit $c_1'$ beginnenden Pfad irgendwelchen späteren Generationen zusätzliche Sparlasten auferlegt. Die eintretende Verbesserung nach dem Überholkriterium wäre dann nicht nur auf die anfängliche Konsumeinschränkung in Höhe von $c_1 - c_1'$ zurückzuführen. Diese Schwierigkeit läßt sich aber leicht vermeiden, wenn man zusätzlich fordert, daß der überholende Pfad von der zweiten Periode an nirgends unter $(c_1, c_2, \ldots)$ liegen soll. Das Kriterium, mit dem sich im allgemeinen Fall utilitaristische Verluste feststellen lassen, lautet damit wie folgt: Wir wollen sagen, daß eine Erhöhung des Konsums der ersten Generation von $c_1'$ auf $c_1$ dann zu Einbußen im Sinne des reinen Utilitarismus führt, wenn es zu jedem Konsumpfad $(c_1, c_2, \ldots)$ einen Konsumpfad $(c_1', c_2', \ldots)$ mit $c_t' \geqq c_t$ für alle $t \geqq 2$ gibt, der nach dem Überholkriterium $(c_1, c_2, \ldots)$ überlegen ist.

Ähnlich wie bei dem zweiten zuvor erörterten Beispiel besteht auch jetzt eine recht enge Beziehung zwischen diesem Kriterium und den herkömmlichen Vorstellungen über die Produktivität von Investitionen. So führt ein höherer Konsum im Hinblick auf dieses Kriterium sicher dann zu utilitaristischen Verlusten, wenn die den Betrachtungen zugrunde liegende Ökonomie der *Produktivitätsannahme (P)* genügt. Und zwar soll (*P*) genau dann erfüllt sein, wenn auf der Basis eines gegebenen $A_0 \in \Pi$ mit jedem Pfad $(c_1, c_2, \ldots)$ und jedem $d \in [0, c_1]$ auch jeder Konsumpfad der Gestalt $(c_1 - d, c_2 + d_2, c_3 + d_3, \ldots)$ mit $d_t \geqq 0$ für alle $t \geqq 2$ und $\sum_{t=2}^{\infty} d_t = d$ möglich ist, und es darüber hinaus auf der Basis von $A_0$ sogar einen Pfad der Gestalt $(c_1 - d, \tilde{c}_2, \tilde{c}_3, \ldots)$ mit $\tilde{c}_t \geqq c_t + d_t$ für alle und $\tilde{c}_t > c_t + d_t$ für mindestens eine Periode. $t \geqq 2$ gibt. Die Bedingung (*P*) besagt also nichts anderes, daß sich jede in einer Periode getätigte Zusatzinvestition in den folgenden Perioden zusammen mit einem Mehrertrag zurückgewinnen lassen muß. Dabei darf weder der Verlauf des ursprünglichen Konsumpfades noch die geplante zeitliche Verteilung der Rückgewinnung eine Rolle spielen. Die Bedeutung dieser Annahme läßt sich auch am Beispiel regenerierbarer natürlicher Ressourcen leicht verdeutlichen. (*P*) gilt dort nämlich sicher dann, wenn wiederum die in einer Periode reproduzierte Menge $w(Y)$ mit der jeweils vorhandenen Bestandsmenge $Y$ streng monoton wächst. Um dies zu zeigen, sei $(Y_0, Y_1, Y_2, \ldots)$ die Folge der Bestände, die zu einem auf der Basis eines gegebenen Anfangsbestandes $Y_0$ möglichen Konsumprogramm $(c_1, c_2, \ldots)$ gehört. Wenn nun $(c_1 - d, c_2 + d_2, c_3 + d_3, \ldots)$ ein Konsumprogramm (mit zugehöriger Bestandsfolge $(Y_0, Y_1', Y_2', \ldots)$) bezeichnet, das in der von (*P*) geforderten Weise zustandekommt, so hat man für jedes $t \geqq 2$ offenbar $Y_t' > Y_t + d - \sum_{\tau=2}^{t} d_\tau$ und damit insbesondere $Y_t' > Y_t$.

(Dies läßt sich mit Hilfe vollständiger Induktion leicht zeigen. Aufgrund der strengen Monotonie von $w(Y)$ gilt ja für jedes $t \geqq 2$:

$$
\begin{aligned}
Y'_t &= Y'_{t-1} + w(Y'_{t-1}) - c_t - d_t \\
&> Y_{t-1} + d - \sum_{\tau=2}^{t-1} d_\tau + w(Y_{t-1}) - c_t - d_t \\
&\geqq Y_{t-1} + w(Y_{t-1}) - c_t + d - \sum_{\tau=2}^{t} d_\tau \\
&= Y_t + d - \sum_{\tau=2}^{t} d_\tau \ .)
\end{aligned}
$$

Also ist auf der Basis von $Y_0$ auch $(c_1 - d, c_2 + d_2, c_3 + d_3, \ldots)$ möglich. Zu einem Pfad $(c_1 - d, \tilde{c}_2, \tilde{c}_3, \ldots)$ mit den verlangten Eigenschaften kann man schließlich dadurch kommen, daß man in einer beliebigen Periode $t \geqq 2$ die Differenz $w(Y'_t) - w(Y_t) > 0$ abschöpft.

Unter der Voraussetzung $(P)$ führt ein über den jeweiligen MSY-Wert $m(A_0)$ hinausgehender Anfangskonsum aber nicht nur zu utilitaristischen Verlusten im Sinne des allgemeinen Kriteriums, sondern auch zu Verschlechterungen der Art, wie sie zuvor im Zusammenhang mit den beiden Beispielen beschrieben wurden. Im ersten der zwei betrachteten Fälle kann $(P)$ damit insbesondere die Zusatzannahme $(Z)$ ersetzen, die trotz ihrer intuitiven Einsichtigkeit z.B. in dem im zweiten Hauptteil dieser Arbeit ausführlich diskutierten Solow-Modell nicht ohne weiteres nachgewiesen werden kann. Aus beweistechnischen Gründen behandeln wir jetzt aber zuerst das *zweite Beispiel*.

Es sei also $(c_1, c_2, m(A_0), m(A_0), \ldots)$ ein von einem gegebenem $A_0 \in \Pi$ ausgehender Konsumpfad mit $c_1 > m(A_0)$. Aus $(P)$ ergibt sich dann, daß mit diesem Pfad auch ein Pfad der Gestalt $(c_1 - (c_1 - m(A_0)), c_2 + c_1 - m(A_0) + \delta, m(A_0), \mathrm{m}(\mathrm{A}_0), \ldots) = (m(A_0), c_1 + c_2 - m(A_0) + \delta, m(A_0), m(A_0), \ldots)$ mit $\delta > 0$ von $A_0$ aus möglich sein muß. Weil $(m(A_0), m(A_0), \ldots)$ annahmegemäß aber pareto-optimal ist, muß natürlich $c_1 + c_2 - m(A_0) + \delta \leqq m(A_0)$ und damit $(c_1 + c_2)/2 < m(A_0)$ bzw. $c_1 - m(A_0) < m(A_0) - c_2$ sein. *Der gegenüber dem MSY-Pfad in der zweiten Periode auftretende Verlust ist also sicher größer als der Gewinn in der ersten.*

Dieses Ergebnis läßt sich noch ein wenig verallgemeinern. Und zwar kann gezeigt werden, daß unter der Annahme $(P)$ für jeden von $A_0$ ausgehenden Pfad $(c_1, c_2, \ldots)$ mit $c_1 > m(A_0)$ ein $T^* > 0$ mit $\sum_{t=1}^{T^*} (c_t - m(A_0)) < 0$ existieren muß. Bis zur Periode $T^*$ ergeben sich dann also gegenüber $(m(A_0), m(A_0), \ldots)$ insgesamt größere Verluste als Gewinne. Zur Begründung dieser Aussage nehmen wir an, daß es ein derartiges $T^*$ nicht gibt und somit für alle

$T \geqq 1$ die Ungleichung (*) $\sum_{t=1}^{T} (c_t - m(A_0)) \geqq 0$ gilt. Wegen (*P*) wäre in diesem Falle von $A_0$ aus neben $(c_1, c_2, \ldots)$ auch ein Pfad der Gestalt $(c_1 - (c_1 - m(A_0)), c_1 + c_2 - m(A_0) + \delta, c_3, c_4, \ldots) = (m(A_0), c_1 + c_2 - m(A_0) + \delta, c_3, c_4, \ldots)$ für ein $\delta > 0$ möglich. Wegen (*) muß dann offensichtlich $c_1 + c_2 - m(A_0) \geqq m(A_0)$ sein. Man überlegt sich leicht, daß dann auf der Basis von $A_0$ auch der Konsumpfad $(m(A_0), m(A_0) + \delta, c_1 + c_2 + c_3 - 2m(A_0), c_4, c_5, \ldots)$ herstellbar ist. Wegen (*) hat man wiederum $c_1 + c_2 + c_3 - 2m(A_0) \geqq m(A_0)$. Wendet man (*P*) auf dieselbe Weise immer weiter an, so zeigt sich schließlich, daß man in jeder Periode mindestens $m(A_0)$ konsumieren kann. Da der Konsum der zweiten Generation den MSY-Wert $m(A_0)$ aber bereits übersteigt, gelangt man damit zu einem Widerspruch zur angenommenen Pareto-Optimalität des MSY-Pfades $(m(A_0), m(A_0), \ldots)$.

Aus dieser allgemeinen Feststellung ergibt sich jetzt unmittelbar die Behauptung für das *erste Beispiel*. So zeigt sich, *daß, falls (P) gilt,* $(m(A_0), m(A_0), \ldots)$ *durch keinen von* $A_0$ *ausgehenden Pfad* $(c_1, c_2, \ldots)$ *überholt werden kann, der durch ein nicht-altruistisches Verhalten aller Generationen zustandekommt.* (Die etwas schärfere Aussage, daß der MSY-Pfad sogar jeden derartigen Pfad überholt, läßt sich hier allerdings nicht nachweisen.) Angenommen, dies wäre nicht der Fall. Dann gäbe es offenbar ein $T_0$ mit $\sum_{t=1}^{T} (c_t - m(A_0)) > 0$ für alle $T \geqq T_0$. Wenn $T_0$ nun die früheste Periode mit dieser Eigenschaft bezeichnet, hat man $\sum_{t=1}^{T_0-1} (c_t - m(A_0)) \leqq 0$ und $\sum_{t=T_0}^{T} (c_t - m(A_0)) \geqq 0$ für alle $T \geqq T_0$. Weil annahmegemäß keine Generation altruistisch gegenüber ihren Nachfolgern handeln soll, gilt für den der $T_0$-ten Generation zur Verfügung stehenden produktiven Bestand $A_{T_0-1}$ sicherlich $m(A_{T_0-1}) \leqq m(A_0)$. Insbesondere hat man dann auch $\sum_{t=T_0}^{T} (c_t - m(A_{T_0-1})) \geqq 0$ für alle $T \geqq T_0$. Dies ist aber mit der zuvor abgeleiteten Aussage nicht vereinbar, weil ja aufgrund der Definition von $T_0$ auch $c_{T_0} > m(A_0) \geqq m(A_{T_0})$ gelten muß. Als Gesamtergebnis unserer Überlegungen können wir jetzt in einer etwas unscharfen, aber recht instruktiven Formulierung das folgende Ergebnis festhalten: *Gegenüber einem pareto-optimalen MSY-Pfad* $(m(A_0), m(A_0), \ldots)$ *läßt sich die im Zeitablauf insgesamt erzielte Konsumgütermenge in produktiven Ökonomien nicht dadurch erhöhen, daß die erste Generation ein über* $m(A_0)$ *hinausgehendes Konsumniveau wählt.* Wie sich bei Durchsicht der angeführten Beweise sofort zeigt, läßt sich diese Aussage auf alle pareto-optimalen Maximin-Pfade übertragen.

Insbesondere ist ein pareto-optimales $(m(A_0), m(A_0), \ldots)$ aus der Sicht des reinen Utilitarismus auch „besser“ als eine ganz bestimmte Klasse von Konsumpfaden: Bei extrem unfairem Verhalten gegenüber zukünftigen Generationen kann es, wie zuvor am Beispiel regenerierbarer natürlicher Ressourcen beschrieben wurde, dazu kommen, daß der anfangs vorhandene produktive Bestand nach $T$ Perioden restlos „aufgezehrt" ist und die durch ihn gegebenen Konsummöglichkeiten *irreversibel zerstört* sind. Anders als in dem zweiten von uns diskutierten Beispiel hat dann keine nach $T$ gelegene Generation mehr die Möglichkeit, die von ihren Vorgängern begangenen Fehler zu korrigieren und durch zusätzliche Konsumverzichte den ursprünglichen Zustand wiederherzustellen. Auf solchen „Ausrottungspfaden" („extinction paths") sind nun offensichtlich die Verluste am Gesamtkonsum besonders groß. Die Möglichkeit, im Zeitablauf eine insgesamt unendlich große Konsummenge zu erzielen, wird in diesem Falle ja zugunsten eines lediglich endlichen Mehrkonsums bei einigen wenigen Generationen geopfert. Die instinktive Ablehnung eines irreversiblen Bestandsabbaus, die der Volksmund in die altbekannte Metapher von der Kuh, die man besser laufend melken als einmal schlachten solle, kleidet, dürfte v.a. auf solche utilitaristische Überlegungen zurückzuführen sein.

Die Aussagen dieses Abschnitts wurden zur Vereinfachung der Darstellung zunächst nur für den Fall des reinen Utilitarismus abgeleitet. Sie lassen sich jedoch weitgehend auch auf die Situation übertragen, in welcher die verschiedenen Konsumniveaus durch eine im Zeitablauf konstante (streng) monoton wachsende Nutzenfunktion $u(\cdot)$ mit abnehmendem Grenznutzenverlauf bewertet werden. Das liegt im wesentlichen daran, daß bei einer Bewertung mit Hilfe einer solchen Nutzenfunktion nach oben gerichtete von $m(A_0)$ niemals stärker ins Gewicht fallen als nach unten gerichtete gleichen Ausmaßes. Genau gilt für unsere beiden Beispiele das Folgende: Wenn $(m(A_0), m(A_0), \ldots)$ einen Pfad $(c_1, c_2, c_3, \ldots)$ überholt, so überholt unter den für $u(\cdot)$ getroffenen Annahmen der bewertete MSY-Pfad $(u(m(A_0)), u(m(A_0)), \ldots)$ den Pfad $(u(c_1), u(c_2), \ldots)$; bzw. wenn ein $(c_1, c_2, c_3, \ldots)$ einen MSY-Pfad $(m(A_0), m(A_0), \ldots)$ *nicht* überholt, so überholt auch für keine Nutzenfunktion $u(\cdot)$, für die $u'(c) > 0$ und $u''(c) < 0$ für alle $c > 0$ gilt, der durch $u(\cdot)$ bewertete Pfad $(u(c_1), u(c_2), \ldots)$ den Pfad $(u(m(A_0)), u(m(A_0)), \ldots)$. Die Begründung dieser beiden Aussagen beruht darauf, daß für jeden Zeitpunkt $T$ aufgrund des Mittelwertsatzes und der Konkavität von $u(\cdot)$ die Ungleichung $\sum_{t=1}^{T} (u(m(A_0)) - u(c_t)) \geqq u'(m(A_0)) \sum_{t=1}^{T} (m(A_0) - c_t)$ gilt. Die auf der linken Seite stehende Summe ist also sicherlich dann positiv, wenn es die rechts stehende ist. Umgekehrt kann die links stehende Summe nicht negativ werden, ohne daß dies gleichzeitig für die rechts stehende der Fall ist. Daraus ergibt sich aber die Behauptung für die beiden Beispiele.

Daß ein ungerechfertigt hoher Konsum in der ersten Periode auch dann zu utilitaristischen Verlusten im Sinne des allgemeinen Kriteriums führt, wenn wir Nutzen- statt Konsumströme betrachten, ist ebenfalls nicht schwer einzusehen. Wir nehmen dazu wiederum an, daß $(c_1, c_2, c_3, \ldots)$ ein auf der Basis eines produktiven Anfangsbestandes $A_0$ möglicher Konsumpfad ist, für den $c_1 > m(A_0)$ gilt. Wegen der angenommenen Pareto-Optimalität von $(m(A_0), m(A_0), \ldots)$ muß es dann eine Periode $T$ geben, in der $c_T < m(A_0)$ ist. Einen mit $m(A_0)$ beginnenden Überholpfad zu $(c_1, c_2, c_3, \ldots)$ konstruieren wir jetzt dadurch, daß wir in $(c_1, c_2, \ldots)$ den Konsum der ersten Periode von $c_1$ auf $m(A_0)$ senken, die Zusatzinvestition in Höhe von $c_1 - m(A_0)$ dann, wie es aufgrund der Produktivitätsannahme $(P)$ ja möglich ist, in der Periode $T$ zusammen mit einem „Lohn des Wartens" in Höhe von $\delta > 0$ zurückgewinnen und in allen übrigen Perioden alles unverändert lassen. Für jede Nutzenfunktion $u(\cdot)$ mit $u'(c) > 0$ und $u''(c) < 0$ für alle $c > 0$ ist dann $(u(m(A_0)), u(c_2), \ldots, u(c_T + (c_1 - m(A_0)) + \delta), \ldots)$ ein Konsumpfad, der $(u(c_1), u(c_2), \ldots)$ überholt und von der zweiten Periode an diesen niemals wieder unterschreitet. Die zweite Behauptung ist klar, die erste ergibt sich, weil man aufgrund der Konkavität und strengen Monotonie von $u(\cdot)$ wegen $c_T < m(A_0)$ folgendermaßen abschätzen kann:

$$u(c_T + (c_1 - m(A_0)) + \delta) - u(c_T) > u(c_T + (c_1 - m(A_0))) - u(c_T) \geqslant$$

$$u(m(A_0) + (c_1 - m(A_0)) - u(m(A_0)) = u(c_1) - u(m(A_0)) .$$

Allerdings hat man bei bewerteten Konsumströmen nicht mehr unbedingt die Möglichkeit, den Nutzenzuwachs in beliebigen Zeitpunkten zu realisieren. Denkbar ist ja, daß $(c_1, c_2, \ldots)$ im Lauf der Zeit in Bereiche hineinwächst, in denen der Grenznutzen $u'(c)$ bereits so klein ist, daß ein durch einen heutigen Konsumverzicht in Höhe von $c_1 - m(A_0)$ dort erzielbarer Nutzenzuwachs die anfängliche Nutzeneinbuße nicht ausgleichen kann[95]. Hierfür genauere Bedingungen anzugeben, scheint aber weder im Zusammenhang mit unserer Fragestellung noch im Rahmen des hier zugrunde gelegten allgemeinen Modells besonders sinnvoll zu sein.

### 3. Zusammenfassung

Unsere Leitfrage nach der „Ratio" einer Anwendung der Maximin-Regel auf das Problem der Gerechtigkeit zwischen den Generationen können wir jetzt abschließend so beantworten:

Gerade am intergenerationellen Fall wird deutlich, daß die Implikationen der Rawlsschen Gerechtigkeitstheorie nicht alle Erwartungen des gesunden Menschenverstandes zugleich erfüllen und deshalb kaum als schlechthin „rich-

95 Vgl. hierzu auch Olson / Bailey (1981).

tig“ gelten können. So schließt eine strikte Befolgung der Maximin-Regel in vielen Fällen jeglichen ökonomischen Fortschritt aus. Daß derartige Mängel bestehen, erscheint bei näherem Hinsehen allerdings kaum überraschend. Die vernachlässigten Zielvorstellungen bleiben in der Gerechtigkeitstheorie von Rawls absichtlich außer Betracht und können so in der Maximin-Regel a priori nicht zum Tragen kommen. Dieses Kriterium soll ja unter bewußter Vernachlässigung anderer normativer Konzeptionen die Forderung nach Anspruchsgleichheit in reiner Form zum Ausdruck bringen. Damit erweist sich die Maximin-Regel von Rawls insbesondere auch als unmittelbare Konsequenz des kategorischen Imperativ Kants. Die Verankerung in der philosophischen Tradition, die sie auf diese Weise erhält, dürfte tiefer reichen als die von Rawls selber ins Zentrum der Überlegungen gerückte Idee der Verfahrensgerechtigkeit.

Für unsere Zwecke ist diese Kantische Deutung der Maximin-Gerechtigkeit nun besonders deshalb von Interesse, weil sich vor ihrem Hintergrund ein sinnvoller Bezug der Rawlschen Theorie zur intergenerationellen Problematik herstellen läßt. Das *Maximin-Kriterium* wird dann im intergenerationellen Falle *mit der Absicht eingesetzt, die materiellen Ansprüche zukünftiger Generationen gegen eine mögliche Übernutzung der produktiven Bestände durch die heutige Generation zu schützen.* Die Verhinderung von „Kapitalverzehr“ wird somit zur Hauptfunktion der Maximin-Regel. Gegenüber ihrer einfachen Anwendung im intergenerationellen Fall, wie sie in der Literatur dominiert, ergeben sich dadurch zumindest in zweifacher Hinsicht Akzentverschiebungen: Zum einen werden von vornherein *keine expliziten Anweisungen für ein „richtiges“ Verhalten gegenüber der Zukunft gegeben, sondern nur gewisse Mindeststandards gesetzt.* Die hier vertretene Konzeption von intergenerationeller Gerechtigkeit ist somit vereinbar mit der Forderung nach zusätzlichen Konsumverzichten zugunsten eines fortgesetzten Wirtschaftswachstums. Zum anderen *ergeben sich bei unserem Ansatz aus der Maximin-Gerechtigkeit für die heutige Generation nicht wie ursprünglich angenommen Rechte, sondern Pflichten.* Den intuitiven Erwartungen an eine Theorie der intergenerationellen Gerechtigkeit dürfte dies eher entsprechen.

Werden die Anwendungsbedingungen der Maximin-Regel für das Problem der intergenerationellen Gerechtigkeit in dieser Weise spezifiziert, so sind *die* von ihr *gelieferten Handlungsanweisungen im wesentlichen identisch mit denen, die sich auch aus herkömmlichen Auffassungen von intergenerationeller Gerechtigkeit ergeben.* So führt zum einen eine Beurteilung nach der Maximin-Regel vielfach zum gleichen Ergebnis wie die Beschränkung des Konsums aller Generationen auf den „maximum sustainable yield“, den ein gegebener produktiver Anfangsbestand erlaubt. Zum anderen besteht eine enge Beziehung zwischen der intergenerationellen Maximin-Gerechtigkeit und der altvertrauten Forderung nach „virtueller Reziprozität“, nach der jede Generation den ererbten produktiven Bestand deshalb in zumindest unverminderter Qualität an ihre

Nachfolger weiterzureichen hat, weil sie selber von einem entsprechenden Verhalten ihrer Vorgänger profitiert. Daß der Einsatz der Maximin-Regel zur Wahrung der Interessen zukünftiger Generationen auch nach Kriterien des „common sense“ vernünftig erscheint, hat insbesondere den folgenden Grund: Anders als bei der von anderen Autoren ins Auge gefaßten Anwendung des Maximin-Kriteriums auf den intergenerationellen Fall besteht jetzt kein Zielkonflikt mehr zwischen Gerechtigkeitswünschen und utilitaristischen Zielsetzungen. So kann es vielfach dadurch zu beträchtlichen Einbußen am Gesamtkonsum kommen, daß eine oder mehrere Generationen sich nicht mit dem begnügen, was ihnen gerechtigkeitshalber zusteht. Ebenso erfordert in Ökonomien, die in einem gewissen Sinne produktiv sind, die Ausbesserung eines „Schadens“, der von einer Generation durch einen Überkonsum in Höhe von $d$ verursacht wurde, spätere Konsumverzichte, deren Gesamtbetrag $d$ übersteigt.

In manchen Fällen gibt es aber sogar noch eine grundsätzlichere utilitaristische Rechtfertigung für die Anwendung der Maximin-Regel: In einer Ökonomie, in der – unabhängig davon, von welchem Konsumprogramm man ausgeht – jede in irgendeiner Periode getätigte Zusatzinvestition nach Ablauf einer gewissen Zeit zusammen mit einem „Lohn des Wartens“ zurückgewonnen werden kann, ist aus der Sicht des reinen Utilitarismus *jede* Konsumeinschränkung erwünscht. Wird eine Maximierung des Gesamtkonsums angestrebt, ist jede Festlegung von Obergrenzen für den Konsum „früher“ Generationen, wie sie bei unserer Anwendung der Maximin-Regel geliefert werden, von vornherein zu begrüßen.

Die Grenze zwischen intertemporalen Bewertungskriterien, die für Bestandserhalt sorgen, und solchen, die dies nicht tun, verläuft also sicher nicht zwischen der Maximin-Gerechtigkeit und dem Utilitarismus als solchem. Vielmehr kann ein Raubbau an den produktiven Beständen erst dann als akzeptabel gelten, wenn man die zukünftigen Erträge abdiskontiert. Daß dieser Fall beim in der Theorie optimalen Wachstums üblichen utilitaristischen Diskontkriterium häufig eintritt, haben wir bereits in der Einleitung erwähnt. Das Diskontieren ist aber nicht unbedingt an utilitaristische Kriterien gebunden. Denkbar ist auch, daß man bei der Anwendung des Maximin-Kriteriums die zukünftigen Erträge in abdiskontierter Form zugrunde legt. Dies kann etwa aus der Überlegung heraus geschehen, daß zukünftige Erträge unsicher sind; sei es, weil die Welt untergehen kann („... there is a positive chance that future generations will not exist“[96]), sei es, weil die genauen Präferenzen der zukünftigen Generationen heute noch nicht bekannt sind. Selbst wenn man prinzipiell bereit ist, den zukünftigen Generationen zumindest die gleichen Ansprüche wie der heutigen zuzugestehen, wird man deshalb vielleicht doch einen Risikoabschlag einführen wollen. Die Anspruchsrechte der heutigen Generation werden dann stärker gewichtet als die ihrer Nachfolger. Man bewertet in diesem Falle nicht

96 Dasgupta / Heal (1979, 262).

einfach die Nutzenströme der Gestalt $(u(c_1), u(c_2), u(c_3), \dots)$ nach dem Maximin-Kriterium, sondern, falls der Abschlagsfaktor $r > 0$ beträgt, solche der Gestalt $(u(c_1), (1+r)u(c_2), (1+r)^2 u(c_3), \dots)$. Für eine maximin-optimale Lösung mit $(1+r)^t u(c_t^*) = \text{const.}$ für alle $t \geqq 1$ muß dann aber, falls $u(0) = 0$ gilt, offenbar $u(c_t^*)$ mit wachsendem $t$ gegen Null streben, d.h. es kommt genauso wie beim utilitaristischen Diskontkriterium auf lange Sicht zu einer Aufzehrung der produktiven Bestände.

# II. Intergenerationelle Gerechtigkeit mit erschöpfbaren Ressourcen im Solow-Modell

## 1. Problemstellung

Im Falle der regenerierbaren Ressourcen ist es jeder Generation möglich, die bei einem Anfangsbestand von $Y_0$ pro Periode reproduzierte Ressourcenmenge $w(Y_0) > 0$ abzuschöpfen, ohne dadurch den Rohstoffbestand zu verändern. Ein maximin-optimales Allokationsprogramm erlaubt so allen Generationen einen Mindestkonsum positiver Höhe. Bei erschöpfbaren Ressourcen, bei denen $w(Y_0) = 0$ für alle $Y_0 \geqq 0$ ist, scheint es um die Möglichkeit positiver MSY-Werte hingegen von vornherein schlechter bestellt zu sein. Dort müssen ja die Nutzungsraten der eingesetzten Rohstoffe im Zeitablauf zwangsläufig gegen Null streben. Falls sich die gegebenen Rohstoffbestände nur auf dem Wege des einfachen Verbrauchs nutzen lassen, ist die permanente Aufrechterhaltung eines konstanten positiven Konsumniveaus dann sicher unmöglich. Ein endlicher Rohstoffbestand („Kuchen") läßt sich auf unendlich viele Generationen keinesfalls so aufteilen, daß dabei jede Generation einen gleich großen positiven Anteil erhält. Die Möglichkeit zu einem positiven MSY-Niveau eröffnet sich im Falle nicht-regenerierbarer Ressourcen erst dann, wenn man annimmt, daß die Nutzungsbedingungen für die Rohstoffe nicht konstant bleiben, sondern sich im Zeitablauf allmählich verbessern. Im theoretisch wohl am leichtesten zu beschreibenden Fall geschieht dies durch einen exogenen rohstoffvermehrenden technischen Fortschritt, der bewirkt, daß eine bestimmte Rohstoffmenge einen um so höheren Ertrag erbringt, je später sie eingesetzt wird. Jedoch konzentriert sich die theoretische Ressourcenökonomik auf einen anderen Weg zur Erreichung eines positiven MSY-Wertes mit erschöpfbaren Ressourcen. Sie geht nämlich von der Vorstellung aus, daß die Akkumulation eines entsprechenden Kapitalstocks nicht-regenerierbare Ressourcen immer entbehrlicher macht und somit die erschöpfbaren Ressourcen in gewisser Weise durch reproduzierbares Kapital *ersetzt* werden.

Als Beispiele für derartige Substitutionsprozesse lassen sich empirische Phänomene ganz verschiedener Art anführen:

– Zusätzliche Investitionen (z.B. in wärmedämmende Installationen oder energiesparende Fertigungsprozesse) können die Nutzungseffizienz von Rohstoffen auf unmittelbare Weise erhöhen, so daß man beispielsweise bei der

Bereitstellung einer Energiedienstleistung mit einem geringeren Primärenergieeinsatz auskommt.

- Investitionen werden in der Regel auch erforderlich, um schwerer zugängliche Rohstofflagerstätten ökonomisch nutzbar zu machen. So erfordert bereits heute die Ausbeutung der Rohölvorräte in der Nordsee einen wesentlich höheren Kapitalaufwand als etwa im Nahen Osten.
- Recycling-Prozesse, welche die Vorräte erschöpfbarer Ressourcen strecken helfen, dürften gleichfalls einen verstärkten Kapitaleinsatz bedingen.
- Schließlich erscheint auch plausibel, daß der rohstoffsparende technische Fortschritt nicht nur exogen, sondern zumindest teilweise auch endogen ist. Dann kann man aber annehmen, daß zur Vermehrung des entsprechenden Wissens gewisse Konsumeinschränkungen erforderlich werden, die man als Investitionen in einen „Wissenskapitalstock" auffassen kann.

Darauf, wie die Substitutionsprozesse in der Realität im einzelnen ablaufen, soll an dieser Stelle nicht näher eingegangen werden. Stattdessen wird hier anhand des Solow-Modells[1] eine theoretische Beschreibung solcher Substitutionsvorgänge versucht. Zu diesem Zweck gehen wir von einer Produktionsfunktion $F(x, y)$ aus, die sowohl vom Einsatz eines Bestandes $x$ an produziertem Kapital als auch von einem Input $y$ einer erschöpfbaren Ressource abhängen soll. Um die spezifischen Merkmale der Kapital-Rohstoff-Substitution deutlicher herausarbeiten zu können, sehen wir bei unseren Überlegungen vom Produktionsfaktor Arbeit völlig ab. $F$ soll die für Produktionsfunktionen typischen Eigenschaften haben. So wird vorausgesetzt, daß $F(0, 0) = 0$ gilt, $F$ überall zweimal partiell stetig differenzierbar ist und in jeder Komponente streng monoton wächst. Zusätzlich soll $F$ homogen von einem Grade $r \leqq 1$ sein, d.h. für jedes $\lambda > 0$ und alle $(x, y)$ hat $F(\lambda x, \lambda y) = \lambda^r F(x, y)$ zu gelten. Bei $r = 1$ ist dann $F$ insbesondere linear-homogen[2]. Wie sich in einer Ökonomie, deren Produktionsmöglichkeiten durch ein solches $F$ angegeben werden, im Zeitablauf die erschöpfbare Ressource durch produziertes Kapital ersetzen läßt, stellen wir jetzt in einem intertemporalen Allokationsmodell mit stetigem Zeitparameter ausführlicher dar. Dabei geht es uns v.a. um die Bestimmung von Allokationsprogrammen, die mit Hilfe von $F$ auf der Basis gegebener Anfangsbestände des reproduzierbaren Kapitals $(x_0)$ und der erschöpfbaren Ressource $(Y_0)$ möglich sind. Jedes solche – bei gegebenem $(x_0, Y_0)$ *zulässige* – Allokationsprogramm besteht aus drei Komponenten: einem Kapitalpfad $(x_t)_{t \geq 0}$, der im Nullpunkt vom Kapitalbestand $x_0$ ausgeht, einem Rohstoffverbrauchspfad $(y_t)_{t \geq 0}$, der die Ressourcenrestriktion

1 Vgl. Solow (1974a).

2 Vgl. auch die Diskussion über die Eigenschaften der im Solow-Modell verwendeten Produktionsfunktion bei Dasgupta / Heal (1979, 193 ff.).

$\int_0^\infty y_t\,dt \leqq Y_0$ beachtet, d.h. mit dem gegebenen Rohstoffquantum $Y_0$ auskommt, und schließlich einem Konsumpfad $(c_t)_{t \geqq 0}$, der sich aus $(x_t)_{t \geqq 0}$ und $(y_t)_{t \geqq 0}$ durch die für alle $t \geqq 0$ gültige Gleichung

$$c_t = F(x_t, y_t) - \dot{x}_t$$

ergibt. Wie üblich steht dabei $\dot{x}_t$ für die marginale zeitliche Veränderung des Kapitalbestandes in $t$. Der Konsum in jeder Periode $t$ ist demnach gerade derjenige Teil des in $t$ erzeugten Gesamtprodukts, der nicht zur Aufstockung des Substitutionskapitals verwendet wird[3].

Im Rahmen dieses Modells soll im folgenden drei Fragen nachgegangen werden:

1. Unter welchen Bedingungen an die Produktionsfunktion $F$ ist das zu einem Ausgangszustand $(x_0, Y_0)$ gehörige MSY-Niveau positiv, d.h. wann gibt es ein bei $(x_0, Y_0)$ zulässiges Allokationsprogramm $(x_t, y_t, c_t)_{t \geqq 0}$, für das $\inf_{t \geqq 0} c_t > 0$ gilt?
2. Wie sind die Allokationsprogramme beschaffen, die – im Falle seiner Existenz – zu einem maximin-optimalen Konsumpfad mit positivem MSY-Niveau führen?
3. Haben Konsumentscheidungen, die über das jeweilige MSY-Niveau hinausreichen, auch im Solow-Modell die aus utilitaristischer Sicht negativen Konsequenzen, wie wir sie zuvor in einem allgemeineren Modell beschrieben haben?

## 2. Bedingungen für die Existenz positiver MSY-Werte im Solow-Modell

Man wird vermuten, daß im Solow-Modell die Chancen für die Existenz positiver MSY-Werte um so größer sind, je besser sich die erschöpfbare Ressource durch produziertes Kapital ersetzen läßt. Einen ersten Hinweis auf das Ausmaß derartiger Substitutionsmöglichkeiten liefert uns die Gestalt der zu der gegebenen Produktionsfunktion $F$ gehörenden *Einheitsisoquante* $g(\cdot)$, welche durch die Vorschrift $F(x, g(x)) = 1$ definiert ist. Für einen gegebenen Kapitalbestand $x$ gibt also $g(x)$ gerade die Einsatzmenge des Rohstoffs an, die zusammen mit $x$ nötig ist, um eine Gütereinheit zu produzieren. Wir nehmen an, daß der Definitionsbereich $D$ von $g(\cdot)$ nicht leer ist. Wegen der Monotonie und Stetigkeit von $F$ stimmt $D$ dann mit einem (möglicherweise nach rechts offenem) Intervall in $\mathbb{R}_+$ überein, dessen Unter- bzw. Obergrenze mit

[3] Vgl. zur Grundstruktur dieses Modells Solow (1974a) und Dasgupta / Heal (1979, 193 ff.).

$d_1$ bzw. $d_2$ bezeichnet werden soll. $d_2$ ist dabei eventuell unendlich groß. Die Einheitsisoquante $g(\cdot)$ fällt wegen der strengen Monotonie von $F$ in beiden Komponenten auf ganz $D$ streng monoton. *Je enger sich $g(\cdot)$ dabei der x-Achse anschmiegt, desto besser sind offenbar die Möglichkeiten, die erschöpfbare Ressource durch reproduzierbares Kapital zu ersetzen.* Denn je kleiner die Werte von $g(\cdot)$ an einer bestimmten Stelle $x$ sind, desto weniger vom Rohstoff benötigt man ja, um auf der Basis von $x$ eine vorgegebene Output-Menge zu erzeugen. Die beiden folgenden *Extremfälle* verdienen jetzt besondere Beachtung:

1. Ist $d_2 < \infty$, so schneidet die Einheitsisoquante die $x$-Achse. Es gilt dann $F(d_2, 0) = 1$, und man benötigt zur Produktion einer positiven Output-Menge somit nichts von dem Rohstoff. Positive MSY-Werte gibt es demnach für derartige Produktionsfunktionen auf alle Fälle (vgl. I in Abb. 5).

2. Ist hingegen $d_2 = \infty$ und gleichzeitig $y_m := \inf_{x > d_1} g(x) > 0$, so nähert sich die Einheitsisoquante $g(\cdot)$ mit wachsendem $x$ einer Parallelen zur $x$-Achse asymptotisch an. Um eine Output-Einheit zu erzeugen, braucht man dann für jeden Kapitalbestand $x > 0$ mindestens die Rohstoffmenge $y_m$. Ein positives Konsumniveau läßt sich in diesem Fall mit Hilfe eines endlichen Rohstoffbestandes sicher nicht auf Dauer aufrechterhalten, denn die Ressourceneinsatzmenge kann ja nicht dauernd über $y_m$ liegen, sondern muß im Lauf der Zeit auf Null zurückgehen (vgl. II in Abb. 5).

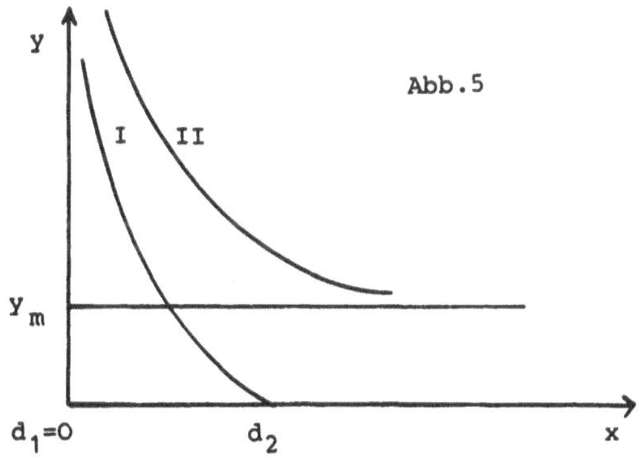


*Im Hinblick auf die Frage nach der Existenz positiver MSY-Werte ist somit von vornherein nur der Fall von Interesse, in dem $d_2 = \infty$ und $y_m = 0$ ist.* Deshalb beschränken sich unsere Betrachtungen von nun an auf Produktionsfunktionen, deren Einheitsisoquante diese Eigenschaften aufweist und sich also mit wachsendem Kapitalbestand der $x$-Achse asymptotisch annähert. Zur Produktion einer bestimmten Output-Menge benötigt man dann für jedes $x$

zwar immer noch einen gewissen Rohstoffeinsatz, der jedoch mit wachsendem $x$ beliebig klein wird (vgl. Abb. 6).

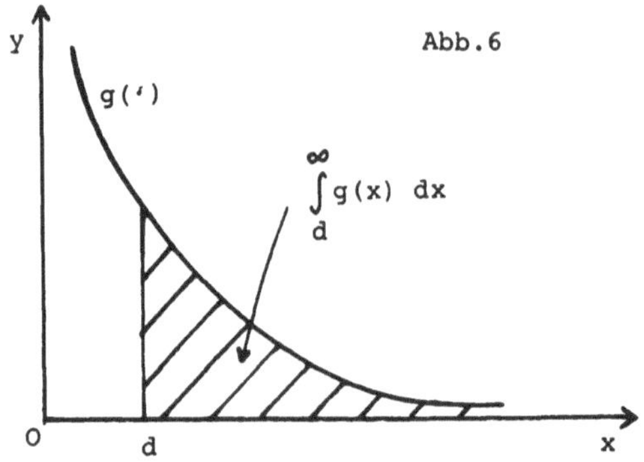


Unsere allgemeinste hinreichende Bedingung für die Existenz positiver MSY-Werte lautet in diesem Fall nun wie folgt:

*Satz 2.1*:

Gilt für ein (und damit für alle) $d > d_1$ die Bedingung $\int_d^\infty g(x)\,dx < \infty$, so existiert zu jeder gegebenen Kombination von $x_0 > 0$ und $Y_0 > 0$ ein positives Konsumniveau, das sich mit Hilfe der Produktionsfunktion $F$, zu der $g(\cdot)$ als Einheitsisoquante gehört, auf Dauer aufrechterhalten läßt.

*Beweis*:

Auf dem gesuchten „sustainable-yield"-Pfad soll der Output im Zeitablauf immer auf einem konstanten Wert $q \in ]0,1[$ bleiben. Wird nun ein $c \in ]0,q[$ als ein auf Dauer aufrechtzuerhaltendes Konsumniveau gewählt, so beträgt der dann im Zeitpunkt $t$ verfügbare Kapitalstock $x_t$ offensichtlich gerade $x_0 + (q - c)\,t$. Für den in $t$ zur Produktion von $q$ erforderlichen Rohstoff-Input $y_t$ gilt aber $y_t \leqq q\,g(x_t/q)$, denn man hat ja $F(x_t, q\,g(x_t/q)) = q^r F(x_t/q, g(x_t/q)) \geqq q$ wegen $q < 1$ und der Homogenität von $F$ mit einem Homogenitätsgrad von $r \leqq 1$. Deshalb läßt sich die zur permanenten Aufrechterhaltung des Konsumniveaus $c$ insgesamt benötigte Rohstoffmenge folgendermaßen abschätzen:

$$\int_0^\infty y_t\,dt \leqq q \int_0^\infty g((x_0 + (q-c)\,t)/q)\,dt = \frac{q^2}{q-c} \int_{x_0/q}^\infty g(t)\,dt\,.$$

Dabei ist $q$ von vornherein so klein zu wählen, daß $x_0/q$ im Definitionsbereich von $g(\cdot)$ liegt. Wenn wir jetzt speziell $c := q/2$ setzen, ist die insgesamt verbrauchte Ressourcenmenge also sicher nicht größer als $\int_{x_0/q}^\infty g(t)\,dt$.

Dieser Ausdruck strebt aber, wenn $q$ gegen Null geht, selber gegen Null, da mit fallendem $q$ die Untergrenze $x_0/q$ der Integration immer größer wird. Für jeden Anfangskapitalbestand $x_0$ kann $q$ demnach insbesondere so klein gewählt werden, daß man bei der dauernden Aufrechterhaltung des positiven Konsumniveaus $q/2$ insgesamt mit der vorgegebenen Rohstoffmenge $Y_0$ auskommt. QED

Bei genauerer Betrachtung ist dieses Ergebnis nicht allzu überraschend. Daß die Fläche unter der Einheitsisoquante im wesentlichen die Rohstoffmenge angibt, die bei konstantem Output, konstanter Sparquote und somit linearer Expansion des Kapitalstocks zur permanenten Aufrechterhaltung eines bestimmten Konsumniveaus insgesamt gebraucht wird, liegt auch ohne mathematische Analyse auf der Hand. Intuitiv viel weniger einsichtig ist hingegen die Umkehrung dieses Resultats: *Wenn sich mit einer solchen „linearen Strategie" kein positives Konsumniveau auf Dauer aufrechterhalten läßt, so ist dies auch nicht mit Hilfe eines komplizierteren Allokationsprogramms möglich.* Die Existenzbedingung aus Satz 2.1 ist demnach nicht nur hinreichend, sondern auch notwendig:

*Satz 2.2*:

Wenn sich für eine Kombination $(x_0, Y_0)$ von Anfangsbeständen mit Hilfe einer Produktionsfunktion $F$ ein konstantes positives Konsumniveau auf Dauer aufrechterhalten läßt, dann muß für die zu $F$ gehörige Einheitsisoquante $g(\cdot)$ und jedes $d > d_1$ das Integral $\int_d^\infty g(x)\,dx$ endlich sein.

*Beweis*:

Wir führen den Beweis indirekt und nehmen dazu an, daß für ein (und damit für alle) $d > d_1$ das Integral $\int_d^\infty g(x)\,dx$ unendlich groß ist und es trotzdem für einen Ausgangszustand $(x_0, Y_0)$ einen von $x_0$ ausgehenden Kapitalpfad $(x_t)_{t \geqq 0}$, einen Ressourcenverbrauchspfad $(y_t)_{t \geqq 0}$ mit $\int_0^\infty y_t\,dt = Y_0$ sowie eine Konstante $c > 0$ mit $F(x_t, y_t) - \dot{x}_t = c$ für alle $t \geqq 0$ gibt. Nun wird ein zweiter Kapitalpfad $(\tilde{x}_t)_{t \geqq 0}$ durch die Differentialgleichung $\dot{\tilde{x}}_t = F(\tilde{x}_t, y_t)$ für alle $t \geqq 0$ und die Anfangsbedingung $\tilde{x}_0 := x_0$ definiert. Das Allokationsprogramm, das sich auf diese Weise ergibt, ist also dadurch gekennzeichnet, daß zwar der Ressourcenverbrauchspfad $(y_t)_{t \geqq 0}$ der alte bleibt, jedoch in jeder Periode die gesamte produzierte Menge investiert wird und somit der Konsum immer Null beträgt. Mit Hilfe von $(\tilde{x}_t)_{t \geqq 0}$ läßt sich $(y_t)_{t \geqq 0}$ jetzt aber darstellen als $y_t = \dot{\tilde{x}}_t^{1/r} g(\tilde{x}_t/\dot{\tilde{x}}_t^{1/r})$, denn wegen der Homogenität von $F$ hat man $F(\tilde{x}_t, \dot{\tilde{x}}_t^{1/r} g(\tilde{x}_t/\dot{\tilde{x}}_t^{1/r})) = \dot{\tilde{x}}_t = F(\tilde{x}_t, y_t)$ für alle $t \geqq 0$. Der gesamte Rohstoffverbrauch auf $(y_t)_{t \geqq 0}$ läßt sich dann wie folgt abschätzen:

$$\int_0^\infty y_t\,dt = \int_0^\infty \dot{\tilde{x}}_t^{1/r}\, g(\tilde{x}_t/\dot{\tilde{x}}_t^{1/r})\,dt \geqq \int_0^\infty \dot{\tilde{x}}_t^{1/r}\, g(\tilde{x}_t/c^{1/r})\,dt\,.$$

Nach Konstruktion von $(\tilde{x}_t)_{t \geqq 0}$ gilt ja $\tilde{x}_t \geqq x_t$ sowie $\dot{\tilde{x}}_t = F(\tilde{x}_t, y_t) \geqq F(x_t, y_t) \geqq c$ für alle $t \geqq 0$. Daraus ergibt sich aber $\dot{\tilde{x}}_t^{1/r} \geqq c^{1/r}$, dann $1/c^{1/r} \geqq 1/\dot{\tilde{x}}_t^{1/r}$ und schließlich weil $g(\cdot)$ monoton fällt $g(\tilde{x}_t/\dot{\tilde{x}}_t^{1/r}) \geqq g(\tilde{x}_t/c^{1/r})$ für alle $t \geqq 0$. Wegen $\dot{\tilde{x}}_t/c \geqq 1$ und $r \leqq 1$ gilt zudem immer $(\dot{\tilde{x}}_t/c)^{1/r} \geqq \dot{\tilde{x}}_t/c$, so daß man weiter abschätzen kann:

$$\begin{aligned}\int_0^\infty \dot{\tilde{x}}_t^{1/r}\, g(\tilde{x}_t/c^{1/r})\,dt &= \int_0^\infty c^{1/r}\,(\dot{\tilde{x}}_t/c)^{1/r}\, g(\tilde{x}_t/c^{1/r})\,dt \\ &\geqq c^{1/r}\int_0^\infty (\dot{\tilde{x}}_t/c)\, g(\tilde{x}_t/c^{1/r})\,dt \\ &= c^{(2/r)-1}\int_0^\infty (\dot{\tilde{x}}_t/c^{1/r})\, g(\tilde{x}_t/c^{1/r})\,dt \\ &= c^{(2/r)-1}\int_{x_0/c^{1/r}}^\infty g(x)\,dx = \infty\end{aligned}$$

Die letzte Umformung beruht dabei auf der Substitutionsregel für die Integration. Insgesamt ist damit aber ein Widerspruch zur Annahme $\int_0^\infty y_t\,dt \leqq Y_0$ hergestellt. QED

Für jede $r$-homogene Produktionsfunktion mit $r \leqq 1$, die nicht ohnehin schon zu einem der beiden anfangs betrachteten Extremfälle mit sehr guten bzw. sehr schlechten Substitutionsmöglichkeiten gehört, läßt sich jetzt mit Hilfe des in den Sätzen 2.1 und 2.2 genannten Kriteriums entscheiden, ob sie einen positiven MSY-Wert erlaubt oder nicht. Das Existenzproblem ist damit für eine relativ weite Klasse von Produktionsfunktionen vollständig gelöst. Es liegt nun nahe, *eine r-homogene Produktionsfunktion F* mit $r \leqq 1$ dann als *zukunftsfreundlich* zu bezeichnen, *falls für ein (und damit für alle)* $d \in \,]d_1, d_2[$ *die Bedingung* $\int_d^\infty g(x)\,dx < \infty$ *erfüllt ist.*

Eine Produktionsfunktion $F$ gilt also genau dann als zukunftsfreundlich im Sinne dieser Definition, wenn sie es erlaubt, ein konstantes positives Konsumniveau auf Dauer aufrechtzuerhalten[4]. Im folgenden sollen nun konkretere

[4] Es gilt sogar noch wesentlich mehr: Wenn die Integrabilitätsbedingung erfüllt ist, gibt es unter den gleichen Annahmen wie hier zu jedem (positiven)

Kriterien für die Zukunftsfreundlichkeit von Produktionsfunktionen entwickelt werden, die sich an herkömmlichen Bestimmungsgrößen für die Faktorproduktivität orientieren.

Als Maß für die Produktivität eines Faktors dient dabei zunächst seine *Produktionselastizität*, die angibt, um wieviel Prozent der Output zunimmt, wenn man die Einsatzmenge des entsprechenden Produktionsfaktors um ein Prozent steigert. Für eine Produktionsfunktion der hier betrachteten Art beträgt also bei einer Inputkombination $(x, y)$ (mit $x, y > 0$) die Produktionselastizität des Kapitals gerade $a(x, y) := \frac{F_1(x, y)\, x}{F(x\, y)}$ und entsprechend die Produktionselastizität der erschöpfbaren Ressource gerade $b(x, y) := \frac{F_2(x, y)\, y}{F(x, y)}$. (Wie üblich steht dabei $F_1$ bzw. $F_2$ für die partielle Ableitung von $F$ nach der ersten bzw. zweiten Variablen.) Speziell bei homogenen Produktionsfunktionen hängen die Produktionselastizitäten nur davon ab, in welchem Verhältnis die jeweiligen Faktoreinsatzmengen zueinander stehen. In diesem Fall kann man also $a(x, y) = a(z)$ bzw. $b(x, y) = b(z)$ mit $z := x/y$ schreiben. Für unsere Zwecke ist es jetzt von besonderem Interesse, daß sich bei homogenen Produktionsfunktionen der Quotient $\gamma$ aus den Produktionselastizitäten des Kapitals und der erschöpfbaren Ressource in einfacher Weise mit Hilfe der Einheitsisoquante darstellen läßt. So gilt im gesamten Definitionsbereich der Einheitsisoquante offensichtlich die Identität:

$$\gamma(x/g(x)) := \frac{a(x/g(x))}{b(x/g(x))} = -\frac{g'(x)\, x}{g(x)} .$$

Auf der Grundlage dieses Zusammenhangs läßt sich jetzt das erste speziellere Kriterium für die Existenz positiver MSY-Werte beweisen.

*Satz 2.3*:

Gibt es ein $\gamma > 1$ und ein $z_0 > 0$ mit $\gamma(z) > \gamma$ für alle $z \geqq z_0$, so ist die zugrunde liegende Produktionsfunktion zukunftsfreundlich. Existiert hingegen ein $z_0 > 0$ mit $\gamma(z) \leqq 1$ für alle $z \geqq z_0$, so kann $F$ nicht zukunftsfreundlich sein.

*Beweis*:

1. Aus der Voraussetzung ergibt sich zunächst die Existenz eines $\underline{x} > 0$ mit $\gamma(x/g(x)) > \gamma$ für alle $x \geqq \underline{x}$. (Weil $g(\cdot)$ monoton fällt, strebt ja sicherlich $x/g(x)$ mit wachsendem $x$ über alle Grenzen). Man hat $-\frac{g'(x)\, x}{g(x)} > \gamma$ und damit auch $-(\log g(x))' > \frac{\gamma}{x}$ für alle $x \geqq x$. Hieraus ergibt sich durch Inte-

Ausgangszustand $(x_0, Y_0)$ sogar einen Konsumpfad, der ins Unendliche wächst. Vgl. hierzu Buchholz (1982).

gration, daß für eine gewisse Konstante $k > 0$ die Ungleichung $-\log g(x) + k > \gamma \log x$ für alle $x \geqq \underline{x}$ gelten muß. Wegen der Monotonie der Exponentialfunktion folgt dann aber $e^{-\log g(x)} e^k > e^{\gamma \log x}$ bzw. $e^k x^{-\gamma} > g(x)$ für alle $x \geqq \underline{x}$. Das Integral unter $g(\cdot)$ kann man jetzt wegen $\gamma > 1$ folgendermaßen nach oben abschätzen:

$$\int_{\underline{x}}^{\infty} g(x)\, dx < e^k \int_{\underline{x}}^{\infty} x^{-\gamma}\, dx = \frac{e^k}{\gamma - 1} \underline{x}^{1-\gamma} .$$

2. Ganz analog wie bei 1. ergibt sich aus der Ungleichung $\gamma(x/g(x)) \leqslant 1$ die Ungleichung $-\log g(x))' \leqq \frac{1}{x}$ für alle $x \geqq \underline{x}$. Durch Integration erhält man hieraus $g(x) \geqq e^k x^{-1}$ für eine Integrationskonstante $k > 0$ und alle $x \geqq \underline{x}$. Die Behauptung folgt dann wegen der Unbeschränktheit des Integrals $\int_{\underline{x}}^{\infty} x^{-1}\, dx$. QED

Ein positives konstantes Konsumniveau läßt sich also insbesondere dann auf Dauer aufrechterhalten, wenn von einem bestimmten Kapital-Rohstoff-Einsatzverhältnis an (für ein festes $\epsilon > 0$) die Produktionselastizität des Kapitals immer mindestens das $(1 + \epsilon)$-fache der Produktionselastizität der erschöpfbaren Ressourcen beträgt. Dies ist etwa der Fall, wenn $\liminf_{z \to \infty} a(z) > \limsup_{z \to \infty} b(z)$ ist[5]. Ist die zugrunde liegende *Produktionsfunktion* sogar speziell *vom Cobb-Douglas-Typ*, d.h. gilt $F(x, y) = x^a y^b$ für alle $x, y \geqq 0$ (wobei für die beiden positiven Parameter $a$ und $b$ wegen der für $F$ angenommenen Homogenität mit einem Homogenitätsgrad $r \leqq 1$ die Beziehung $a + b \leqq 1$ bestehen muß), *dann existiert ein positiver MSY-Wert sicher dann, wenn $a > b$ ist*[6]. Der zweite Teil von Satz 2.3 erlaubt nun umgekehrt die Schlußfolgerung, daß sich ein positives konstantes Konsumniveau sicherlich dann *nicht* auf Dauer aufrechterhalten läßt, wenn die Produktionselastizität des Kapitals bei sehr kapitalintensiver Produktion niemals mehr die Produktionselastizität der erschöpfbaren Ressource überschreitet. Dies ist aber gleichbedeutend damit, daß $\liminf_{z \to \infty} b(z) \geqq \limsup_{z \to \infty} a(z)$ gilt[7]. Insbesondere läßt sich also *bei Cobb-Douglas-Produktionsfunktionen* mit einem Homogenitätsgrad $r = a + b \leqq 1$ ein *positives konstantes Konsumniveau auf keinen Fall in alle Ewigkeit aufrechterhalten, wenn $a \leqq b$ ist*[8]. Wie man leicht nachrechnet, beträgt aber für

5 Dies dürfte die allgemeinste bisher bekannte Bedingung für die Existenz eines positiven MSY-Wertes sein. Mitra (1980, 1444) erwähnt sie – allerdings ohne Beweis – in einer Fußnote.

6 Vgl. hierzu bereits Solow (1974a) und Stiglitz (1974a). Vgl. ebenfalls Dasgupta / Heal (1979, 200 ff.).

7 Vgl. auch hierzu Mitra (1980).

8 Vgl. v.a. Solow (1974a), Stiglitz (1974a) sowie Dasgupta / Heal (1979, 204 f.).

eine Cobb-Douglas-Produktionsfunktion die Produktionselastizität des Kapitals überall $a$ und die der erschöpfbaren Ressource überall $b$. Insgesamt können wir für den Cobb-Douglas-Fall also festhalten, daß dort positive MSY-Werte genau dann existieren, wenn die Produktionselastizität des Kapitals echt größer als die Produktionselastizität der erschöpfbaren Ressource ist und somit das Kapital in charakteristischer Weise die höhere Produktivität aufweist.

Ein anderer Indikator für die Substitutionsmöglichkeiten, die zwischen zwei Produktionsfaktoren bestehen, ist die *Substitutionselastizität*. Die Substitutionselastizität $\sigma(x, y)$ zweier Produktionsfaktoren bei einer Input-Kombination $(x, y)$ gibt grob gesprochen an, um wieviel Prozent sich das Verhältnis $x/y$ der Faktoreinsatzmengen ändert, wenn sich das Verhältnis $F_2/F_1$ der Grenzproduktivitäten um ein Prozent erhöht. Besonders leicht interpretieren läßt sich die Substitutionselastizität in einem Modell mit vollkommener Konkurrenz. Dort zeigt sie nämlich an, um wieviel Prozent sich das Faktormengenverhältnis $x/y$ verändert, wenn sich das Faktorpreisverhältnis $p_2/p_1$ um ein Prozent erhöht. Bei einem großen Wert von $\sigma(\cdot)$ wird somit das Faktoreinsatzverhältnis von einer Variation der Preisrelation zwischen den beiden Produktionsfaktoren ziemlich stark beeinflußt. Dies kann dann als Indiz dafür gedeutet werden, daß sich die beiden Produktionsfaktoren relativ leicht gegeneinander substituieren lassen. Vor dem Hintergrund dieser intuitiv einsichtigen Interpretation einer hohen Substitutionselastizität wird man jetzt vielleicht Bedingungen für die Existenz positiver MSY-Werte etwa in der folgenden Art erwarten: Ein positives konstantes Konsumniveau läßt sich dann auf Dauer aufrechterhalten, wenn $\sigma(\cdot)$ in einem hinreichend ausgedehnten Bereich „genügend" groß ist. Die entsprechende Nichtexistenzaussage würde dann so lauten: Positive „sustainable yields" gibt es nicht, falls $\sigma(\cdot)$ insgesamt zu klein ist[9].

Aussagen dieses Typs lassen sich nun in der Tat treffen. Allerdings reichen sie nicht allzu weit. So kann zunächst gezeigt werden, *daß mit Hilfe von Bedingungen, die lediglich mit der Substitutionselastizität arbeiten, nur die beiden zu Anfang beschriebenen Extremfälle ausgeschlossen werden können*. Wie sich jedoch im weiteren ergeben wird, vermag die Substitutionselastizität aber in Verbindung mit der Produktionselastizität recht brauchbare Kriterien für die Existenz bzw. Nichtexistenz positiver MSY-Werte im Solow-Modell zu liefern.

Bei den folgenden Überlegungen wird nun eine spezielle Eigenschaft homogener Produktionsfunktionen durchgehend von Bedeutung sein. Und zwar hängt für alle homogenen Produktionsfunktionen auch die Substitutionselastizität nur vom jeweiligen Faktoreinsatzverhältnis ab. Somit kann also $\sigma(x, y)$ als $\sigma(z)$ mit $z = x/y$ geschrieben werden. Ferner läßt sich in diesem Fall auch die Substitutionselastizität mit Hilfe der Einheitsisoquanten darstellen. So hat

9 Vgl. v.a. Solow (1974b, 11).

man

$$\sigma(x/g(x)) = \frac{-g'(x)(g(x) - xg'(x))}{xg(x)g''(x)}$$

für alle $x$ aus dem Definitionsbereich von $g(\cdot)$.

Die extrem guten und extrem schlechten Möglichkeiten einer Substitution erschöpfbarer Ressourcen durch produziertes Kapital, die zuvor beschrieben wurden, lassen sich jetzt mit Hilfe der Substitutionselastizität wie folgt charakterisieren:

*Satz 2.4:*

Existieren ein $\sigma > 1$ und ein $z_0 > 0$ mit $\sigma(z) > 0$ für alle $z > z_0$, so ist $d_2 < \infty$, d.h. die Einheitsisoquante schneidet die $x$-Achse. Die Produktion eines Outputs in positiver Höhe ist dann ohne Einsatz der erschöpfbaren Ressource möglich, und ein positives konstantes Konsumniveau läßt sich so immer auf Dauer aufrechterhalten. – Existieren hingegen ein positives $\sigma < 1$ und ein $z_0 > 0$ mit $\sigma(z) < \sigma$ für alle $z > z_0$, so ist $\inf\limits_{x > d_1} g(x) > 0$. Zur Produktion eines bestimmten positiven Outputs ist dann immer eine gewisse Mindesteinsatzmenge der erschöpfbaren Ressource erforderlich, so daß es positive MSY-Werte auf keinen Fall geben kann[10].

*Beweis:*

Für alle $x$ aus dem Definitionsbereich von $g(\cdot)$ setzen wir $\mu(x) := x - \frac{g(x)}{g'(x)}$. Dann gilt für alle zugelassenen $x$ zum einen (i) $-\frac{g(x)}{g'(x)} = \mu(x) - x$ und zum anderen – wie man leicht nachrechnet – (ii) $\frac{\mu(x)}{\mu'(x)} = x\,\sigma(x/g(x))$.

a) Unter der Annahme des ersten Teils des Satzes muß es aufgrund von (ii) eine Konstante $B > 0$ mit $\mu(x) < B x^{1/\sigma}$ für alle zulässigen $x$ geben. Für ein bestimmtes $\bar{x}$ gilt dann aber $\mu(\bar{x}) - \bar{x} = 0$. Aus (i) folgt nunmehr (für $x < \bar{x}$) $\lim\limits_{x \to \bar{x}} g(x) = 0$.

b) Gilt hingegen die Voraussetzung des zweiten Teils des Satzes, dann ergibt sich aus (ii) die Existenz einer Konstanten $B_1 > 0$ mit $\mu(x) > B_1 x^{1/\sigma}$ für alle zulässigen Werte von $x$. Aus (i) folgt dann für alle hinreichend großen $x$ die Ungleichung $-\frac{g'(x)}{g(x)} < \frac{2}{B_1} x^{-1/\sigma}$, aus der man durch Integration die Existenz einer zweiten Konstanten $B_2 > 0$ mit $g(x) > B_2 e^{V(d)}$ für alle hinreichend großen $x$ erhält. Dabei bezeichnet $V(d)$ für irgendein $d > 0$

10 Auf eine etwas kompliziertere Weise wurde dieses Resultat von Otani (1970) bewiesen.

das Integral $\int_d^\infty x^{-1/\sigma}\,dx$, das wegen $\sigma < 1$ endlich ist. Weil $g(\cdot)$ monoton fällt, ist damit die Behauptung gezeigt. QED

Nach Satz 2.4 ist also bei $\liminf_{z\to\infty} \sigma(z) > 1$ die permanente Aufrechterhaltung eines positiven konstanten Konsumniveaus immer möglich, bei $\limsup_{z\to\infty} \sigma(z) < 1$ ist sie hingegen von vornherein ausgeschlossen. Hieraus ergibt sich unmittelbar das Ergebnis für CES-Produktionsfunktionen, die ja gerade dadurch ausgezeichnet sind, daß bei ihnen die Substitutionselastizität für jede Input-Kombination einem konstanten Wert $\sigma$ entspricht. So erlaubt eine CES-Produktionsfunktion der Gestalt

$$F(x,y) := (\delta x^{-\rho} + (1-\delta)\, y^{-\rho})^{-r/\rho} \qquad (\delta \in\, ]0,1[\,,\ \rho = (1/\sigma) - 1))$$

sicher dann für jede Ausgangskombination von $x_0 > 0$ und $Y_0 > 0$ einen (bzw. keinen) positiven MSY-Wert, falls $\sigma > 1$ (bzw. $\sigma < 1$) gilt[11]. Das Ergebnis von Satz 2.4 läßt sich aber auch so interpretieren, daß die Grenze zwischen den zukunftsfreundlichen und nicht zukunftsfreundlichen Produktionsfunktionen mitten durch die Klasse der Produktionsfunktionen läuft, für die sowohl $\liminf_{z\to\infty} \sigma(z) \leqq 1$ als auch $\limsup_{z\to\infty} \sigma(z) \geqq 1$ gilt. Dies illustriert auch das Beispiel der Cobb-Douglas-Produktionsfunktionen, die sich ja durch die Forderung $\sigma(z) = 1$ für alle $z > 0$ charakterisieren lassen. Unter diesen gibt es – wie zuvor gezeigt wurde – sowohl zukunftsfreundliche als auch nicht zukunftsfreundliche Produktionsfunktionen.

Eine über die von Satz 2.4 hinausreichende Klassifikation von Produktionsfunktionen läßt sich mit Hilfe der Substitutionselastizität allein nicht angeben. Ein entsprechender Versuch kann sogar in die Irre führen, wie die folgende Überlegung zeigt. So wird man aufgrund von Satz 2.4 vielleicht meinen, daß eine Produktionsfunktion $F$ schon dann zukunftsfreundlich ist, falls es nur ein $z_0$ mit $\sigma(z) > 1$ für alle $z \geqq z_0$ gibt; bzw. daß eine Produktionsfunktion dann nicht zukunftsfreundlich ist, falls ein $z_0$ mit $\sigma(z) < 1$ für alle $z \geqq z_0$ existiert. Zwar würden auch auf diese Weise keineswegs alle relevanten Produktionsfunktionen erfaßt, gegenüber Satz 2.5 ergäbe sich dennoch eine beträchtliche Erweiterung. Beide Aussagen sind jedoch in der angegebenen Form falsch. Dies belegen die folgenden beiden Gegenbeispiele:

1. Es gibt eine linear homogene Produktionsfunktion $F$ mit $\sigma(z) > 1$ für alle genügend großen Werte von $z$, die nicht zukunftsfreundlich ist.

   Wir definieren eine solche Produktionsfunktion in der üblichen Weise durch ihre Einheitsisoquante, und zwar sei für alle hinreichend großen $x$ $g(x) := x^{-1} e^{-1/x}$. (Für „kleine" Werte von $x$, die in diesem Zusammen-

[11] Vgl. hierzu bereits Solow (1974a, 34) oder mit ausführlicheren Erläuterungen etwa Stiglitz (1979, 40 ff.).

hang nicht interessieren, denkt man sich $g(\cdot)$ in irgendeiner Weise so fortgesetzt, daß die sich insgesamt ergebende Funktion die für Isoquanten übliche Form aufweist.) Für alle genügend großen $x$ hat man nun sicher $\sigma(x/g(x)) = \frac{2x^2 - 3x + 1}{2x^2 - 4x + 1} > 1$. Die zu $g(\cdot)$ gehörige linear homogene Produktionsfunktion ist aber auf keinen Fall zukunftsfreundlich, da der Quotient $\gamma(x/g(x))$ zwischen der Produktionselastizität des Kapitals und der Produktionselastizität der erschöpfbaren Ressource immer $1 - 1/x$ beträgt und somit kleiner als Eins ist. Die Behauptung folgt dann aus Satz 2.4.

2. Es gibt eine linear homogene Produktionsfunktion $F$ mit $\sigma(z) < 1$ für alle genügend großen $z$, die zukunftsfreundlich ist.

   Ganz analog wie unter 1. wird für „größere" Werte von $x$ eine Einheitsisoquante durch $g(x) := x^{-2} e^{1/x}$ definiert. Man hat dann $\sigma(x/g(x)) = \frac{6x^2 + 5x + 1}{6x^2 + 6x + 1} < 1$ für alle genügend großen $x$. Der Quotient $\gamma(x/g(x))$ beträgt jedoch $2 + 1/x$ und unterschreitet so niemals den Wert Zwei. Satz 2.4 liefert dann die Zukunftsfreundlichkeit der zu $g(\cdot)$ gehörigen linear homogenen Produktionsfunktion $F$.

An diesen Beispielen erweist sich endgültig, *daß mit Hilfe des Konzepts der Substitutionselastizität allein kein tragfähiges Kriterium für die Zukunftsfreundlichkeit von Produktionsfunktionen formuliert werden kann.* Allerdings gelangt man zu sinnvollen Aussagen, wenn man Eigenschaften der Substitutionselastizität mit solchen der Produktionselastizität kombiniert. Den Ausgangspunkt hierfür liefert der folgende Hilfssatz, dessen Aussage auch die Struktur der beiden Gegenbeispiele etwas näher beleuchtet.

*Hilfssatz:*

Für jedes $z > 0$ gilt $\sigma(z) \gtreqless 1$ genau dann, wenn $\gamma'(z) \gtreqless 0$ ist.

*Beweis:*

Wie man leicht nachrechnet, ist für alle $x > d_1$ die Ungleichung $\sigma(x/g(x)) \gtreqless 1$ genau dann erfüllt, wenn $g'(x)\left(\frac{g(x)}{x}\right)' - \frac{g(x)}{x} g''(x) \gtreqless 0$ ist. Diese Bedingung ist nun aber identisch mit $-\left(\frac{g'(x)\,x}{g(x)}\right)' \gtreqless 0$ und damit auch mit $\gamma'(x/g(x)) \gtreqless 0$. QED

Der Hilfssatz besagt also, daß der Quotient aus der Produktionselastizität des Kapitals und der Produktionselastizität der erschöpfbaren Ressource beim Durchgang durch eine bestimmte Stelle genau dann wächst (fällt), wenn die Substitutionselastizität dort größer (kleiner) als Eins ist. Das gesuchte Kriterium für die Zukunftsfreundlichkeit von Produktionsfunktionen liegt nunmehr auf der Hand:

*Satz 2.5*:

Ist für irgendein Faktoreinsatzverhältnis $z_0$ die Produktionselastizität des Kapitals größer als die der erschöpfbaren Ressource, d.h. gilt $\gamma(z_0) > 1$, und hat man zudem $\sigma(z) \geqq 1$ für alle $z \geqq z_0$, so ist das zugrunde liegende $F$ sicher zukunftsfreundlich. Gilt umgekehrt $\gamma(z_0) < 1$ für irgendein $z_0$ und ist $\sigma(z) \leqq 1$ für alle $z \geqq z_0$, so kann $F$ nicht zukunftsfreundlich sein.

*Beweis*:

Unter den Annahmen des ersten Teils des Satzes folgt aus dem Hilfssatz, daß $\gamma'(z) \geqq 0$ für alle $z \geqq z_0$ gilt. Man hat dann $\gamma(z) \geqq \gamma(z_0) > 1$ für alle $z \geqq z_0$, und die Behauptung ergibt sich aus Satz 2.3. Die Begründung für den zweiten Teil des Satzes verläuft ganz analog. QED

*Eine Produktionsfunktion ist also dann zukunftsfreundlich (nicht zukunftsfreundlich), wenn an irgendeiner Stelle das Verhältnis zwischen der Produktionselastizität des Kapitals und der des Rohstoffs größer (kleiner) als Eins ist und sich diese Relation aufgrund einer Substitutionselastizität größer (kleiner) als Eins mit wachsendem Kapital-Rohstoff-Einsatzverhältnis weiter verbessert (verschlechtert).*

## 3. Maximin-optimale Pfade im Solow-Modell

Bei der Suche nach einem Kapital-Rohstoff-Pfad $(x_t, y_t)_{t \geqq 0}$, der bei einem vorgegebenen Ausgangszustand $(x_0, Y_0)$ zu einem maximin-optimalen Konsumpfad führt, gehen wir indirekt vor. *Wir fragen nämlich zunächst danach, wie ausgehend von einem bestimmten Kapitalstock $x_0 > 0$ ein vorab fixiertes Konsumniveau $c > 0$ mit einem möglichst geringen Gesamtrohstoffverbrauch auf Dauer aufrechterhalten werden kann.* Dabei arbeiten wir erneut mit einer homogenen Produktionsfunktion $F$, deren Homogenitätsgrad $r \leqq 1$ ist und die auch sonst die gleichen Eigenschaften wie zuvor haben soll. Zusätzlich nehmen wir aber jetzt noch an, daß die zweiten partiellen Ableitungen $F_{11}$ und $F_{22}$ überall negativ sind und zudem $\lim_{x \to 0} x^{1-r} F_1(x, 1) = \infty$ gilt. Insbesondere soll also die Grenzproduktivität des Kapitals für gegen Null strebende Werte von $x$ hinreichend schnell über alle Grenzen wachsen. Ist $F$ sogar linear homogen, so nimmt diese Bedingung einfach die Form $\lim_{x \to 0} F_1(x, 1) = \infty$ an. Der Sinn dieser Forderung liegt nun darin, daß sie die Konstruktion ganz bestimmter Kapitalakkumulationspfade möglich macht. Als Vorbereitung hierfür dient der folgende Satz:

*Satz 2.6*:

Für eine Produktionsfunktion $F$ mit den angegebenen Eigenschaften existiert für jedes $x > 0$ und jedes $c > 0$ genau ein $y_c(x) > 0$, das die Funktion $y \to w_c(x, y) := \frac{F(x, y) - c}{y}$ und damit den Kapitalzuwachs pro eingesetzter Rohstoffeinheit maximiert.

*Beweis*:

Für jede vorgegebene Kombination $(x, c)$ gibt es aufgrund des Zwischenwertsatzes ein $y_c(x) > 0$ mit $F(x, y_c(x)) - F_2(x, y_c(x))\, y_c(x) - c = 0$. Für hinreichend kleine Werte von $y$ ist ja sicher $F(x, y) - F_2(x, y)\, y - c < 0$ und aufgrund der Zusatzvoraussetzung gilt $\lim_{y \to \infty} (F(x, y) - F_2(x, y)\, y) = \infty$. (Wegen $r \leq 1$ ist ja $F(x, y) - F_2(x, y)\, y$ immer größer als $r F(x, y) - F_2(x, y)\, y$. Die $r$-Homogenität von $F$ liefert aber die Identitäten[12] $r F(x, y) - F_2(x, y)\, y = F_1(x, y)\, x = x y^{r-1} F_1(x/y, 1)$. Die Zusatzvoraussetzung sorgt nun aber für $\lim_{y \to \infty} x y^{r-1} F_1(x/y, 1) = \infty$.) Für ein auf diese Weise definiertes $y_c(x)$ ist die notwendige Bedingung für ein Maximum von $w_c(x, \cdot)$ erfüllt, denn es gilt ja

$$\frac{\partial w_c(x, y)}{\partial y} = - \frac{F(x,y) - F_2(x, y)\, y - c}{y^2}$$

Da $F(x, y) - F_2(x, y)\, y - c$ in $y$ streng monoton wächst, gibt es nur einen Wert $y_c(x)$ mit dieser Eigenschaft. Bei dem so bestimmten $y_c(x)$ liegt sogar ein wirkliches Maximum von $w_c(x, \cdot)$, weil die zweite Ableitung von $w_c(x, \cdot)$ an der Stelle $y_c(x)$ gerade $F_{22}(x, y_c(x))/y_c(x) < 0$ beträgt. QED

Wie ein solches $y_c(x)$ zu bestimmen ist, veranschaulicht auch die folgende Abbildung 7:

Abb. 7

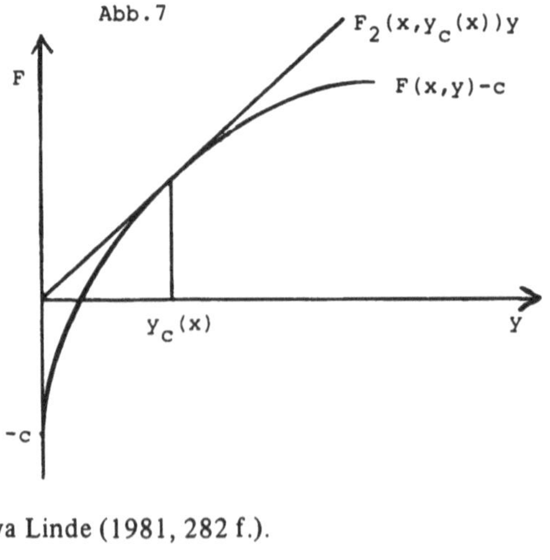


12 Vgl. etwa Linde (1981, 282 f.).

Mit Hilfe von Satz 2.6 läßt sich jetzt die folgende *„Sparregel"* formulieren. Für ein vorab fixiertes Konsumniveau $c > 0$ schreibt diese vor, daß, falls ein Kapitalstock $x > 0$ vorhanden ist, gerade das Rohstoffquantum $y_c(x)$ eingesetzt, der Output $F(x, y_c(x))$ erzeugt und somit die Menge $F(x, y_c(x)) - c$ investiert werden muß. *Von der Ressource ist dann immer so viel zu verbrauchen, daß unter den jeweiligen Bedingungen der durchschnittliche Kapitalzuwachs pro verwendeter Rohstoffeinheit maximiert wird.* Weil definitionsgemäß aber $F(x, y_c(x)) - c - F_2(x, y_c(x))\, y_c(x) = 0$ für jedes $y_c(x)$ gilt, läßt sich der jeweilige Kapitalzuwachs auch als $F_2(x, y_c(x))\, y_c(x)$ schreiben. Speziell bei linear homogenem $F$ ist also nach der eben formulierten Sparregel immer so viel zu produzieren, daß gerade die Rohstoffrente zur Kapitalbildung verwendet werden kann. In dieser Version wird unsere „Sparregel" manchmal auch *„Hartwick-Regel"* genannt[13]. Ausgehend von einem gegebenen Anfangskapitalbestand $x_0 > 0$ kommt durch sukzessive Anwendung der „Sparregel" ein Kapital-Rohstoff-Pfad $(\hat{x}_t, \hat{y}_t)_{t \geqq 0}$ zustande, den wir im folgenden immer *Hartwick-Pfad* nennen. Formal gesehen ergibt sich der zu einer Kombination $(x_0, c)$ gehörige Hartwick-Pfad $(\hat{x}_t, \hat{y}_t)_{t \geqq 0}$ als Lösung der Differentialgleichung $\dot{\hat{x}}_t = F(\hat{x}_t, y_c(\hat{x}_t)) - c$ mit dem Anfangswert $x_0$. Definitionsgemäß gilt natürlich $\hat{y}_t = y_c(\hat{x}_t)$ für alle $t \geqq 0$.

Ein zu einer zukunftsfreundlichen Produktionsfunktion definierter Hartwick-Pfad ist nun dadurch ausgezeichnet, daß durch ihn die Rohstoffmenge, die insgesamt zur permanenten Aufrechtserhaltung eines bestimmten Konsumniveaus $c > 0$ nötig ist, minimiert wird. Dieser Sachverhalt ist genauer betrachtet nicht allzu überraschend. *Denn wenn man der „Sparregel" folgt, dann zieht man ja aus jedem eingesetzten Rohstoffquantum den unter Bedingungen des Solow-Modells jeweils möglichen maximalen Durchschnittsertrag und nutzt damit die natürliche Ressource in gewisser Hinsicht am besten aus*[14].

Um dies nachzuweisen, berechnen wir zunächst die Rohstoffmenge, die ein beliebiger Kapital-Rohstoff-Pfad $(x_t, y_t)_{t \geqq 0}$, der zur permanenten Aufrechterhaltung eines gegebenen Konsumniveaus $c > 0$ führt, insgesamt benötigt, um ausgehend von einem Anfangskapitalstock $x_0$ einen Zielkapitalstock $x$ zu erreichen. Dabei nehmen wir zunächst an, daß $(x_t)_{t \geqq 0}$ *streng* monoton wächst. Wegen der Stetigkeit von $(x_t)_{t \geqq 0}$ ist dann für jedes $x \in [x_0, \bar{x}[$ (mit $\bar{x} := \sup_{t \geqq 0} x_t$) durch die Bedingung $x_{t(x)} = x$ ein Wert $t(x)$ eindeutig bestimmt. Dieses $t(x)$ gibt also den Zeitpunkt an, bei dem $(x_t)_{t \geqq 0}$ einen angestrebten Wert $x$ erreicht. Bei gegebenem $(x_0, c)$ setzen wir jetzt $Y_c(x_0, x) := \int_0^{t(x)} y_t\, dt$ für alle $x \in [x_0, \bar{x}]$. Der Ausdruck $Y_c(x_0, x)$ *zeigt* somit gerade

[13] Vgl. hierzu etwa Siebert (1981a, 17), der auf Hartwick (1977) Bezug nimmt.

[14] Vgl. hierzu im Zusammenhang mit dem Cake-Eating-Problem auch Buchholz (1981).

*an, welche Rohstoffmenge man braucht, um mit Hilfe von* $(x_t, y_t)_{t \geqq 0}$ *den Kapitalbestand von* $x_0$ *auf* $x$ *aufzustocken*. Zur Vereinfachung der Schreibweise bezeichnen wir jetzt mit $Y_c'(x_0, x)$ die *partielle Ableitung von* $Y_c(x_0, \cdot)$ *nach dem Zielkapitalstock an der Stelle* $x$. Aus der Definitionsgleichung von $Y_c(x_0, x)$ ergibt sich dann nach dem Hauptsatz der Differential- und Integralrechnung sowie der Kettenregel offensichtlich

$$(1) \qquad Y_c'(x_0, x) = y_{t(x)}\, t'(x)$$

für alle $x \in [x_0, \bar{x}[$. Daneben besteht aber für alle $x \in [x_0, \bar{x}[$ definitionsgemäß auch die Identität $\int_0^{t(x)} \dot{x}_t \, dt + x_0 = x$. Mit Hilfe der zuvor definierten Funktion $w_c(x, y)$ läßt sich diese Gleichung nun schreiben als $\int_0^{t(x)} w_c(x_t, y_t)\, y_t \, dt + x_0 = x$. Wenn man diesen letzten Ausdruck auf beiden Seiten nach $x$ ableitet, erhält man $t'(x)\, w_c(x_{t(x)}, y_{t(x)})\, y_{t(x)} = 1$ bzw.

$$(2) \qquad t'(x) = \frac{1}{w_c(x, y_{t(x)})\, y_{t(x)}} .$$

Die Identität (2) in (1) eingesetzt, liefert nun

$$(3) \qquad Y_c'(x_0, x) = \frac{1}{w_c(x, y_{t(x)})}$$

für alle $x \in [x_0, \bar{x}[$. Aus (3) kann jetzt das folgende Resultat gewonnen werden:

*Satz 2.7*:

Ein Konsumniveau $c > 0$ und ein Anfangskapitalstock $x_0 > 0$ seien vorgegeben. $(x_t, y_t)_{t \geqq 0}$ sei ein Kapital-Rohstoff-Pfad, der von $x_0$ ausgeht und zu einem Allokationsprogramm führt, bei dem der Konsum im Zeitablauf immer $c$ beträgt. Ist $(x_t)_{t \geqq 0}$ streng monoton wachsend, so läßt sich die auf $(x_t, y_t)_{t \geqq 0}$ zur Erreichung eines Zielkapitalstocks $x \in [x_0, \bar{x}[$ $(\bar{x} := \sup_{t \geqq 0} x_t)$ erforderliche Menge der natürlichen Ressource berechnen als

$$Y_c(x_0, x) = \int_{x_0}^{x} \frac{1}{w_c(\tilde{x}, y_{t(\tilde{x})})} \, d\tilde{x} .$$

*Beweis*:

Die Behauptung des Satzes folgt sofort aus der Gleichung (3), da nach dem Hauptsatz der Differential- und Integralrechnung ja $Y_c(x_0, x) = \int_{x_0}^{x} Y_c'(x_0, \tilde{x})\, d\tilde{x}$ für alle $x \in [x_0, \bar{x}[$ gilt. QED

Mit Hilfe dieser Formel für den Rohstoffbedarf der Kapitalakkumulation läßt sich jetzt zeigen, daß Hartwick-Pfade gegebene Rohstoffbestände im Hinblick auf unsere Fragestellung am besten ausnutzen.

*Satz 2.8*:

Ein Konsumniveau $c > 0$ und ein Anfangskapitalstock $x_0 > 0$ seien vorgegeben. Von allen Allokationsprogrammen, die von $x_0$ ausgehen und bei denen der Konsum im Zeitablauf immer $c$ beträgt, benötigt der zu $(x_0, c)$ gehörige Hartwick-Pfad $(\hat{x}_t, \hat{y}_t)_{t \geqq 0}$ die geringste Rohstoffmenge, um den Kapitalbestand von $x_0$ auf irgendein $x \in [x_0, \hat{\bar{x}}[$ $(\hat{\bar{x}} := \sup_{t \geqq 0} \hat{x}_t)$ zu erhöhen.

*Beweis*:

$(x_t, y_t)_{t \geqq 0}$ sei ein ebenfalls zu $(x_0, c)$ gehöriger Vergleichspfad mit $\sup_{t \geqq 0} x_t \geqq \hat{\bar{x}}$. O.E. können wir annehmen, daß $(x_t)_{t \geqq 0}$ überall streng monoton wächst. (Die Entfernung von „Akkumulationspausen", in denen der Kapitalstock konstant bleibt, führt ja ex definitione zu keinen Zieleinbußen, in der Regel aber zu einer Verminderung des Rohstoffverbrauchs.) Wenn $(x_t)_{t \geqq 0}$ streng monoton wächst, wird aber Satz 2.7 anwendbar. Danach gilt mit denselben Bezeichnungen wie zuvor $Y_c'(x_0, x) = \frac{1}{w_c(x, y_{t(x)})}$ für alle $x \in [x_0, \hat{\bar{x}}[$. Zusätzlich wird jetzt mit $\hat{Y}_c(x_0, x)$ die Rohstoffmenge bezeichnet, die man auf $(\hat{x}_t, \hat{y}_t)_{t \geqq 0}$ benötigt, um ein $x \in [x_0, \hat{\bar{x}}[$ zu erreichen. Für die erste Ableitung der Funktion $\hat{Y}_c(x_0, \cdot)$ an der Stelle $x$ erhält man aus Satz 2.7 ganz entsprechend die Identität $\hat{Y}_c'(x_0, x) = \frac{1}{w_c(x, y_c(x))}$. Aufgrund der Definition von $y_c(x)$ als Wert, bei dem $w_c(x, \cdot)$ sein Maximum erreicht, ist aber $w_c(x, y_c(x)) \geqq w_c(x, y_{t(x)})$ und somit auch $\hat{Y}_c'(x_0, x) \leqq Y_c'(x_0, x)$ für alle $x \in [x_0, \hat{\bar{x}}[$. Durch Integration ergibt sich daraus $\hat{Y}_c(x_0, x) = \int_{x_0}^{x} \hat{Y}_c'(x_0, \tilde{x})\, d\tilde{x} \leqq \int_{x_0}^{x} Y_c'(x_0, \tilde{x})\, d\tilde{x} = Y_c(x_0, x)$ für alle $x \in [x_0, \hat{\bar{x}}[$. Wenn der Vergleichspfad beim Durchgang durch eine Stelle $x^*$ vom Hartwick-Pfad abweicht, gilt dort sogar $w_c(x^*, y_{t(x^*)}) < w_c(x^*, y_c(x^*))$ bzw. $Y_c'(x_0, x^*) > \hat{Y}_c'(x_0, x^*)$. Wegen der Stetigkeit aller beteiligten Funktionen besteht diese strikte Ungleichung sogar in einem offenen Intervall, und man hat $Y_c(x_0, x) > \hat{Y}_c(x_0, x)$ für alle $x > x^*$. QED

Aus Satz 2.8 ergibt sich jetzt sofort, daß Hartwick-Pfade auch bei der permanenten Aufrechterhaltung eines positiven konstanten Konsumniveaus optimal in bezug auf das Ziel der Rohstoffeinsparung sind.

*Satz 2.9*:

Ein Konsumniveau $c > 0$ und ein Anfangskapitalstock $x_0 > 0$ seien gegeben. $F$ sei eine Produktionsfunktion, deren Einheitsisoquante die $x$-Achse nicht schneidet ($d_2 = \infty$) und die zukunftsfreundlich ist. Folgt man dem zu $(x_0, Y_0)$ und $F$ gehörigen Hartwick-Pfad $(\hat{x}_t, \hat{y}_t)_{t \geqq 0}$, so ist das dabei insgesamt benötigte Rohstoffquantum $\hat{Y}_{x_0}(c) := \int_0^\infty \hat{y}_t \, dt$ endlich und kleiner als die Rohstoffmenge, die jeder andere von $x_0$ ausgehende Pfad zur permanenten Aufrechterhaltung von $c$ braucht. Der Wert von $\hat{Y}_{x_0}(c)$ läßt sich durch $\int_{x_0}^\infty \frac{1}{w_c(x, y_c(x))} dx$ berechnen.

*Beweis*:

O. E. können wir uns wieder darauf beschränken, den Hartwick-Pfad $(\hat{x}_t, \hat{y}_t)_{t \geqq 0}$ mit solchen Allokationsprogrammen $(x_t, y_t)_{t \geqq 0}$ zu vergleichen, für die $(x_t)_{t \geqq 0}$ von $x_0$ ausgeht, streng monoton wächst und im Zeitablauf gegen Unendlich strebt und für die $Y_{x_0}(c) := \int_0^\infty y_t \, dt$ endlich ist. (Die angenommene Zukunftsfreundlichkeit von $F$ besagt ja insbesondere, daß es zu $(x_0, Y_0)$ ein Akkumulationsprogramm $(x_t, y_t)_{t \geqq 0}$ gibt, das mit einem endlichen Rohstoffgesamtverbrauch auskommt. Für einen solchen Pfad kann aber nicht $\sup_{t \geqslant 0} x_t < \infty$ sein, da sonst wegen $\inf_{t \geqslant 0} y_t = 0$ der Output irgendwann unter jede beliebig vorgegebene positive Schranke fallen müßte.) Nach Satz 2.8 gilt dann für alle $x \in E := [x_0, \hat{\bar{x}}[$ (mit $\hat{\bar{x}} := \sup_{t > 0} \hat{x}_t$) $\hat{Y}_c(x_0, x) \leqq Y_c(x_0, x)$ und damit auch $\sup_{x \in E} \hat{Y}_c(x_0, x) \leqq \sup_{x \in E} Y_c(x_0, x) \leqq \sup_{x \geqq x_0} Y_c(x_0, x)$. Das erste dieser Suprema ist aber offenbar identisch mit $\hat{Y}_{x_0}(c)$, das zweite mit $Y_{x_0}(c)$. Wenn $(x_t, y_t)_{t \geqq 0}$ vom Hartwick-Pfad nun an einer Stelle $x'$ abweicht, hat man sicherlich $Y_{x_0}(c) - \hat{Y}_{x_0}(c) > Y_c(x_0, x') - \hat{Y}_c(x_0, x') > 0$. Damit ist der erste Teil des Satzes gezeigt. Weil der Hartwick-Pfad also insbesondere nur eine endliche Rohstoffmenge aufbraucht, muß $(\hat{x}_t)_{t \geqq 0}$ mit wachsendem $t$ über alle Grenzen streben. Dann ist aber $\hat{Y}_{x_0}(c) = \sup_{x \geqslant x_0} \hat{Y}_c(x_0, x) = \int_0^\infty \frac{1}{w_c(x, y_c(x))} dx.$ QED

Wir betrachten jetzt $\hat{Y}_{x_0}(c)$ für ein beliebiges, aber fest gewähltes $x_0$ als Funktion von $c$. Diese Funktion $\hat{Y}_{x_0}(\cdot)$ besitzt nun offenbar die folgenden Eigenschaften:

- Es ist $\lim_{c \to 0} \hat{Y}_{x_0}(c) = 0$ und $\lim_{c \to \infty} \hat{Y}_{x_0}(c) = \infty$. Die erste Behauptung gilt dabei aufgrund von Satz 2.1, die zweite, weil bereits $\lim_{c \to \infty} y_c(x_0) = \infty$ ist.

- $\hat{Y}_{x_0}(\cdot)$ wächst streng monoton. Dies ergibt sich aus der Darstellungsformel $\hat{Y}_{x_0}(c) = \int_{x_0}^{\infty} \frac{1}{w_c(x, y_c(x))} dx$, da immer $\frac{\partial w_c(x, y_c(x))}{\partial c} < 0$ ist.

- $\hat{Y}_{x_0}(\cdot)$ ist auf ganz $\mathbb{R}_+$ stetig. Um dies zu zeigen, sei $(c_n)_{n \in \mathbb{N}}$ eine Folge von Konsumniveaus, die mit wachsendem $n$ gegen ein Konsumniveau $c_0 > 0$ streben. Dann gilt wegen der Stetigkeit von $w_c(x, y_c(x))$ als Funktion von $c$ auch $\lim_{n \to \infty} w_{c_n}(x, y_{c_n}(x)) = w_{c_0}(x, y_{c_0}(x))$ für alle $x > x_0$ und somit strebt die Funktionenfolge $(\frac{1}{w_{c_n}(\cdot, y_{c_n}(\cdot))})_{n \in \mathbb{N}}$ punktweise gegen die Funktion $\frac{1}{w_{c_0}(\cdot, y_{c_0}(\cdot))}$. Hieraus folgt dann die behauptete Konvergenz der Integrale, da man o.E. $c_n < 2c_0$ für alle $n \in \mathbb{N}$ annehmen kann. Die Funktion $\frac{1}{w_{2c_0}(\cdot, y_{2c_0}(\cdot))}$ liegt dann an jeder Stelle über allen Funktionen $\frac{1}{w_{c_n}(\cdot, y_{c_n}(\cdot))}$. Wegen der Endlichkeit von $\int_{x_0}^{\infty} \frac{1}{w_{2c_0}(x, y_{2c_0}(x))} dx$ liefert der Satz von der majorisierten Konvergenz dann das angestrebte Ergebnis.

Aus diesen Eigenschaften folgt jetzt die Existenz einer auf ganz $\mathbb{R}_+$ definierten Umkehrfunktion zu $\hat{Y}_{x_0}(\cdot)$. Für ein gegebenes $x_0$ bezeichnen wir diese als $c^*_{x_0}(\cdot)$ $(= c^*_{x_0}(Y))$. Damit wird nunmehr die Beschreibung von MSY-Pfaden im Solow-Modell möglich.

*Satz 2.10*:

Es sei $F$ eine zukunftsfreundliche Produktionsfunktion mit $d_2 = \infty$. Für jede Kombination $(x_0, Y_0)$ von Anfangsbeständen gibt dann $c^*_{x_0}(Y_0)$ das maximale Konsumniveau an, das sich auf der Basis von $(x_0, Y_0)$ auf Dauer aufrechterhalten läßt, d.h. es ist $c^*_{x_0}(Y_0) = m(x_0, Y_0)$. Der einzige Kapital-Rohstoff-Pfad, der diesen „maximum sustainable yield" hervorbringen kann, ist der zu $(x_0, c^*_{x_0}(Y_0))$ gehörige Hartwick-Pfad.

*Beweis*:

Die Ungleichung $c^*_{x_0}(Y_0) \leq m(x_0, Y_0)$ gilt ex definitione. Wegen der strengen Monotonie von $\hat{Y}_{x_0}(\cdot)$ benötigt man zur permanenten Aufrechterhaltung eines jeden $c > c^*_{x_0}(Y_0)$ sicherlich eine Rohstoffmenge, die größer als $\hat{Y}_{x_0}(c^*_{x_0}(Y_0)) = Y_0$ ist. Somit hat man auch $c^*_{x_0}(Y_0) \geqq m(x_0, Y_0)$. Daß der zu $(x_0, c^*_{x_0}(Y_0))$ gehörige Hartwick-Pfad den bei der Anfangskombination $(x_0, Y_0)$ möglichen MSY-Wert hervorbringt, ist gleichfalls aufgrund der Definitionen klar. Daß der Hartwick-Pfad der einzige Pfad mit dieser Eigenschaft ist, ergibt sich schließlich aus dem Beweis von Satz 2.9. QED

Für eine Kombination $(x_0, Y_0)$ von Anfangsbeständen stellt somit der zum entsprechenden Hartwick-Pfad gehörige Konsumpfad $(c_t)_{t \geqq 0}$ mit $c_t := c^*_{x_0}(Y_0)$ die maximin-optimale Lösung dar. *Dieser MSY-Pfad ist aber nicht nur maximin-, sondern sogar pareto-optimal.* Dies ergibt sich aus dem folgenden allgemeinen Sachverhalt:

*Satz 2.11*:

Es sei $(c_t^{(1)})_{t \geqq 0}$ ein stetiger Konsumpfad, der zu einem Kapital-Rohstoff-Pfad $(x_t^{(1)}, y_t^{(1)})_{t \geqq 0}$ mit $\int_0^\infty y_t^{(1)}\, dt < \infty$ gehört. Jeder andere stetige Konsumpfad $(c_t^{(2)})_{t \geqq 0}$ mit $c_t^{(2)} \leqq c_t^{(1)}$ für alle $t \geqq 0$ und $c_T^{(2)} < c_T^{(1)}$ für mindestens ein $T$ läßt sich dann mit Hilfe eines Kapital-Rohstoff-Pfades $(x_t^{(2)}, y_t^{(2)})_{t \geqq 0}$ darstellen, für den die Ungleichung $\int_0^\infty y_t^{(2)}\, dt < \int_0^\infty y_t^{(1)}\, dt$ gilt.

*Beweis*:

Das gesuchte $(x_t^{(2)}, y_t^{(2)})_{t \geqq 0}$ wird wie folgt konstruiert: Für alle $t \geqq 0$ sei $x_t^{(2)}$ mit $x_t^{(1)}$ identisch. Die auf dem neuen Pfad im Zeitpunkt $t$ produzierte Menge muß dann $\dot{x}_t^{(1)} + c_t^{(2)}$ betragen. Der Rohstoff-Pfad $(y_t^{(2)})_{t \geqq 0}$ ergibt sich jetzt durch die Bedingung $F(x_t^{(1)}, y_t^{(2)}) = \dot{x}_t^{(1)} + c_t^{(2)}$ für alle $t > 0$. Wegen der strengen Monotonie von $F$ wird $(y_t^{(2)})_{t \geqq 0}$ auf diese Weise eindeutig bestimmt und ist wegen der Stetigkeit aller beteiligter Funktionen selber stetig. Offenbar hat man $y_t^{(2)} \leqq y_t^{(1)}$ für alle $t \geqq 0$ und $y_T^{(2)} < y_T^{(1)}$. Wegen der Stetigkeit der beiden Pfade $(y_t^{(1)})_{t \geqq 0}$ und $(y_t^{(2)})_{t \geqq 0}$ gilt die zweite Ungleichung sogar in einer Umgebung von $T$, woraus die Behauptung des Satzes folgt. QED

Auf der Grundlage dieser allgemeinen Überlegungen lassen sich jetzt im Cobb-Douglas-Fall mit $F(x, y) = x^a y^b$ $(a + b \leqq 1, a > b)$ die jeweiligen MSY-Niveaus und die entsprechenden maximin-optimalen Allokationsprogramme leicht berechnen: Sind $x > 0$ und $c > 0$ gegeben, so fordert die Hartwick-Regel offenbar den Einsatz der Rohstoffmenge $y_c(x) = (\frac{1}{1-b})^{1/b} x^{-a/b}$. Daraus erhält man $w_c(x, y_c(x)) = b\,(\frac{1}{1-b})^{(b-1)/b} x^{a/b}$, womit sich die Rohstoffmenge, die man (bei gegebenem $c$) mindestens benötigt, um ausgehend von einem $x_0 > 0$ den Kapitalbestand $x > x_0$ zu erreichen, ermitteln läßt als $\hat{Y}_c(x_0,x) = \int_{x_0}^{x} \frac{1}{w_c(x, y_c(x))} dx = (\frac{1}{1-b})^{(1-b)/b} \frac{1}{a-b} (x_0^{(b-a)/b} - x^{(b-a)/b})$. Die Rohstoffmenge, die insgesamt erforderlich ist, um (bei gegebenem $x_0$) ein $c > 0$ auf Dauer aufrechtzuerhalten, beträgt dann $\hat{Y}_{x_0}(c) = (\frac{1}{1-b})^{(1-b)/b} \frac{1}{a-b} x_0^{(b-a)/b}$. Durch Umkehrung von $Y_{x_0}(\cdot)$ ergibt sich hieraus für den zu einer Anfangskombination $(x_0, Y_0)$ gehörigen MSY-Wert die Darstellung $c^*_{x_0}(Y_0) = (1-b)(a-b)^{b/(1-b)} x_0^{(a-b)/(1-b)} Y_0^{b/(1-b)}$[15].

Schließlich gelangt man zu den zugehörigen Hartwick-Pfaden auf die folgende Weise: Für jedes $x > 0$ gilt (bei gegebenem $c > 0$) offensichtlich $F(x, y_c(x)) = \frac{c}{1-b}$, d.h. bei einer Cobb-Douglas-Produktionsfunktion führt das Befolgen der Hartwick-Regel immer zu einem gleich hohen Gesamtoutput. Auf jedem Hartwick-Pfad bleibt somit die Output-Menge im Zeitablauf sicher konstant. Wegen der zeitlichen Invarianz des Konsums gilt dies dann auch für den marginalen Zuwachs des Kapitalstocks, der $\frac{c}{1-b} - c = b\frac{c}{1-b}$ für alle $t > 0$ beträgt. Durch Integration erhält man hieraus (für gegebene Werte von $x_0$ und $c$) für den zu einem Hartwick-Pfad gehörigen Kapital-Pfad $(\hat{x}_t)_{t \geq 0}$ die Darstellung $\hat{x}_t = x_0 + \frac{b}{1-b}ct$ für alle $t \geq 0$. Der korrespondierende Rohstoff-Pfad $(\hat{y}_t)_{t \geq 0}$ wird dann bestimmt durch $\hat{y}_t = (\frac{c}{1-b})^{1/b} (x_0 + \frac{b}{1-b}ct)^{-a/b}$.

Die Optimalitätsaussagen für den Cobb-Douglas-Fall hat man in der Literatur bisher auf einem anderen Wege erhalten. Und zwar ging man bei der Berechnung von MSY-Pfaden immer von der Hotelling--Regel[16] aus, die bei einer pareto-optimalen Allokation erschöpfbarer Ressourcen notwendigerweise erfüllt sein muß. Diese Regel besagt in allgemeiner Form, daß zu jedem Zeitpunkt $t$ die Grenzproduktivität der erschöpfbaren Ressource mit einer Rate wachsen muß, die mit der jeweiligen Grenzproduktivität des Kapitals übereinstimmt. Demnach muß für jeden MSY-Pfad $(x_t, y_t)_{t \geq 0}$ für jedes $t$ die Identität $\dot{F}_2(x_t, y_t)/F_2(x_t, y_t) = F_1(x_t, y_t)$ gelten. Speziell im Cobb-Douglas-Fall besagt diese Regel, daß für alle $t > 0$ die Differentialgleichung $a\dot{x}_t/x_t - (1-b)\dot{y}_t/y_t = a x_t^{a-1} y_t^b$ zu gelten hat. Dadurch ist aber die Optimallösung noch nicht eindeutig bestimmt. Das Differentialgleichungssystem, das sich aus

[15] Vgl. hierzu auch Solow (1974a, 39) sowie Buchholz (1980).

[16] Diese Regel wurde – allerdings in einer wesentlich spezielleren Form – erstmals von Hotelling (1931) formuliert und mit Hilfe der klassischen Variationsrechnung bewiesen. Heutzutage wird sie vielfach mit Hilfe des Pontryaginschen Maximumsprinzips hergeleitet (vgl. etwa Dasgupta / Heal (1974) oder Siebert (1981)) oder aber durch ökonomische Plausibilitätserwägungen begründet (vgl. etwa Dasgupta / Heal (1979, 215 ff.) oder de La Grandville (1980)).

der Hotelling-Regel und der Grundgleichung $x_t^a y_t^b - c = \dot{x}_t$ des Solow-Modells ergibt, besitzt nämlich für jeden Anfangswert $x_0$ und jedes $c > 0$ unendlich viele Lösungen, die sich explizit darstellen lassen. Es fällt dann nicht schwer, unter diesen denjenigen Pfad zu ermitteln, der im gesamten Zeitablauf mit der geringsten Rohstoffmenge auskommt. Auf diese Weise gelangt man zum zur gegebenen Kombination $(x_0, Y_0)$ gehörigen Hartwick-Pfad[17]. In einem weiteren Schritt errechnet man dann wie zuvor $\hat{Y}_{x_0}(c)$ und bestimmt dann das zu $(x_0, Y_0)$ gehörige MSY-Niveau als Bild von $Y_0$ unter der Umkehrabbildung von $\hat{Y}_{x_0}(\cdot)$.

Eine Verbindung zwischen den beiden Ansätzen zur Bestimmung maximin-optimaler Pfade im Solow-Modell besteht nun insofern, als jeder Hartwick-Pfad der Hotelling-Regel genügt[18]. Nach den hier angestellten Überlegungen ist auch nichts anderes zu erwarten. Ursprünglich hat sich diese Teilaussage als Umkehrung eines Resultats von Hartwick ergeben[19], der gezeigt hatte, daß jedes Allokationsprogramm, das sowohl der Hotelling- als auch der Hartwick-Regel gehorcht, zu einem im Zeitablauf konstanten Konsumpfad führen muß. Die gesamte Optimalitätsanalyse dieses Abschnitts stellt in gewisser Weise den Versuch einer weitergehenderen Interpretation meines früheren Ergebnisses dar.

## 4. Die Zielharmonie zwischen der Maximin-Gerechtigkeit und dem reinen Utilitarismus im Solow-Modell

Wie in den im Abschnitt 2.2 allgemein beschriebenen Fällen läßt sich auch im Solow-Modell eine Verletzung der Gebote der intergenerationellen Maximin-Gerechtigkeit nicht durch Gewinne im Sinne des reinen Utilitarismus rechtfertigen. Dies liegt daran, daß für das Solow-Modell die stetige Version der in 2.2 erwähnten Produktivitätsannahme (*P*) gilt. So hat man den folgenden allgemeinen Sachverhalt:

*Satz 2.12*:

Es sei $(c_t)_{t \geq 0}$ ein Konsumpfad, der im Solow-Modell auf der Basis eines gegebenen Ausgangszustandes $(x_0, Y_0)$ möglich ist. Mit diesem $(c_t)_{t \geq 0}$ erlaubt dann $(x_0, Y_0)$ auch jeden anderen Konsumpfad $(c_t')_{t \geq 0}$, für den

---

17 Vgl. zur Bestimmung von Optimalpfaden im Solow-Modell mit Hilfe der Hotelling-Regel auch die unterschiedlichen Verfahren bei Solow (1974a) und Dasgupta / Heal (1979, 218 ff.).

18 Vgl. Buchholz (1980).

19 Vgl. Hartwick (1977, 1978). Vgl. auch die Darstellungen bei Heal (1980, 61) und Siebert (1981a, 17). Eine andere Umkehrung des Resultats von Hartwick liefern Dixit / Hammond / Hoel (1981).

es ein $T > 0$ mit $c'_t \leqq c_t$ für alle $t \leqq T$, $c'_t \geqq c_t$ für alle $t > T$ sowie $\int_0^T (c_t - c'_t)\, dt = \int_T^\infty (c'_t - c_t)\, dt$ gibt. Zu jedem derartigen $(c'_t)_{t \geqq 0}$ existiert zudem ein weiterer Pfad $(c''_t)_{t \geqq 0}$ mit $c''_t = c'_t$ für alle $t < T$, $c''_t \geqq c'_t$ für alle $t > T$ sowie $\int_T^\infty (c''_t - c'_t)\, dt > 0$.

*Beweis:*

Es sei $(x_t, y_t)_{t \geqq 0}$ ein zu $(c_t)_{t \geqq 0}$ gehöriger Kapital-Rohstoff-Pfad. Durch die beiden Forderungen $\tilde{x}_0 := x_0$ und $\dot{\tilde{x}}_t := \dot{x}_t + (c_t - c'_t)$ für alle $t > 0$ konstruieren wir zunächst einen zweiten Kapitalpfad $(\tilde{x}_t)_{t \geqq 0}$. Für jedes $t \geqq 0$ gilt dann $\tilde{x}_t \geqq x_t$. Bei $t \leqq T$ ist dies ohnehin klar, bei $t > T$ hat man aber

$$\tilde{x}_t = x_0 + \int_0^T (\dot{x}_\tau + c_\tau - c'_\tau)\, d\tau + \int_T^t (\dot{x}_\tau + c_\tau - c'_\tau)\, d\tau$$

$$= x_t + \int_0^T (c_\tau - c'_\tau)\, d\tau - \int_T^t (c'_\tau - c_\tau)\, d\tau \geqq x_t \; .$$

Zusammen mit dem ursprünglichen Rohstoff-Pfad $(y_t)_{t \geqq 0}$ bestimmt $(\tilde{x}_t)_{t \geqq 0}$ den Output-Pfad $(F(\tilde{x}_t, y_t))_{t \geqq 0}$ und durch $\tilde{c}_t := F(\tilde{x}_t, y_t) - \dot{\tilde{x}}_t$ für alle $t > 0$ dann einen Konsumpfad $(\tilde{c}_t)_{t \geqq 0}$, der sich somit auch auf der Basis von $(x_0, Y_0)$ herstellen läßt. Für alle $t > 0$ gilt aber $\tilde{c}_t \geqq c'_t$, denn man hat

$$\tilde{c}_t = F(\tilde{x}_t, y_t) - \dot{\tilde{x}}_t \geqq F(x_t, y_t) - \dot{x}_t - (c_t - c'_t)$$

$$= c_t - (c_t - c'_t) = c'_t \; .$$

Mit $(\tilde{c}_t)_{t \geqq 0}$ ist aber auch $(c'_t)_{t \geqq 0}$ von $(x_0, Y_0)$ aus möglich. Weil aber zumindest für alle genügend nahe bei $T$ gelegenen Werte von $t$ die Relation $\tilde{x}_t > x_t$ gilt, hat man dort wegen der Monotonie von $F$ sogar $\tilde{c}_t > c'_t$. Einen Pfad $(c''_t)_{t \geqq 0}$ mit den geforderten Eigenschaften kann man sich dann etwa durch $c''_t := c'_t$ für $t \leqq T$ und $c''_t := \tilde{c}_t$ für $t > T$ definieren. QED

Entlang eines jeden Konsumpfades führt also ein zusätzlicher anfänglicher Konsumverzicht zu einer Erhöhung des Bestandes an reproduzierbarem Kapital, die später in beliebiger Weise wieder rückgängig gemacht werden kann. Zusätzlich zur ursprünglich investierten Menge ist dabei noch die Entnahme eines Mehrertrags möglich. – Aus diesem allgemeinen Sachverhalt läßt sich jetzt recht einfach die Aussage gewinnen, daß bei zukunftsfreundlichen Produktionsfunktionen Überschreitungen des jeweiligen MSY-Niveaus auf Intervallen positiver Länge zu utilitaristischen Verschlechterungen gemäß der drei in 2.2 genannten Kriterien führen müssen. Die Begründungen wurden dort allerdings für den Fall diskreter Perioden geführt. Sie lassen sich aber auf das hier betrachtete Modell mit stetigem Zeitparameter unmittelbar übertragen. Prinzipiell neue Ideen werden dazu nicht benötigt. Wir verzichten deshalb hier auf die genaue Ausführung der entsprechenden Beweise, die einen unverhältnismäßig hohen formalen Aufwand erfordern würde, sondern halten lediglich die Ergebnisse fest:

– Kein Konsumpfad $(c_t)_{t \geqq 0}$, der im Solow-Modell mit einer zukunftsfreundlichen Produktionsfunktion ausgehend von einem bestimmten $A_0 := (x_0, Y_0)$ durch andauernd unfaires oder allenfalls ethisch neutrales Verhalten zustande kommt, kann den MSY-Pfad $(m(A_0), m(A_0), \ldots)$ überholen.

– Jeder Konsumpfad $(c_t)_{t \geqq 0}$, der von einem gegebenen produktiven Bestand $A_0 := (x_0, Y_0)$ ausgeht und für den es zwei Zeitpunkte $T_1$ und $T_2$ mit $T_2 > T_1 > 0$ gibt, so daß $c_t > m(A_0)$ für alle $t < T_1, c_t < m(A_0)$ für alle $t \in [T_1, T_2[$ sowie $c_t = m(A_0)$ für alle $t \geqq T_2$ gilt, wird von $(m(A_0), m(A_0), \ldots)$ überholt (vgl. Abb. 8).

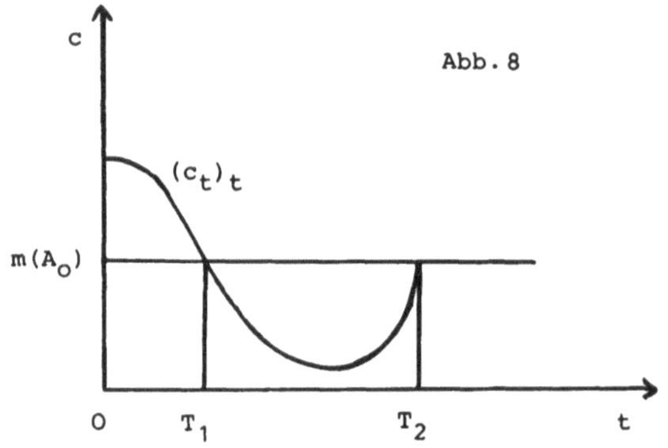


– Zu jedem Konsumpfad $(c_t)_{t \geqq 0}$, der von einem $A_0 := (x_0, Y_0)$ ausgeht und für den es ein $T$ mit $c_t > m(A_0)$ für alle $t \in [0, T[$ gibt, existiert ein Pfad $(c_t')_{t \geqq 0}$ mit $c_t' = m(A_0)$ für alle $t \in [0, T[$ und $c_t' \geqq c_t$ für alle $t \geqq T$, welcher den ursprünglichen Pfad $(c_t)_{t \geqq 0}$ überholt (vgl. Abb. 9).

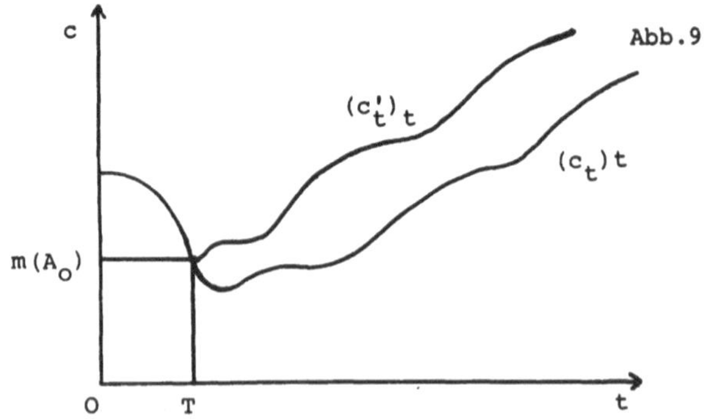

## 5. Zusammenfassung

Bei der Diskussion einer recht allgemeinen Version des Solow-Modells sind wir v.a. zu den folgenden Ergebnissen gelangt:

1. Wenn ein Anfangskapitalstock $x_0$ und ein Anfangsressourcenbestand $Y_0$ gegeben sind, so erlaubt eine $r$-homogene Produktionsfunktion $F(x, y)$ mit $r \leqq 1$ genau dann die permanente Aufrechterhaltung eines positiven konstanten Konsumniveaus, wenn das Integral unter der Einheitsisoquante von $F$ endlich ist. Dies ist gleichbedeutend damit, daß sich ein positiver MSY-Wert mit Hilfe eines Allokationsprogramms herstellen läßt, bei dem sowohl die Output-Menge als auch die Sparquote im Zeitablauf konstant sind. Hinreichend für die Endlichkeit des Integrals unter der Einheitsisoquante ist beispielsweise die Bedingung, daß die Produktionselastizität des Kapitals die der erschöpfbaren Ressource für hinreichend große Werte von $x/y$ um einen konstanten Prozentsatz übersteigt. Dafür wird etwa dann gesorgt, wenn die Produktionselastizität des Kapitals an *einer* Stelle $x/y$ größer als die der erschöpfbaren Ressource ist und für alle größeren Werte von $x/y$ die Substitutionselastizität niemals unter den Wert Eins fällt.

2. Die maximin-optimalen Allokationen im Solow-Modell sind identisch mit den jeweiligen im Zeitablauf konstanten MSY-Konsumpfaden. Sie sind dadurch gekennzeichnet, daß auf ihnen die Hartwick-Regel befolgt wird. Von vorrangigem Interesse für uns war die folgende neue Interpretation dieser Hartwick-Regel: Wenn ein bestimmtes Konsumniveau $c > 0$ auf Dauer aufrechterhalten werden soll, ist bei der Produktion immer so viel von der erschöpfbaren Ressource zu verwenden, daß der Kapitalzuwachs pro eingesetzter Rohstoffeinheit (d.h. der Ausdruck: (gesamter Output vermindert um das Konsumniveau $c$) dividiert durch die Größe des Rohstoff-Inputs) maximiert wird. Diese Deutung der Hartwick-Regel ist nicht nur recht plausibel, sondern führt auch auf relativ direktem Wege und ohne Zuhilfenahme der mathematischen Optimierungstheorie zum Nachweis der Optimalitätseigenschaft von Hartwick-Pfaden im Solow-Modell.

3. Schließlich konnten wir zeigen, daß die im Solow-Modell betrachtete Ökonomie eine bestimmte Produktivitätseigenschaft besitzt. Damit einhergeht, daß Überschreitungen des MSY-Niveaus zu Einbußen im utilitaristischen Sinne, d.h. zu Verlusten am jeweils erzielten Gesamtkonsum, führen. Die Forderung nach Einhaltung der Maximin-Regel im Solow-Modell erscheint dadurch überzeugender.

# III. Die Eignung von Markt und Staat zur Erreichung von intergenerationeller Gerechtigkeit mit erschöpfbaren Ressourcen

## 1. Die Grenzen des Marktmechanismus

### *1.1. Problemstellung*

Inwieweit der Markt für eine intergenerationell gerechte Allokation erschöpfbarer Ressourcen zu sorgen vermag, wird kontrovers beurteilt. Die Auseinandersetzung um diese Frage ist keineswegs neu, sondern findet sich bereits ansatzweise in der Diskussion um die amerikanische Konservationistenbewegung zu Anfang dieses Jahrhunderts[1]. Schon damals zeichneten sich die beiden Extrempositionen ab, die wir im folgenden darstellen wollen. Dem heutigen Sprachgebrauch folgend, bezeichnen wir die Vertreter der einen als „Ökologen", die ihrer radikalen Gegner als „Ökonomen"[2]. Da sich die gegensätzlichen Bewertungen des Marktes durch „Ökologen" und „Ökonomen" aus grundsätzlich verschiedenen Ansichten über die Rolle erschöpfbarer Ressourcen im Wirtschaftsprozeß ergeben, müssen wir bei der Darstellung der beiden Positionen weiter ausholen. Um den Kern der jeweiligen Argumente nicht aus den Augen zu verlieren, gehen wir jedoch auf unterschiedliche Auffassungen innerhalb der beiden Positionen nicht ein. *Unsere Ausführungen beziehen sich somit in erster Linie auf charakteristische Denkhaltungen, mit denen die Ansichten einzelner Autoren nicht in jedem Punkt übereinstimmen müssen.*

### *1.2. Die Position der „Ökologen"*

Die Argumentation der *„Ökologen"*[3] ist stark normativ ausgerichtet. Insbesondere *intergenerationelle Gerechtigkeit* gilt für sie *als zentraler Leitwert*

---

1 Vgl. zu diesem historischen Hintergrund der aktuellen Diskussion etwa Barnett / Morse (1963, v.a. 72 ff.), Herfindahl (1961) und Howe (1979, 3 ff.).

2 Diese Bezeichnungen könnten allerdings auch Anlaß für Mißverständnisse geben. So vertreten auch Fachökonomen teilweise Ansichten, die hier der Position der „Ökologen" zugeordnet werden. Bei Gordon (1958) finden sich die Bezeichnungen „Pessimisten" und „Optimisten", die uns aber weniger zweckmäßig erschienen.

3 Autoren, die in ihrer Argumentation dieser Position relativ nahe kommen, lassen sich viele finden. Vgl. etwa Meadows (1972), Basler (1973), Schu-

für den Wirtschaftsprozeß wie auch allgemein für das gesamte menschliche Handeln[4]. Aus diesem Grund besteht für die „Ökologen“ von vornherein ein gewisser *Vorbehalt gegen die ökonomische Nutzung nicht-regenerierbarer Ressourcen*: Da ein jeglicher Verbrauch einer „einmaligen“ erschöpfbaren Ressource wie etwa Öl irreversibel sei, kann all das, was bereits heute konsumiert wurde, späteren Generationen auf keinen Fall mehr zur Verfügung stehen. „Da das Ziel darin besteht, auch künftigen Generationen noch Rohstoffe zu erhalten, kommt dem Faktor Zeit die entscheidende Rolle bei jeder Bewertung zu. Für welche Zeit soll der Vorrat reichen? Eigentlich für immer! Dann darf der Bestand überhaupt nicht angegriffen werden.“[5] Diesen Einwand gegen die Nutzung erschöpfbarer Ressourcen kleiden die „Ökologen“ manchmal in eine Metapher. Diese besagt, daß man bei Verwendung nicht regenerierbarer Rohstoffe nicht mehr nur vom „laufenden Einkommen“ lebe, sondern vom Kapitalbestand[6] zehre und auf diese Weise die Gebote der intergenerationellen Gerechtigkeit verletze.

Dennoch fordern auch die „Ökologen“ *kein absolutes Nutzungsverbot* für erschöpfbare Ressourcen. In der Regel nennen sie aber keine genaueren Kriterien dafür, unter welchen Bedingungen der Abbau von Bestandsvorkommen zulässig sein soll. Jedoch verlangen sie, daß von erschöpfbaren Ressourcen – wenn überhaupt – nur sehr zurückhaltend Gebrauch gemacht wird. „Die sich aus der Berücksichtigung von Zukunftsinteressen ergebende Mindestanforderung ist die Verpflichtung zu sparsamem Gebrauch und die Verminderung von Verschwendung, ... “[7]. Vielmehr dürften erschöpfbare Ressourcen immer nur so eingesetzt werden, daß man aus jedem verbrauchten Rohstoffquantum den unter den gegebenen Bedingungen maximalen Ertrag ziehen kann. Da aber nach Überzeugung der „Ökologen“ die meisten Rohstoffe für spätere Generationen wertvoller sein werden als für die heutige[8], ergibt sich für sie schon von

---

macher (1977). Unter den Wirtschaftswissenschaftlern vertreten z.B. Kapp (1979, v.a. 89 ff.), Küng (1972) und Binswanger (1972) – vgl. auch Binswanger / Geissberger / Ginsberg (1979, 53 ff.) – „ökologisch“ orientierte Ansichten. Den „Ökologen“ zurechnen läßt sich auch der Philosoph Spaemann (1980).

4 So diskutiert Spaemann (1980) das Problem der Rohstoffnutzung von vornherein als Anwendungsfall der allgemeinen Frage nach intergenerationeller Gerechtigkeit. Vgl. auch Gruhl (1975, v.a. 231 ff.).

5 Gruhl (1975, 241).

6 Vgl. etwa Basler (1973, 72), Gruhl (1975, 67), Spaemann (1980, 199) oder Schumacher (1977, 13).

7 Binswanger / Bonus / Timmermann (1981, 54).

8 Vgl. zu diesem Argument bereits Pigou (1932, 28): „There is also waste, ... when one generation, ... uses up for trivial purposes a natural product which is abundant now but which is likely to become scarce and not readily available, even for very important purposes, to future generations. This sort of waste is illustrated when enormous quantities of coal are employed in high-speed vessels in order to shorten in a small degree the time of a journey that

daher die Forderung nach *einer Konservierung erschöpfbarer Ressourcen.* Zu diesem Zwecke halten sie beträchtliche Konsumverzichte der heutigen Generation für erforderlich.

Daß gerade der Markt diese Maxime für einen vorsichtigen Umgang mit erschöpfbaren Ressourcen systematisch verletzt, ist die im Rahmen unserer Überlegungen bedeutsamste Behauptung der „Ökologen". In ihren Augen führt das ungehinderte Wirken des Marktes nicht zu einer sparsamen Verwendung, sondern vielmehr zu einem Raubbau an den Bestandsvorräten. Die „Ökologen" sehen hier ein grundsätzliches Versagen des Preismechanismus: Anstatt zukünftige Knappheiten frühzeitig zu signalisieren, liefern die Preise für erschöpfbare Ressourcen immer nur Momentaufnahmen von Angebot und Nachfrage. Für die „Ökologen" ist dies keineswegs überraschend. Denn was aus ihrer Sicht die Preisbildung erschöpfbarer Ressourcen bestimmt, ist nicht das langfristige Überlebensinteresse der Gemeinschaft, sondern nur das egoistische Profitstreben ihrer augenblicklichen Besitzer. „Solange es nämlich überhaupt noch einen Vorrat dieser Güter gibt, erscheinen sie dem *heutigen* Besitzer als reichlich und damit als quasi freie Güter. Solange das Angebot der Natur größer ist als die *gegenwärtige* Nachfrage, besteht kein Grund zur Sorgfalt. Knapp erscheinen die Bodenschätze erst dann, wenn man die Nachfrage der künftigen Generationen – . . . – einbezieht. Diese Vorsorge für die Zukunft tritt jedoch in keiner Weise in den Kalkulationshorizont des Besitzers ein."[9]

Daß bei zukünftigen Generationen ein Mangel an erschöpfbaren Rohstoffen herrschen wird, ist aber für die „Ökologen" nicht die einzige Konsequenz dieses Marktversagens. Eine erhebliche Verschärfung der Problematik sehen sie vielmehr darin, daß aufgrund der Kurzsichtigkeit des Marktes die Ökonomie gleichsam aus voller Fahrt an ihre Rohstoffgrenzen stoßen wird. Technisch eventuell mögliche Anpassungen werden deshalb versäumt, ein wirtschaftlicher Zusammenbruch droht. Solche apokalyptische Visionen sind ein zentraler Bestandteil der Vorstellungswelt der „Ökologen". Gerade ihrer Furcht vor dem großen Zusammenbruch gilt ein großer Teil der Aufmerksamkeit, der dieser Position neuerdings wieder zuteil wird[10].

### *1.3. Die Position der „Ökonomen"*

Für die *„Ökonomen"*[11] spielt die Norm intergenerationelle Gerechtigkeit auf den ersten Blick eine weitaus geringere Rolle als für die „Ökologen". Ge-

is already short. We cut an hour off the time of our passage to New York at the cost of preventing, perhaps, one of our descendants from making the passage at all."

9 Binswanger (1972, 137). Vgl. z.B. auch Gruhl (1975, 236) oder Kapp (1979, 96).

10 Vgl. Meadows (1972) und die daran anschließende Diskussion.

rade in ihrer Auseinandersetzung mit den „Ökologen" beurteilen aber auch die „Ökonomen" die Allokation erschöpfbarer Ressourcen zumindest indirekt im Hinblick auf dieses Ziel. So geht es im Zusammenhang mit natürlichen Ressourcen etwa auch bei Hayek um die Frage, inwieweit der Markt den „längerfristigen Interessen der Gemeinschaft"[12] ausreichend Rechnung trägt[13]. Im Gegensatz zu den „Ökologen" ist jedoch seine Antwort auf diese Frage positiv. Überhaupt sehen weder er noch die anderen „Ökonomen" in der Erschöpfbarkeit vieler Rohstoffe einen wirklichen Grund zur Sorge um das ökonomische Wohlergehen zukünftiger Generationen. Die Nutzung erschöpfbarer Ressourcen schafft ihrer Ansicht nach keineswegs die prinzipiell neuen Allokationsprobleme, wie sie von den „Ökologen" unterstellt werden. Daß die „Ökologen" bei ihrer Beurteilung erschöpfbarer Ressourcen zu anderen (und falschen) Schlußfolgerungen gelangen, liegt in den Augen der „Ökonomen" einfach an deren vordergründiger und zu sehr an oberflächlichen Phänomenen orientierten Sichtweise, die weder der wirklichen ökonomischen Bedeutung erschöpfbarer Ressourcen noch der Funktionsweise des Marktes angemessen Rechnung trägt.

Was die Rolle erschöpfbarer Ressourcen in der Ökonomie angeht, konzentriert sich der Hauptvorwurf, den die „Ökonomen" an die „Ökologen" richten, auf den folgenden Punkt: Zwar sprächen die „Ökologen" vielfach davon, daß natürliche Ressourcen Bestandteil des gesamten Kapitalstocks einer Volkswirtschaft seien, zögen daraus aber nicht die entsprechenden Folgerungen. Vielmehr sähen sie die Rohstoffproblematik zu sehr aus der Perspektive des einfachen Cake-Eating-Modells, in dem sich homogene Ressourcenbestände genau fixierter Größe ausschließlich zum Konsum unter im Zeitablauf gleichbleibenden Bedingungen verwenden lassen. Demgegenüber versuchen die „Ökonomen" die Implikationen aufzuzeigen, die sich ergeben, wenn man erschöpfbare Ressourcen konsequent als Kapitalgüter deutet.

---

11 Als klassische Vertreter der Position der „Ökonomen" lassen sich v.a. Scott (1973), Hayek (1971) sowie Barnett / Morse (1963) ansehen. Vgl. in der älteren Literatur auch die prägnante Zusammenfassung der Argumente bei Gordon (1958). Neuere Arbeiten, die sich in etwa der Position der „Ökonomen" zuordnen lassen, sind die von Beckerman (1972, 1974), Rosenberg (1973), Kay / Mirrlees (1975), Houthakker (1976), Mead (1978) sowie im deutschen Sprachraum etwa Giersch (1977) und Helmstäder (1979).

12 Hayek (1971, 459).

13 Daß die beiden Positionen letztlich von der gleichen Frage ausgehen, stellt auch Gordon (1958, 113) fest: „The approach to conservation theory and policy suggested by economic analysis is different from that of the tradition conservationist. So much so indeed that is almost certain that natural resource economists will be widely stigmatized as anticonservationists. The differences, however, are not *fundamental*; they do not rest on conflicting value judgments concerning the ultimate objectives of governmental policy."

Aus ökonomischer Sicht bemißt sich der Wert eines Kapitalguts an den auf seiner Basis möglichen Konsumgüterströmen. So sind für die „Ökonomen" von vornherein nicht die erschöpfbaren Ressourcen *an sich* von Interesse, sondern immer nur die mit ihrer Hilfe erzeugbaren Güter[14]. Ganz automatisch rücken damit die Rohstoffe aus dem eigentlichen Zentrum der Aufmerksamkeit. Für die „Ökonomen" erscheint die Herstellung von intergenerationeller Gerechtigkeit keineswegs als Problem, das primär erschöpfbare Ressourcen betrifft. Sie richten die Aufmerksamkeit auf die Opportunitätskosten der Ressourcenkonservierung. So stellen sie etwa fest, daß eine einseitig betriebene Konservierung erschöpfbarer Ressourcen zur Verschwendung anderer, gleichfalls knapper Produktionsfaktoren führen kann und deshalb nicht zwangsläufig im Interesse zukünftiger Generationen liegt. Beispielsweise dürfte die Errichtung von Gebäuden mit verbesserter Wärmedämmung in der Regel einen höheren Arbeitseinsatz erforderlich machen, der für andere Verwendungszwecke dann nicht mehr zur Verfügung steht[15]. Ein verstärktes Bemühen um Rohstoffeinsparung kann so zur Folge haben, daß Investitionsprojekte unterbleiben, die den nachfolgenden Generationen eventuell einen größeren Nutzen gebracht hätten. Umgekehrt kann u.U. auch eine rasche Akkumulation produzierten Kapitals, die einen schnellen Abbau erschöpfbarer Rohstoffe erforderlich macht, im Hinblick auf das Ziel intergenerationelle Gerechtigkeit sinnvoll sein. Was auf den ersten Blick den Eindruck eines Raubbaus an nicht regenerierbaren Ressourcen erweckt, kann genau betrachtet durchaus im Interesse zukünftiger Generationen liegen[16].

Vor allem aber bringt es die andere Sichtweise der „Ökonomen" mit sich, daß ihnen die heutige ausgebeuteten Rohstoffbestände bei weitem nicht so einmalig erscheinen wie den „Ökologen". Es ist für die „Ökonomen" ein völlig normales Phänomen, daß sich Kapitalgüter im Produktionsprozeß allmählich abnutzen und schließlich durch neue ersetzt werden müssen und auch können. In dieser Hinsicht räumen die Ökonomen den nicht regenerierbaren Ressourcen im Prinzip keine Sonderstellung ein[17]. Auch hier halten sie es in der Regel für möglich, für erschöpfte Bestände einen adäquaten Ersatz zu finden. Nach Ansicht der „Ökonomen" werden die Substitutionsprozesse im Falle nicht regenerierbarer Ressourcen vor allem die folgenden Formen annehmen:

---

14 Vgl. etwa Gordon (1958, 116).

15 Vgl. z.B. Mead (1978, 719).

16 Vgl. Hayek (1971, 459).

17 Vgl. z.B. Scott (1973, 15), der nur ein allgemeines, alle Kapitalarten zugleich betreffendes Problem sieht: „... since actual capital goods and resources are not permanent, but depreciate and disappear, society is forced to devote a good part of its production to replacing wasting assets." Vgl. auch Hayek (1971, 459 f.) und Barnett / Morse (1963, v.a. 127 ff.).

So können neue Lagerstätten desselben Rohstoffs an die Stelle der alten und bereits aufgebrauchten treten. Dabei kann es sich entweder um neu entdeckte oder aber um bereits bekannte Rohstoffvorkommen handeln, deren Qualität schlechter als die der bisher genutzten ist und deren Ausbeutung deshalb bislang zu teuer war[18]. Nach Ansicht der „Ökonomen" werden die Reserven vieler Rohstoffe nahezu ins Unendliche wachsen, sobald man nur genügend viel in die Suche neuer Lagerstätten investiert und man vor allem höhere Kosten für die Nutzung der Vorkommen akzeptiert. Um diese optimistische Hypothese zu stützen, wird vielfach angeführt, daß die insgesamt in der Erdkruste vorhandenen Mengen vieler Metalle bis zu einer Million mal größer seien als deren nachgewiesene Reserven[19]. Die „Ökonomen" weisen somit bereits die von den „Ökologen" vertretene Auffassung einer definitiven Endlichkeit der Rohstoffvorkommen als wenig realistisch zurück[20]. Insgesamt sehen die „Ökonomen" viel weniger die Gefahr einer absoluten physischen Verknappung als ein wesentlich harmloseres Kostenproblem. Sie befürchten nicht wie die „Ökologen", daß die Rohstoffe „ausgehen", sondern erwarten lediglich, daß sich ihre Beschaffung im Zeitablauf allmählich verteuern wird[21]. In den Augen der „Ökonomen" herrscht bei erschöpfbaren Ressourcen somit keine Malthusianische, sondern allenfalls eine Ricardianische Knappheit[22].

Der Übergang zu immer neuen und vielfach schwerer zugänglichen Ressourcenbeständen läßt sich auch als Spezialfall eines anderen Substitutionstyps deuten. So wird die Exploration, Erschließung und Ausbeutung von Rohstoffvorkommen in der Regel mit einem vermehrten Einsatz von produziertem Kapital verbunden sein. Um Rohstofflagerstätten zu lokalisieren, sind so zumeist kapitalaufwendige Probebohrungen erforderlich; zudem kann mit der Nutzung eines Vorkommens erst dann begonnen werden, wenn umfangreiche Erschließungsinvestitionen getätigt sind; schließlich macht die Aufbereitung von Rohstoffen um so kapitalintensivere Verarbeitungsprozesse nötig, je niedriger die Rohstoffkonzentration ist. – Ein Mehrbedarf an produziertem Kapital wird zusätzlich dann entstehen, wenn man die Rohstoffknappheit auf anderen Wegen zu überwinden sucht. Investitionen in den Substitutionskapital-

---

18 Vgl. hierzu allgemein z.B. Brobst (1979), Pethig (1979), Müller (1981), aber auch bereits Gray (1913).

19 Vgl. etwa Beckerman (1972, 338).

20 Vgl. z.B. Houthakker (1976, 117).

21 Vgl. z.B. Beckerman (1974, 232).

22 Vgl. z.B. Barnett / Morse (1963, 139). „The Malthusian hypothesis posits an absolute fixity in the stock of natural resources – a perfectly inelastic ultimate supply of this productive input. . . . Malthusian scarcity thus is not the situation presently confronting man on a global scale." Auf längere Sicht halten Barnett / Morse (1963, z.B. 243) aber auch eine Ricardianische Knappheit für unwahrscheinlich. Vgl. zu diesen Knappheitshypothesen auch den neueren Aufsatz von Morse (1976).

stock können auch dazu dienen, die bekannten Rohstoffreserven besser auszunutzen und ihren Abbau zeitlich zu strecken. Dies geschieht z.B. durch Recyclingmaßnahmen, denen gerade bei metallischen Rohstoffen eine große Bedeutung zukommen dürfte, oder aber durch Investitionen, die unmittelbar der Einsparung von Rohstoffen dienen. Beispiele hierfür lassen sich gerade im Energiebereich finden. So dürfte ebenso wie die Wärmedämmung von Gebäuden auch die Entwicklung und der Bau energiesparender Antriebsmotoren höhere Kapitalaufwendungen bedingen. Erleichtert werden derartige Substitutionsprozesse durch die Vergrößerung des entsprechenden technischen Wissens. Zur Produktion eines rohstoffsparenden technischen Fortschritts sind aber gleichfalls gewisse Investitionen erforderlich[23]. Die relative Gelassenheit, mit der die „Ökonomen" dem Rohstoffproblem begegnen, beruht in erster Linie auf dem Vertrauen in die Existenz derartiger Substitutionsmöglichkeiten. In der allmählichen Ersetzung nicht regenerierbarer Ressourcen durch produziertes Kapital sehen sie den Weg zur Bewältigung des Rohstoffproblems und damit die Chance zur Erreichung intergenerationeller Gerechtigkeit mit erschöpfbaren Ressourcen. Auf theoretischer Ebene fand dieser Glaube an das Substitutionsprinzip im Rohstoffbereich seinen Niederschlag im zuvor diskutierten Solow-Modell[24]. Aus dessen Perspektive erscheint die intergenerationell gerechte Allokation erschöpfbarer Ressourcen nicht wie in der naiven Sichtweise der „Ökologen" als reines Verteilungs-, sondern als *Produktionsproblem*[25]. Dadurch wird es überhaupt erst möglich, alle Generationen in gleicher Weise an den Erträgen aus erschöpfbaren Ressourcen zu beteiligen. Der prinzipielle Vorbehalt, den die „Ökologen" gegen die Nutzung erschöpfbarer Ressourcen entwickeln, erweist sich somit zumindest dann als wenig begründet, wenn man wie die „Ökonomen" annimmt, daß sich die Wirtschaft längerfristig auf der „richtigen" Seite des Solow-Modells befinden wird, d.h. die Produktionselastizität des Kapitals die der erschöpfbaren Ressourcen übersteigt[26]. Zudem wird vor dem Hintergrund des Solow-Modells die Fragwürdigkeit der von den „Ökologen" vorgebrachten These deutlich, daß eine Bestandsverminderung bei erschöpfbaren Ressourcen immer eine „Entkapitalisierung" darstelle. Die Rohstoffe gehen ja auf einem Pfad mit positiven „sustainable yield" im Verlauf ihrer Nutzung nicht endgültig verloren, sondern werden teilweise nur in eine andere, produktivere Form des Kapitals umgewandelt. *Erst wenn eine Generation nicht nur einfach Rohstoffe konserviert, sondern den*

23 Vgl. z.B. Hayek (1971, 456), Barnett / Morse (1963, v.a. 235 ff.) sowie neuerdings Fritsch (1980).

24 Vgl. hierzu etwa Houthakker (1976, 120 f.), aber auch Solow (1974 b), v. Weizsäcker (1980, 808), Schneider (1980, 821 ff.).

25 Vgl. zur Unterscheidung zwischen reinen Verteilungsproblemen und Allokationsproblemen auch die allgemeinen Ausführungen bei v. Weizsäcker (1981).

26 Vgl. hierzu z.B. Nordhaus / Tobin (1972, 61 ff.).

*gesamten Kapitalbestand in seiner Struktur verändert und in der „richtigen" Zusammensetzung weitergibt, kann sie den Gerechtigkeitspflichten gegenüber ihren Nachfolgern überhaupt nachkommen*[27]. In der einen Version der Optimalitätsaussage des Solow-Modells spiegelt sich diese Vorstellung einer „schöpferischen Zerstörung"[28] erschöpfbarer Ressourcen wider. Auf einem MSY-Pfad wächst in jeder Periode der Bestand an produziertem Kapital gerade um die Rohstoffrente, d.h. gerade um denjenigen Teil des Gesamtprodukts, den man dem Einsatz des Rohstoffs zurechnen kann. Jede Generation, die gemäß der Hartwick-Regel handelt, überläßt ihren Nachfolgern in Form produzierten Kapitals ein Äquivalent für die Rohstoffmenge, die sie ihnen entzogen hat[29]. Wenn auch nicht der Rohstoffbestand im rein physikalischen Sinne, so wird auf diese Weise doch der ökonomisch allein relevante Kapitalstock über die Generationen hinweg „intakt" gehalten[30]. Der Konsum einer jeden Generation beschränkt sich auf einem solchen Optimalpfad auf den Ertrag des reproduzierbaren Kapitals. *Nur von dessen Zinsen wird somit gelebt – und nicht, wie die „Ökologen" unterstellen, von der Substanz der erschöpfbaren Rohstoffe.* „Under such a program the current generation converts exhaustible resources into machines and 'lives off' current flows from machines and labor. Under such a program one might assume that in some sense the total stock of productive capital was never depleted since ultimately the exhaustible resource stock will be transmitted into a stock of machines and ... no stock either of ma-

---

27 Vgl. hierzu auch O'Toole / Watson (1982).

28 Vgl. hierzu auch Hayeks früheres Werk „The Pure Theory of Capital" (Hayek (1941)). Der Abschnitt „The Nature of the Capital Problem" (Hayek (1941, 50 ff.)) liest sich – obwohl er keineswegs auf die Rohstoffproblematik bezogen ist – teilweise wie eine Interpretation des Solow-Modells. Vgl. etwa die folgende Passage, die auch Scott (1955, 15) teilweise zitiert. „The first question to which we have to turn, then, is how the existence of a stock of non-permanent resources enables us to maintain our income at a raised level for an indefinite period. ... In other words, the existence of non-permanent resources makes it at the same time possible and necessary to 'invest' some of the current productive services, that is to use them in such a way that they will not yield consumable services until a later date than they might otherwise have done, but will then yield a larger amount of such services than they would have done the earlier date. It is only because of this that the provision of an additional amount of services for a limited period in the future puts us in a position to raise for all time the return which we may hope to obtain from the meagre supply of really permanent resources." (Hayek (1941, 59)).

29 Vgl. hierzu z.B. auch Page (1977 a, 185 ff.).

30 Vgl. hierzu auch die alte kapitaltheoretische Grundsatzdiskussion zwischen Pigou (1932, 1935) und Hayek (1935, 1936). Dort ging es u.a. um die Klärung der Frage, was vernünftigerweise unter „Aufrechterhaltung des Kapitals" („Maintaining capital intact") verstanden werden kann. Diese Auseinandersetzung steht zwar völlig außerhalb der eigentlichen Ressourcenökonomie, jedoch treten in ihr einige der wichtigsten Streitpunkte zwischen „Ökologen" und „Ökonomen" in allgemeiner Form zu Tage.

chines or of exhaustible resources is ever consumed."[31] Die andere Version der Optimalitätsaussage des Solow-Modells hingegen besagt, daß auf einem MSY-Pfad in jeder Periode der durchschnittliche Kapitalzuwachs pro eingesetzter Rohstoffeinheit zu maximieren ist. In dieser Hinsicht wird also aus jeder verbrauchten Rohstoffmenge immer der maximale Ertrag gezogen, der unter den jeweiligen Bedingungen möglich ist. Auch der Forderung der „Ökologen" nach Vermeidung von Rohstoffverschwendung wird auf diese Weise wenigstens indirekt Rechnung getragen.

Das große Vertrauen, das die „Ökonomen" bei der Allokation erschöpfbarer Ressourcen in den Markt setzen, erscheint im Rahmen ihrer Gesamtkonzeption nur konsequent: Wenn man von vornherein erschöpfbaren Ressourcen keine Sonderstellung unter den Produktionsfaktoren einräumt, so besteht auch kein Grund zu der Annahme, daß deren Allokation den Markt vor besondere Aufgaben stellt[32]. Für die „Ökonomen" gibt es vielmehr nur ein einheitliches Problem der intertemporalen Allokation, das sowohl Rohstoffe wie auch produzierte Kapitalgüter in gleicher Weise betrifft. Dieses Problem wurde ihrer Ansicht nach aber in der Vergangenheit vom Markt in einer für die jeweils zukünftigen Generationen durchaus befriedigenden Weise bewältigt[33]. Die selbstverständliche Annahme, daß dies auch in Zukunft so bleiben werde, bildet eine wichtige Grundlage für ihren Optimismus[34].

Mit solchen allgemeinen Aussagen über die Funktionsweise des Marktes begnügen sich nicht alle „Ökonomen". Stattdessen werden vielfach präzisere Beschreibungen dafür geliefert, wie der Markt bei der Allokation erschöpfbarer Ressourcen den Belangen zukünftiger Generationen Rechnung trägt. Der Grundgedanke dabei ist, daß der zur Durchsetzung des Substitutionsprinzips erforderliche Strukturwandel von einem *allmählichen* Anstieg der Rohstoffpreise induziert wird, der sich bei Abwesenheit direkter Substitutionsmöglichkeiten auf dem Markt von selber ergibt.

Die Behauptung, daß sich die physische Verknappung eines Rohstoffs rechtzeitig in seinem Preis ankündigt, wird dabei zum Teil einfach mit bei zuneh-

31 Hartwick (1977, 972).

32 Auf eine solche pauschale Begründung für ihr Vertrauen in den Markt beschränken sich etwa Gordon (1958), Hayek (1971) sowie von den neueren Theoretikern z.B. Beckerman (1972, 1974) und Giersch (1977).

33 Der Hinweis auf positive historische Erfahrungen findet sich in der Argumentation der „Ökonomen" recht häufig. So nennt etwa Rosenberg (1973) Beispiele für erfolgreich verlaufene Substitutionsprozesse, Gordon (1973) stellt fest, daß sich frühere apokalyptische Prophezeiungen nicht erfüllt hätten. Typisch für die „Ökonomen" ist in diesem Zusammenhang v.a. die Auffassung, daß das Rohstoffproblem die Menschheit schon in ihrer ganzen Entwicklung begleitet hat. Vgl. beispielsweise Barnett / Morse (1963, 244).

34 Vgl. etwa Houthakker (1976, 120): „. . . , the world will never run out of any nonrenewable resource provided prices are allowed to adjust."

mender Erschöpfung der Rohstoffbestände anwachsenden Gewinnungskosten begründet[35]. Die erwünschte Preisentwicklung kommt in diesem Falle selbst dann zustande, wenn sich die Ressourcenanbieter – wie von den „Ökologen" befürchtet – kurzsichtig verhalten.

Eine größere Bedeutung für die Argumentation der „Ökonomen" hat aber die Annahme, daß die Marktpreise erschöpfbarer Ressourcen in der Regel auch eine von den „Ökologen" vermißte Zukunftskomponente enthalten. Ein rational kalkulierender Ressourcenproduzent, sei es ein privater Unternehmer oder ein ressourcenanbietender Staat, ist dieser Vorstellung gemäß gegenüber zukünftigen Entwicklungen keineswegs blind; vielmehr wird er bei seinem Angebotsverhalten die künftigen Nutzungsbedingungen seines Rohstoffbestandes berücksichtigen und seine heutige Abbauentscheidung auch daran orientieren, ob sich durch eine Verschiebung der Ressourcennutzung auf spätere Perioden eine Vergrößerung seines Gesamtertrags erzielen läßt. So kann man plausiblerweise davon ausgehen, daß Eigentümer von Ressourcenvorkommen nicht nur die normalen Produktionskosten, sondern darüber hinaus auch spezielle „Abnutzungskosten" („user costs")[36] in ihre Kalkulation mit einbeziehen, die den durch die Entnahme einer gewissen Ressourcenmenge eintretenden Wertverlust des Rohstoffbestandes anzeigen. Gerade dadurch kommt es aber nach Ansicht der „Ökonomen" dazu, „that owners of natural resources do not disregard the future in determining the output of their property, but must be keenly interested in the needs (as reflected in the demand price) which will exist in future periods"[37]. Die Berücksichtigung solcher „user costs" bewirkt aber eine Erhöhung der Rohstoffpreise: Die Abbaumengen gehen zurück und die Rohstoffvorräte werden geschont. Dieser Ansatz ist zunächst allerdings rein statisch. Zu einer Begründung für den von den „Ökonomen" unterstellten Preis*verlauf* gelangt man jedoch durch ein einfaches kapitaltheoretisches Zusatzargument[38]: Als spezielles Kapitalgut muß ein Rohstofflager im Kapitalmarktgleichgewicht dieselbe Rendite $r$ wie alle anderen Anlagemöglichkeiten einer Wirtschaft erbringen. Dies ist aber nur dadurch möglich, daß der Nettowert der noch „in situ" befindlichen Ressourcenmenge von einer Periode zur nächsten um den

35 Vgl. z.B. Scott (1973, 21).

36 Der Begriff „user cost" geht auf Keynes zurück: „We have defined the user cost as the reduction in the value of the equipment due to using it as compared with not using ist, ... It must be arrived at, therefore, by calculating the discounted value of the additional prospective yield which would be obtained at some later date if it were not used now." (Keynes (1936, 70)). Bei Keynes wie auch bei Scott (1953) bezieht sich der Begriff der „user costs" im Prinzip auf alle Arten der Kapitalgüter. Erst bei Scott (1973) rückt der ressourcenökonomische Aspekt der „user cost" in den Vordergrund.

37 Scott (1973, 8). Eine detailliertere Beschreibung des Einflusses von „user costs" auf die Abbauentscheidung liefert Scott (1967).

38 Vgl. z.B. Solow (1974 b) und Helmstädter (1979).

Faktor 1 + *r* wächst. Die Preisentwicklung auf den Rohstoffmärkten wird dann von der „Hotelling-Regel"[39] diktiert. Diese besagt in etwas allgemeiner Form, daß unter idealen Bedingungen (vollständige Information aller Marktteilnehmer, Unabhängigkeit der Extraktionskosten vom Ausmaß der bereits abgebauten Menge, konstanter Marktzinssatz *r*) die Ressourcenrente als Differenz zwischen dem Rohstoffpreis und den marginalen Extraktionskosten mit der Rate *r* wachsen muß.

Wenn in der Wirklichkeit die Hotelling-Regel auch nur selten in dieser reinen Form erfüllt sein wird, spiegelt sich in ihr nach Ansicht der meisten „Ökonomen" aber dennoch der grundsätzliche Trend der tatsächlichen Preisentwicklung für erschöpfbare Ressourcen wider. „Aus Gründen des Ausgleichs der in verschiedenen Anlageobjekten erzielbaren Rendite müssen in einem solchen System marktwirtschaftlicher Lenkung die Netto-Preise für erschöpfbare Ressourcen laufend ansteigen. Das folgt aus der Ratio der Konkurrenz in der Kapitalwirtschaft und dient ferner durchaus der bestmöglichen Allokation der knapper werdenden Ressourcen. ... Die Leistungsfähigkeit des marktwirtschaftlichen Preismechanismus bei der Lenkungsaufgabe erweist sich somit auch im Falle erschöpfbarer Ressourcen. Die steigenden Preise sind das Spiegelbild fortschreitender Erschöpfung."[40] Die Geschwindigkeit des Preisanstiegs ist dabei positiv mit dem Marktzinssatz *r* korreliert. *Ohne abrupte Änderung von r kann man davon ausgehen, daß die Preisentwicklung kontinuierlich verläuft. Somit braucht sich die Wirtschaft nur allmählich auf die sich ändernden Bedingungen einzustellen.* Dem Zeitbedarf der Substitutionsprozesse wird somit automatisch Rechnung getragen. In den Augen der „Ökonomen" hat eine solche marktinduzierte Durchsetzung des Substitutionsprinzips zwei entscheidende Vorteile: Zum einen erlaubt sie individuelle Anpassungen der einzelnen Marktteilnehmer. Jeder kann sich auf die Datenänderung so einstellen, wie es für ihn unter seinen individuellen Bedingungen am günstigsten ist. Ein Verlust an ökonomischer Effizienz wird auf diese Weise soweit wie möglich vermieden. Zum anderen ist weder eine bewußte Koordination der einzelnen Marktteilnehmer noch eine besondere Berücksichtigung zukünftiger Generationen bei den heutigen Entscheidungen erforderlich. Man kann mit gutem Gewissen die zukünftigen Generationen sich selber überlassen. Ohne weiteres Zutun sorgt der Markt dafür, daß die längerfristigen Interessen der Gemeinschaft Berücksichtigung finden.

---

39 Bei Hotelling (1931) ergab sich diese Regel allerdings auf eine andere Weise, und zwar als Bedingung für ein Gleichgewicht auf Zukunftsmärkten. Vgl. hierzu auch Weinstein / Zeckhauser (1974). Zur Untermauerung der Position der „Ökonomen" wird die Hotelling-Regel explizit z.B. von Vickrey (1967), Kay / Mirrlees (1975, 159 f.), Houthakker (1976) und Helmstädter (1979) herangezogen.

40 Helmstädter (1979, 146 f.).

### *1.4. Zur Relativierung der Position der „Ökonomen"*

Beim Vergleich der beiden Positionen stellt man zunächst fest, daß den „Ökonomen" zumindest die Korrektur einiger zu naiver Vorstellungen der „Ökologen" gelingt. So konstatieren die „Ökonomen" zurecht, daß

– die intuitive Vorstellung von der Erschöpfbarkeit natürlicher Ressourcen irreführend ist,

– die Abhängigkeit der Produktion von erschöpfbaren Ressourcen im Zeitablauf keineswegs konstant bleibt, sondern auf längere Sicht beträchtliche Substitutionsmöglichkeiten bestehen und

– der Markt keineswegs blind gegenüber den Belangen zukünftiger Generationen sein muß, sondern bereits in den aktuellen Rohstoffpreisen eine erst in späteren Zeiten drohende Rohstoffverknappung antizipieren kann.

Allerdings fallen die „Ökonomen" gleichsam von einem Extrem ins andere: Zwar führen die von ihnen genannten Faktoren sicherlich zu einer Entschärfung des Rohstoffproblems – inwieweit sie aber einen hinreichenden Schutz für die ökonomische Wohlfahrt zukünftiger Generationen zu gewährleisten vermögen, ist eine ganz andere Frage[41]. Dem Unterschied zwischen der bloßen Möglichkeit bzw. Wahrscheinlichkeit einer Entwicklung und ihrem sicheren Eintreten schenken die „Ökonomen" zu wenig Beachtung. In ihrer Argumentation ist somit die Gefahr angelegt, daß an die Stelle des übertriebenen Pessimismus der „Ökologen" ein ähnlich fragwürdiger Optimismus tritt, der auf eine automatisch und reibungslos erfolgende Durchsetzung des Substitutionsprinzips vertraut und die dabei auftretenden Risiken vernachlässigt.

Welche Gründe im einzelnen zu einer solchen Skepsis gegenüber der Position der „Ökonomen" berechtigen, soll im folgenden näher erläutert werden. Die dabei vorgebrachten Argumente lassen sich wiederum in zwei Gruppen einteilen. Zur ersten gehören die Argumente, die sich auf eher technische Bedingungen der Sicherung intergenerationeller Gerechtigkeit bei erschöpfbaren Ressourcen beziehen, zur zweiten gegen solche, bei denen es um die Fähigkeit des Marktes zur Erreichung entsprechender Allokationen geht.

#### a) Die Problematik der Substituierbarkeitshypothese

Die Prämissen, auf denen der technologische Optimismus der „Ökonomen" beruht, kann man in verschiedener Hinsicht in Frage stellen. So ist die Hoff-

---

[41] Vgl. etwa Lecomber (1979, 29): „Limits to growth are not a certainty but they remain worrying as a possibility. It may even be that, since resource depletion and population growth are involved, resources limitations ... involve a fall in living standards."

nung auf einen schrittweisen Übergang zu „schlechteren" Rohstofflagerstätten nur dann gerechtfertigt, wenn die Rohstoffreserven bei einer allmählichen Zunahme der tolerierten Gewinnungskosten kontinuierlich wachsen[42]. Nur dann scheint die *bruchlose* Anpassung („smooth adjustment") der Wirtschaft an die Rohstoffverknappung, von der die „Ökonomen" ausgehen, wahrscheinlich. Zumindest bei einigen Rohstoffen wird aber mittlerweile bezweifelt, daß sich deren Bestände tatsächlich gleichmäßig auf die verschiedenen Qualitätsstufen verteilen. Beispielsweise hält man zum Teil für die geochemisch knappen Metalle (wie etwa Kupfer) eine bimodale Verteilung für wahrscheinlicher, bei der es vorwiegend „gute" und „schlechte", jedoch kaum Lagerstätten mittlerer Qualität gibt[43]. Der Abbau der „schlechten" Vorkommen ist aber u.U. bereits derart aufwendig, daß in den hohen Gewinnungskosten das eigentliche Rohstoffproblem liegt. Lange vor der endgültigen physischen Erschöpfung einer Ressource kann ihre Nutzung bereits prohibitiv teuer geworden sein[44]. Dazu kommt, daß zur Extraktion und Aufbereitung erschöpfbarer Ressourcen selber wieder Rohstoffe nötig sind. Es scheint deshalb denkbar, daß bei Übergang zu immer schlechteren Lagerstätten der für Konsumzwecke verfügbare Nettoertrag an Rohstoffen immer geringer und schließlich sogar negativ wird. Zur Bereitstellung einer bestimmten Rohstoffmenge wäre dann ein insgesamt größerer Rohstoffeinsatz erforderlich. Wenn man nun bei der Bestimmung preisabhängiger Rohstoffreserven den naheliegenden Fehler begeht, die einzelnen Ressourcen zunächst isoliert zu betrachten und die Preise der jeweils anderen konstant zu setzen, gelangt man so möglicherweise zu stark überhöhten Einschätzungen der Rohstoffverfügbarkeit. Berücksichtigt man hingegen die Input-Output-Relation zwischen den verschiedenen Rohstoffen, muß das Urteil wohl wesentlich pessimistischer ausfallen. Dann erscheint es beispielsweise fraglich, wieviele der in der Erdkruste vorhandenen Mengen eines Rohstoffs überhaupt für ökonomische Zwecke nutzbar gemacht werden können[45]. Viele Vorkommen mineralischer Rohstoffe mit geringem Konzentrationsgrad werden sich wahrscheinlich nur dann jemals in rentabler Weise nutzen lassen, wenn billige Energie in reichem Maße zur Verfügung steht, was selber fragwürdig ist[46]. Die Vermutung, daß durch ein allmähliches Ausweichen auf Rohstofflagerstätten geringerer Qualitätsstufe das Problem der Rohstoffverknappung allenfalls hinausgeschoben werden kann, hat somit einiges für sich.

Auf längere Sicht scheinen aber auch die anderen von den „Ökonomen" angeführten Möglichkeiten zur Bewältigung der Rohstoffproblematik aus prin-

42 Vgl. hierzu auch Smith / Krutilla (1982, 29 f.).

43 Eine solche Hypothese vertritt etwa Skinner (1976). Vgl. auch Harris / Skinner (1982).

44 Vgl. etwa Nordhaus (1974, 25).

45 Vgl. Breyer / Reiss (1981).

46 Vgl. etwa Goeller / Weinberg (1976), Goeller (1979), Kirchgäßner 1980).

zipiellen Gründen begrenzt. So verhindert das „Entropiegesetz", daß ein noch so perfektes Recyclingsystem für einen vollkommen geschlossenen Materialkreislauf sorgen kann. In jeder Periode geht ein gewisser Bruchteil der eingesetzten Rohstoffmenge verloren, so daß der insgesamt noch vorhandene Bestand im Zeitablauf immer kleiner wird und schließlich gegen Null strebt[47]. Zudem bestehen grundsätzliche Bedenken gegen das Substitutionskonzept der „Ökonomen", wie es im Solow-Modell zum Ausdruck kommt[48]. In diesem Modell wird ja unterstellt, daß die Produktion einer bestimmten Outputmenge letztendlich mit verschwindend geringen Einsätzen erschöpfbarer Ressourcen bestritten werden kann. Zur Vereinfachung einer rein theoretischen Argumentation kann eine derartige Annahme zwar brauchbar sein, großen Realitätsgehalt dürfte sie jedoch nicht besitzen[49]. Wesentliche ökonomische Prozesse werden bis zu einem gewissen Grade immer an stoffliche Substanzen gebunden bleiben und zu ihrer Aufrechterhaltung somit nicht ohne einen gewissen Mindesteinsatz an nicht regenerierbaren Ressourcen auskommen können. So setzt etwa der 2. Hauptsatz der Thermodynamik einer Substitution nicht regenerierbarer Primärenergieträger allein durch produziertes Kapital von vornherein eine natürliche Grenze. „One must have a very erroneous view of the economic process as a whole not to see that there are no material factors other than natural resources. To maintain further that 'the world can, in effect get along without natural resources' is to ignore the difference between the actual world and the garden of Eden."[50] Vor dem Hintergrund dieser grundsätzlichen Kritik kann den „Ökonomen" schließlich auch vorgeworfen werden, daß sie Vorstellungen, die im Rahmen kurz- und mittelfristiger Betrachtungen durchaus ihre Berechtigung haben mögen, unbesehen auf längere Zeiträume übertragen. Selbst wenn heute und in naher Zukunft die Produktionselastizität des produzierten Kapitals höher als die der erschöpfbaren Ressourcen sein sollte, ist damit noch lange nicht garantiert, daß sie dies auch längerfristig bleiben wird. Zwar ist durchaus vorstellbar, daß sich auf absehbare Zeit durch die Ausnutzung von Substitutionsmöglichkeiten, wie sie im Solow-Modell beschrieben werden, ernsthafte Rohstoffkrisen abwenden lassen. Ob auf diese Weise zeitlich weit entfernten Generationen zu ihrem Recht verholfen werden kann, steht jedoch auf einem ganz anderen Blatt.

47 Vgl. z.B. Solow (1974 b, 2).

48 Vgl. hierzu allgemein Georgescu / Roegen (1975, 1979) sowie Smith / Krutilla (1979 a, b, c).

49 Vgl. Smith / Krutilla (1979 a, 389), die in bezug auf das Solow-Modell bemerken: „While such smooth mathematical substitutions are convenient analytically, they may well grossly misrepresent the available technological options."

50 Georgescu / Roegen (1975, 362). Vgl. in diesem Zusammenhang auch Ströbele (1982), der mit der Existenz thermodynamischer Minima bei der Bereitstellung von Nutzenergie gegen die Anwendung des Solow-Modells im Energiebereich argumentiert. Als einzige Möglichkeit zur Vermeidung eines

Zweifel am Optimismus der „Ökonomen" scheinen deshalb angebracht. Zwar folgt aus den vorgetragenen Argumenten nicht, daß die Nutzung erschöpfbarer Ressourcen zwangsläufig zu intergenerationellen Ungerechtigkeiten führen muß. Jedoch geht aus ihnen hervor, daß zukünftige Generationen zumindest einem entsprechenden Risiko ausgesetzt sind, das um so ausgeprägter ist, je schwächer die einer ökonomischen Verknappung erschöpfbarer Ressourcen entgegenwirkenden Faktoren sind[51]. Die von den „Ökonomen" postulierte Gleichsetzung zwischen Rohstoffen und anderen Arten des Kapitals wird damit fraglich. *Vielmehr muß in der Gefahr der Nichtersetzbarkeit ein wichtiges Unterscheidungsmerkmal gesehen werden, durch das sich erschöpfbare Ressourcen deutlich vom übrigen Kapital abheben.* Im Gegensatz etwa zu „Natürlichkeit" oder auch „physischer Erschöpfbarkeit" scheint dieses Unterscheidungskriterium auch aus ökonomischer Perspektive sinnvoll. Auf seiner Grundlage gewinnt die von den „Ökologen" erhobene Forderung nach einem sparsamen Umgang mit erschöpfbaren Ressourcen einen etwas anderen Sinn. Es geht jetzt nicht mehr einfach darum, zukünftigen Generationen den ihnen zustehenden Anteil an den Rohstoffvorkommen zu reservieren. Stattdessen erhält die Konservierung erschöpfbarer Ressourcen jetzt den Charakter einer Versicherung, die zukünftigen Generationen für den Fall Optionen offenhalten soll, daß adäquate Substitute für eine erschöpfbare Ressource nicht rechtzeitig zur Verfügung stehen. Auf diese Weise wird dann insbesondere dafür gesorgt, daß der Ökonomie ein ausreichender zeitlicher Spielraum für eine Anpassung an die Rohstoffverknappung verbleibt. Zukünftigen Generationen soll auf alle Fälle eine faire Chance gesichert werden, auf einer ausreichenden materiellen Grundlage neue, weniger rohstoffintensive Verfahren entwickeln und erproben zu können. Gerade die in der Konzeption der „Ökonomen" so wichtige Bruchlosigkeit des Strukturwandels wird damit zu einem Hauptanliegen ihrer in dieser Weise argumentierenden Kritiker. „Entscheidend ... ist der *Zeitgewinn*, der es künftigen Generationen ermöglicht, neue Formen des Wirtschaftens, der Güterproduktion und des Zusammenlebens vorzubereiten und anzuwenden, die ihnen Sicherheit und das Überleben gewährleisten. Durch diese Streckung

ökonomischen Zusammenbruchs sieht Ströbele auf längere Sicht nur den Übergang zu einer unerschöpflichen Energiequelle (Sonnenenergie, Brütertechnologie, Kernfusion), d.h. einer energetischen Backstop-Technologie. Etwas Derartiges dürften aber auch Dasgupta / Heal (1979, 212) im Auge haben, wenn sie zur Verteidigung des Solow-Modells anführen, „that the provision of a certain energy flow is implied by the provision of a flow of capital services". Man denkt dann etwa an den zur Nutzung der Brütertechnologie erforderlichen Kapitalaufwand. Zumindest auf der Ebene eines reinen Denkmodells scheinen sich somit auch die von Ströbele anvisierten Substitutionsmöglichkeiten unter das Solow-Modell fassen zu lassen.

[51] Vgl. v.a. Page (1977 b, 66): „As we physically deplete the resource base, we impose a risk burden upon the future, a risk burden that we will not develop alternative technology and substitutes in a timely fashion."

der Ressourcenvorräte werden auch mögliche abrupte Versorgungsbrüche vermieden, die auftreten können, wenn man sich auf die ‚unendliche' Reihenfolge möglicher Substitutionen mit Hilfe der Technologie verläßt, die Technologie aber doch nicht rechtzeitig bereitgestellt wird."[52]

### b) Kritik am übertriebenen Vertrauen in den Markt

Auch die „Ökonomen" behaupten nicht, daß der Markt in jedem Falle eine perfekte Zukunftsvorsorge garantiere. So gestehen sie den „Ökologen" durchaus zu, daß Öffentliche-Guts-Phänomene und externe Effekte im Einzelfall zur vorzeitigen Erschöpfung von Rohstoffbeständen führen können[53]. Ihr prinzipielles Vertrauen in die Fähigkeit des Marktes, drohende Rohstoffengpässe so frühzeitig zu antizipieren, daß durch allmählich einsetzende Substitutionsprozesse größere Nachteile für die kommenden Generationen vermieden werden können, bleibt davon allerdings unberührt. An dieser optimistischen Grundhypothese der „Ökonomen" ergeben sich aber einige Zweifel, wenn man näher überlegt, welche „Leistungen" aufgrund der herkömmlichen Theorien zu seiner Rechtfertigung vom Markt eigentlich nur erwartet werden können. Dann zeigt sich nämlich, daß intertemporale Allokation erschöpfbarer Ressourcen eine Reihe neuer Probleme schafft, die der Markt nicht mit der von den „Ökonomen" unterstellten Selbstverständlichkeit zu bewältigen vermag[54].

α) Aus der *Perspektive der neoklassischen Theorie* kann man vom Markt, was die Verwirklichung intergenerationeller Gerechtigkeit angeht, von vornherein nicht allzu viel erhoffen. Dies beruht auf einem allgemeinen, nicht speziell auf die intertemporale Problematik bezogenen Sachverhalt: Selbst ein im neoklassischen Sinne perfekt funktionierender Markt garantiert ja immer nur die Herstellung effizienter Allokation auf der Basis einer gegebenen Ausgangsverteilung zwischen den verschiedenen Marktteilnehmern, nicht jedoch die Durchsetzung bestimmter distributiver Zielsetzungen. „Die marktinduzierte intertemporale Verteilung des Verbrauchs von erschöpfbaren Ressourcen

52 Binswanger / Bonus / Timmermann (1981, 44).

53 So weist etwa Kapp (1979, 99 ff.) auf die vielfach unzulängliche Abgrenzung privater Eigentumsrechte bei Rohölbeständen hin. Dieses Argument akzeptiert aber auch Hayek (1971, 455), wenn er vom „Problem der Nachbarschaftswirkungen, die in gewissen Fällen zu verschwenderischen Ausbeutungsmethoden führen können", spricht.

54 Eine Zusammenstellung möglicher Marktunvollkommenheiten bei der Rohstoffallokation ist Bestandteil fast jeder Einführung in die Ressourcenökonomie. Vgl. etwa Peterson / Fisher (1977, v.a. 700 ff.), Howe (1979, v.a. 98 ff.), Lecomber (1979, 83 ff.), Webb / Ricketts (1980, 66 ff.), Siebert (1981 a, 34 ff.). Anders als dort sollen hier die Einwände gegen den Markt direkt auf das Ziel intergenerationelle Gerechtigkeit bezogen werden.

braucht nicht irgendwie in einem höheren Sinne ‚gerecht' zu sein."[55] Insbesondere muß sich so auch im neoklassischen Idealfall, in dem sich alle Angehörigen aller kommenden Generationen an einem „gigantischen intertemporalen Walras-Markt"[56] beteiligen, um bereits heute die Allokation erschöpfbarer Ressourcen und aller anderen Kapitalgüter für alle Zukunft festzulegen, keineswegs der im Solow-Modell beschriebene Zustand einer absoluten Gleichverteilung ergeben. Allerdings wäre die Erreichung eines solchen „intertemporal competitive equilibrium"[57] nicht völlig ohne Bedeutung für das Ziel intergenerationeller Gerechtigkeit. Die zukünftigen Generationen erhielten immerhin die Möglichkeit zur Artikulation ihrer Nachfrage nach erschöpfbaren Ressourcen. Ihre Chancen, sich einen fairen Anteil an den Erträgen aus der Rohstoffnutzung zu sichern, würden dadurch beträchtlich erhöht[58]. Zumindest ließen sich auf diese Weise *die* Benachteiligungen zukünftiger Generationen, die nicht auf einer Ungleichheit der Ausgangsverteilungen, sondern lediglich auf einem Mangel an marktlicher Koordination beruhen, vermeiden. Von daher könnte – wie etwa Solow meint – das Allokationsergebnis, das von einem vollständig ausgebildeten Zukunftsmarkt unter Beteiligung aller zukünftigen Generationen zustande gebracht würde, auch im Hinblick auf das Gerechtigkeitsziel eine gewisse normative Legitimation für sich beanspruchen: „If the whole infinite sequence of futures markets for resource products could actually take place and find equilibrium, I might be inclined to accept the result ..."[59].

Die Realität ist jedoch von den Bedingungen dieses neo-klassischen Modells sehr weit entfernt. Zukünftigen Generationen bleibt ja die Beteiligung an heute stattfindenden Markttransaktionen prinzipiell verwehrt. Sie spielen immer nur die Rolle von Betroffenen, welche die Resultate der von ihren Vorgängern vorgenommenen Allokationen als unabänderliche Daten zu akzeptieren haben. Anstatt eines „full or long run equilibrium" ist dann allenfalls eine Folge von „short run equilibria" zu erwarten[60], bei denen der Markt gewissermaßen auf

55 v. Weizsäcker (1979, 797). Vgl. ebenso Page (1977 a, 9), Dasgupta / Heal (1979, 256), Stiglitz (1979, 49).

56 Page (1977 b, 64).

57 Vgl. hierzu Dasgupta / Heal (1979, 159 ff. u. 227 ff.) sowie die allgemeinen Ausführungen bei Shell / Stiglitz (1967, 604 f.).

58 Im Falle des einfachen Cake-Eating-Modells ist dieser Sachverhalt besonders leicht einzusehen. Vgl. hierzu etwa Dasgupta / Heal (1979, 161 ff.).

59 Solow (1974 b, 9). Daß sich aber das Problem der Herstellung intergenerationeller Gerechtigkeit als Verteilungsproblem i.e.S. nicht vollständig auf allokative Zielsetzungen reduzieren läßt, räumt Solow dadurch ein, daß er den soeben zitierten Satz gleich wieder durch die folgende Bemerkung einschränkt: „... though I would like to know who decides the initial endowments within and between generations." Bei dieser eher vagen Aussage bleibt es. Welchen genauen Zusammenhang Solow im konkreten Fall zwischen allokativen und distributiven Zielsetzungen sieht, macht er nicht weiter deutlich.

60 Vgl. hierzu bereits allgemein Arrow / Hahn (1971, 48 ff.).

kurz- bis mittelfristige Sicht perfekt funktioniert. Diese kurzfristigen Gleichgewichte können auf verschiedene Weise zustande kommen. So kann man zum einen von der Annahme ausgehen, daß Zukunftsmärkte begrenzter zeitlicher Reichweite existieren, auf denen Käufe und Verkäufe erschöpfbarer Ressourcen zumindest für gewisse Zeitabstände im voraus getätigt werden. Ebenso kann man sich aber auch vorstellen, daß die Rohstoffbesitzer die von ihnen erwarteten Wertsteigerungen für ihre Bestände immer realisieren und so niemals Anlaß zur Revision ihrer Pläne haben. Die kurzfristigen intertemporalen Gleichgewichte sind dann die Folge korrekter Preisprognosen, weshalb man diesen Fall auch als „perfect myopic foresight case" bezeichnet[61]. Bei der Aneinanderreihung solcher Periodengleichgewichte entwickeln sich die Rohstoffpreise während des gesamten Zeitablaufs gemäß der Hotelling-Regel. Dadurch werden Anpassungen an die Rohstoffverknappung in die Wege geleitet, die zu einer gewissen Annäherung an das Ziel intergenerationeller Gerechtigkeit führen. Jedoch kommt es auf den entsprechenden Hotelling-Pfaden immer nur zur Realisierung lokaler Optima, deren Lage lediglich von den in einer bestimmten Periode erfolgenden *Veränderungen* relativer Knappheiten abhängt. Von Generation zu Generation wird gewissermaßen immer nur die jeweils ererbte Preisstruktur richtig *fortgeschrieben*, ob aber die Anfangswerte im Hinblick auf längerfristige Belange adäquat gesetzt waren, wird im Verlauf dieses Prozesses später nicht mehr geprüft[62]. Wenn etwa der Rohstoffpreis in der ersten Periode, gemessen am Ressourcenbedarf der späteren Generationen, zu niedrig war, bleibt er es im gesamten Zeitverlauf, und der Rohstoff wird – genauso wie die „Ökologen" befürchten – vorzeitig erschöpft. Im Extremfall kann der Verbrauchspfad zwar der Hotelling-Regel folgen, die entsprechende Ressource aber dennoch während einer Periode aufgebraucht sein[63]. Zur Ermittlung der „richtigen" Anfangspreise wäre aber die Berücksichtigung der langfristigen Nachfrageentwicklung erforderlich, die der Markt mangels Beteiligung zukünftiger Generationen nicht ohne weiteres zu leisten vermag. Insbesondere gehen so in die Marktpreise für erschöpfbare Ressourcen nicht automatisch alle für eine Allokation relevanten Informationen ein. Deshalb können die Preise für erschöpfbare Ressourcen nicht dieselbe normative Bedeutung haben wie die Preise für produzierte Konsumgüter. Während man in der Regel die Preisrelation zwischen Brot und Wein als brauchbaren Indikator dafür ansehen kann, um wieviel das eine Gut „knapper"[64] als das andere ist, trifft dies

61 Vgl. hierzu auch Nordhaus (1979, 536), Stiglitz (1974 b, 141 ff.) sowie Dasgupta / Heal (1979, 227 ff.).

62 Vgl. Dasgupta / Heal (1979, 239).

63 Vgl. Mishan (1981, 498 ff.) sowie die allgemeinen Überlegungen bei Mishan (1979). Daß Hotelling-Pfade zu erheblichen Verteilungsungerechtigkeiten zwischen den Generationen führen können, bemerkt auch bereits Pearce (1975).

64 Vgl. zu dieser Interpretation von Preisen etwa Binswanger / Bonus / Timmermann (1981, 90 ff.), die davon sprechen, daß im Idealfall der Marktpreis

für die Preisrelation zwischen Brot und Rohöl viel weniger zu. Die Erschöpfbarkeit eines Rohstoffs bedeutet ja ex definitione, daß dessen Nutzungen zu verschiedenen Zeitpunkten und durch verschiedene Generationen in Konkurrenz zueinander stehen. Aufgrund des Fehlens von Zukunftsmärkten kommt diese intertemporale Verwendungskonkurrenz in den heutigen Marktpreisen für erschöpfbare Ressourcen höchstens zufällig in korrekter Form zum Ausdruck. Auch Preise, die sich nach der Hotelling-Regel entwickeln, sind so als Indikatoren für die Knappheit erschöpfbarer Ressourcen nur beschränkt aussagefähig.

Im Prinzip kann es derartige Fehlallokationen nicht nur bei erschöpfbaren Ressourcen, sondern auch bei allen anderen Kapitalgütern geben. Jedoch unterscheiden sich die für zukünftige Generationen jeweils möglichen Folgen ganz beträchtlich. Zwar sind die Effekte einer Kapitalüberakkumulation immer in etwa dieselben und entsprechen im großen und ganzen denen, die sich bei einem zu langsamen Abbau erschöpfbarer Ressourcen aufgrund eines zu hohen Anfangspreises ergeben. Der Konsum bleibt dann im gesamten Zeitablauf auf einem zu niedrigen Niveau, und die Produktionsmöglichkeiten werden nicht in effizienter Weise genutzt[65]. Im Falle einer Kapitalunterakkumulation sind jedoch die bei einem falschen Umgang mit erschöpfbaren Ressourcen drohenden Konsequenzen viel dramatischer als bei anderen Kapitalgütern. So kann bei einem Wachstum ohne erschöpfbare Ressourcen allenfalls die Wohlfahrtssteigerung zu gering ausfallen. Eine absolute Verminderung des Wohlfahrtsniveaus ist jedoch in der Regel ausgeschlossen. Zudem besteht in diesem Fall zu jedem Zeitpunkt immer noch die Möglichkeit, einen irrtümlich eingeschlagenen Akkumulationspfad zu verlassen und bis zu einem gewissen Grade die bisherigen Fehler wiedergutzumachen. Bei erschöpfbaren Ressourcen ist dies jedoch anders. Die Folgen eines zu schnellen Abbaus bzw. einer zu geringen Kapitalakkumulation können hier irreversibel sein. Folgt man bei der Allokation erschöpfbarer Ressourcen zu lange einem falschen Pfad, so werden dadurch die ursprünglich existierenden Korrekturmöglichkeiten beträchtlich

---

eines Gutes mit dessen „Knappheitspreis“ (= „Maß für ungestillte Bedürfnisse) übereinstimmt. In dieser Konzeption des Knappheitspreises schwingen deutlich Vorstellungen von einem „gerechten“ Preis mit. So ist etwa davon die Rede, daß Markt- und Knappheitspreise aufgrund einer ungerechten Kaufkraftverteilung in der Bevölkerung auseinanderfallen können. – Daß speziell im Falle erschöpfbarer Ressourcen (104 ff.) Markt- und Knappheitspreise in der Regel nicht übereinstimmen, wird von Binswanger / Bonus / Timmermann durch die zusätzliche Annahme einer „Kurzsichtigkeit des Verbrauchers der Zukunft gegenüber“ begründet. Ein Bezug zum Externalitätenkonzept wird an dieser Stelle von ihnen aber nicht hergestellt, obwohl sich dies gerade im Hinblick auf die intergenerationellen Aspekte im Rahmen ihrer Überlegungen anbieten würde.

65 Vgl. hierzu Stiglitz (1974 b, 151; 1979, 50) sowie Kay / Mirrlees (1975, 165).

reduziert. Wenn wichtige Rohstoffe erst einmal aufgebraucht sind, können die Chancen für einen reibungslosen Übergang zu Substitutionstechnologien bereits verspielt sein. Auf diese Weise kommt das bei der Nutzung erschöpbarer Ressourcen zukünftigen Generationen auferlegte Risiko, durch das sich diese Rohstoffe gerade von anderen Arten des Kapitals abheben, bei einer Allokation durch den Markt voll zum Tragen.

Der Übergang vom eigentlichen neoklassischen Ideal eines „(full) long run equilibrium" zu „short run equilibria" bedeutet bereits eine beträchtliche Einschränkung der Ansprüche, die man an den Markt stellt. Ob das tatsächliche Marktgeschehen immerhin diesen reduzierten Erwartungen genügt, erscheint jedoch auch höchst zweifelhaft. Die „user costs", durch deren Einbeziehung gerade den zukünftigen Belangen Rechnung getragen werden soll, sind ja nicht selber durch Marktpreise bestimmt[66]. Ihre Höhe bemißt sich vielmehr an Spekulationen über die zu erwartende Preisentwicklung[67]. Gegenüber dem „Firmeninhaber", wie ihn die neoklassische Theorie üblicherweise unterstellt, verfügt der „Minenbesitzer" bei seiner Produktionsentscheidung über mehr Freiheitsgrade, die er in Abhängigkeit von seinen subjektiven Prognosen in unterschiedlicher Weise ausfüllen wird. Die Preisentwicklung bei erschöpfbaren Ressourven scheint somit nur wenig determiniert. Je nachdem, auf welche Weise die Erwartungen gebildet werden, können sich ganz unterschiedliche Entwicklungen ergeben[68]. Aufgrund der Erwartungsabhängigkeit der Preise für erschöpfbare Ressourcen besteht auf den entsprechenden Märkten somit nicht zwangsläufig eine Tendenz zu gleichgewichtigen Allokationen. Daß sich in der Realität die Preispfade Gleichgewichtslösungen annähern, kann lediglich als „unlikely eventuality"[69] gelten. Resultierende Gleichgewichtspfade sind u.U. extrem instabil. Preisentwicklungen, die sich unter plausiblen Annahmen über die Art der Erwartungsbildung ergeben, entfernen sich im Zeitablauf möglicherweise immer mehr vom Gleichgewicht. Dieser Fall tritt etwa dann ein, wenn von den Marktteilnehmern das Preisverhalten in der Vergangenheit immer in die Zukunft extrapoliert wird. Ein einmal eingeschlagener Trend setzt sich dann dauernd fort, und ein kontinuierlicher Preisverfall für erschöpfbare Ressourcen kann die Folge sein[70]. Zudem wird durch den starken Einfluß subjek-

---

66 Vgl. etwa Nordhaus (1973, 536).

67 Die Erwartungsabhängigkeit der Preisbildung bei erschöpfbaren Ressourcen wird von den meisten Ressourcenökonomen als mögliche Quelle von Fehlallokationen genannt, so etwa von Lecomber (1979, 89): „... mine-owners and others must base their decisions on their own *expectations*. Clearly, at the very best, decisions can only be as good as the expectations on which they are based." Vgl. hierzu aber auch z.B. Stiglitz (1975, 57) oder Dasgupta / Heal (1979, 441).

68 Vgl. etwa Heal (1981, 350).

69 Heal (1975 a, 125).

70 Vgl. etwa Heal (1975 b, 221).

tiver Faktoren die Preisbildung für erschöpfbare Ressourcen anfälliger für sprunghafte Entwicklungen und damit insgesamt weniger kalkulierbar. Starke Preisschwankungen können ja allein durch Umschwünge in der *Interpretation* der ökonomischen Verhältnisse ausgelöst werden[71], die in der Regel wesentlich unvermuteter erfolgen können, als Veränderungen der Realität selber. Auch ein falsches Gerücht über die bevorstehende Erfindung einer backstop-Technologie im Energiebereich führt eventuell zu einem starken Rückgang der Preise herkömmlicher Energieträger, die der erhofften Durchsetzung des Substitutionsprinzips entgegenwirkt und damit den längerfristigen ökonomischen Erfordernissen widerspricht.

Damit ist ein zentrales Zusatzargument der „Ökonomen" entkräftet. Selbst wenn vom Markt nicht erwartet werden kann, daß er das Problem der intergenerationellen Gerechtigkeit mit erschöpfbaren Ressourcen für alle Ewigkeit perfekt löst, so könnten trotzdem die über kürzere bis mittlere Zeiträume hinweg erfolgenden Anpassungsschritte zumindest in die richtige Richtung führen und dabei den von den „Ökonomen" angenommenen „glatten" (smooth) Verlauf nehmen. Aufgrund der zu befürchtenden Unstetigkeit der Preispfade ist mit einer solchen Entwicklung in der Wirklichkeit aber kaum zu rechnen. Daß neoklassisch orientierte Ökonomen, die dem Markt an sich wohlwollend gegenüberstehen, sich hinsichtlich seiner Fähigkeit zur „richtigen" intertemporalen Allokation erschöpfbarer Ressourcen zum Teil aber skeptisch äußern, ist so insgesamt gesehen kaum überraschend. So stellt etwa Stiglitz fest: „... the essential function of the extractive industry is one of intertemporal resource allocation, and accordingly the absence of future markets seriously impairs its ability to perform this, its central function, well."[72]

β) Manchen Autoren erscheint es grundsätzlich fraglich, inwieweit der neoklassische Ansatz im Hinblick auf das Problem der intertemporalen Allokation zu einem angemessenen Verständnis des Marktmechanismus verhelfen kann[73]. So werden wohl auch viele „Ökonomen" die aus neoklassischer Perspektive vorgebrachte Kritik von vornherein zurückweisen und demgegenüber die grundsätzlichen Aspekte ihrer Argumentation betonen, bei denen es nicht so sehr

---

71 So z.B. Dasgupta / Heal (1979, 446): „..., it seems that the change in market behaviour in the early 1970s followed, ..., not from any fundamental economic changes but from changes in people's *interpretation* of the economic circumstances, and in particular from changes in their interpretation of the long-run balance between supply and demand in the oil market." Vgl. auch Solow (1974 b, 7).

72 Stiglitz (1976, 59). Vgl. hierzu aber auch Solow (1974 b, 9), Nordhaus (1973, 537), SVR (1977, 204), Sievert (1977, 596), Dasgupta / Heal (1979, 242).

73 Vgl. etwa Streißler (1980, v.a. 46 ff.). Streißler vertritt dort sogar die Ansicht, daß die neoklassische Theorie generell mehr Argumente zur Kritik als zur Rechtfertigung marktwirtschaftlicher Ordnungen liefert.

darauf ankommt, wie der Markt im einzelnen funktioniert. Statt der statischen Effizienz des Marktes werden dann dessen *dynamische Effizienzeigenschaften* in den Vordergrund gestellt. Als wichtigster Vorzug der Marktwirtschaft gilt dabei, daß sie besser als jedes andere System die Durchsetzung des ökonomischen Fortschritts fördert und damit automatisch im Sinne zukünftiger Generationen wirkt. Nach Überzeugung der „Ökonomen" ändert sich durch die Abhängigkeit der Produktion von erschöpfbaren Ressourcen an diesem Sachverhalt nichts Prinzipielles, sondern im Gegenteil läßt die Notwendigkeit zu einem reibungslosen ökonomischen Strukturwandel ihnen gerade diese Eigenschaft des Marktes besonders wichtig erscheinen. An der Gültigkeit dieser Hypothese können jedoch erhebliche Zweifel angemeldet werden. Dies wird klar, wenn man sich vor Augen hält, auf welche Vorstellungen sich der Glaube an die fortschrittsfördernde Wirkung des Marktsystems letztlich zurückführen läßt.

Nach der „evolutorischen Theorie des Marktes"[74] beruht der ökonomische Fortschritt in entscheidendem Maße auf der Ansammlung von Wissen. Der Erwerb dieses Wissens ist aber in vielen Fällen nicht durch theoretische Bemühungen allein, sondern nur durch praktische Versuche möglich. Ebenso wie ein einzelnes Individuum kann sich demnach auch die Ökonomie als ganze viele für ihre Weiterentwicklung erforderliche Informationen nur mit Hilfe eines trial-and-error-Verfahrens beschaffen. Experimente können aber immer mit mehr oder weniger günstigen Ergebnissen enden. In der hier skizzierten Konzeption des Fortschritts ist die Möglichkeit ihres Scheiterns von vornherein miteinkalkuliert. Daß Risiken[75] in Kauf genommen werden müssen, wird sowohl auf individueller als auch gesamtwirtschaftlicher Ebene als notwendiger Preis für die Vergrößerung des Wissens angesehen: „Der Mensch lernt nur durch die Enttäuschung von Erwartungen."[76] Die negativen Folgen, die sich aus dem Fehlschlagen eines riskanten Projektes ergeben, gehen aber möglicherweise auch zu Lasten zukünftiger Generationen. Scheitert eine risikoreiche Investition, so wäre ja bei nachträglicher Betrachtung den zukünftigen Generationen mehr damit gedient gewesen, wenn man die vergeblich investierten Mittel für ein sicheres Vorhaben verwendet hätte. Daß es im „Normalfall" trotzdem für die zukünftigen Generationen insgesamt gesehen eher lohnend sein wird, wenn heute riskante Projekte unternommen werden, hat die folgenden Ursachen: Der Schaden, der beim Scheitern eines einzelnen Projektes droht, wird relativ begrenzt sein. Weil in der Marktwirtschaft die „Unternehmer" einen großen Teil des Verlustrisikos eines Projektes selber zu tragen haben, bleibt jedes durchge-

[74] Die Klassiker dieses Ansatzes sind Alchian (1950) und Hayek (1971, 1982). Vgl. auch die Darstellungen bei Kirzner (1978), Röpke (1977, 1980, 1981) und Giersch (1981).

[75] Vgl. zur Rolle des Risikos in der Marktwirtschaft den Übersichtsartikel von Blümle (1980).

[76] Hayek (1971, 40).

führte Investitionsvorhaben im Vergleich zum gesamten Investitionsvolumen einer Volkswirtschaft immer relativ „klein“[77]. Zudem sorgt der Kontrollmechanismus des Wettbewerbs für eine rasche Selektion zwischen den erfolgreichen und den erfolglosen Projekten. Fehlentwicklungen werden auf diese Weise beizeiten entdeckt und korrigiert, so daß eine Akkumulation von Schäden vermieden werden kann. Vor allem aber läßt sich, wenn alle in einer Ökonomie unternommenen Projekte im Zusammenhang betrachtet werden, mit einer weitgehenden Eliminierung des Risikos eines einzelnen Projektes rechnen. Sofern die Ausgänge der einzelnen Vorhaben voneinander unabhängig sind, gleichen sich ihre Risiken aufgrund des Gesetzes der großen Zahl wechselseitig aus. Ein aus verschiedenen Investitionen mit positiven Ertragserwartungen zusammengesetztes Gesamtprodukt führt dann mit großer Sicherheit zu einer Wohlfahrtssteigerung[78]. Schließlich spricht für die marktwirtschaftliche Informationssuche durch trial-and-error-Verfahren auch, daß aus gesamtwirtschaftlicher Sicht nach dem Fehlschlag eines Experimentes nicht schon die Möglichkeiten zu seiner Wiederholung verbaut sind. Es besteht die Chance, aus den begangenen Fehlern zu lernen und ein Projekt eventuell so zu modifizieren, daß es bei einem erneuten Versuch doch noch zum Erfolg wird.

Diese Voraussetzungen, die aus dem Blickwinkel der zukünftigen Generationen ein laissez-faire-System erst rechtfertigen[79], sind im Falle erschöpfbarer Ressourcen jedoch nicht mehr gegeben. Zwar würde das ökonomische Wohlergehen zukünftiger Generationen kaum gefährdet, wenn eine kleine Gruppe von Individuen zu viel von den erschöpfbaren Ressourcen verbrauchen oder zu wenig in den Substitutionskapitalstock investieren würde. In Wirklichkeit ist aber damit zu rechnen, daß infolge zu niedriger Preise alle Marktteilnehmer mit erschöpfbaren Ressourcen zu verschwenderisch umgehen. Die Teilrisiken, welche die einzelnen Marktteilnehmer dabei den zukünftigen Generationen auferlegen, gleichen sich dann nicht mehr wechselseitig aus[80], sondern verursachen in ihrer Gesamtheit das „allgemeine Risiko“ eines sehr großen Wohl-

77 Vgl. z.B. Streißler (1980, 40 f.).

78 Der Kerngedanke dieses Arguments ist v.a. aus der Diskussion um die „richtige“ soziale Diskontrate bekannt. Vgl. etwa die Ausführungen Arrows (1965) und Baumols (1968) zum „risk pooling“. Doch auch bei Alchian (1950, 215) findet sich eine solche Überlegung zumindest angedeutet.

79 So sieht Hayek (1971, 37 ff.) die Freiheit weniger als Selbstzweck, sondern als Mittel zur Verwirklichung des Fortschritts: „Das Wesentliche ist nicht, was für Freiheit ich persönlich ausüben möchte, sondern was für Freiheit irgend jemand braucht, um für die Gesellschaft nützliche Dinge zu tun.“ (Hayek (1971, 42).

80 In ähnlicher Form findet sich auch dieses Argument in der Literatur zur sozialen Diskontrate. Vgl. hierzu etwa Pauly (1970) oder die von Fisher (1973 a, b) und James (1975) vorgebrachten Einwände gegen Arrow / Lind (1970). Näher auf unser spezielles Thema bezogen werden diese Überlegungen durch Haveman (1977).

fahrtsverlustes, der droht, wenn die Rohstoffbasis erschöpft ist, ohne daß ausreichende Substitute zur Verfügung stehen[81]. Anlaß zur Sorge gibt aber nicht nur die Höhe, sondern auch die Endgültigkeit des möglicherweise zu erwartenden Verlustes. Gelingt der Substitutionsprozeß nicht im ersten Anlauf in der erwünschten Weise, so beeinträchtigt der dann eventuell eintretende Mangel an Rohstoffen die Chance für einen weiteren Versuch. Die physische Irreversibilität des Verbrauchs erschöpfbarer Ressourcen verändert die Rahmenbedingungen des Experiments und setzt so seiner Wiederholbarkeit Schranken[82].

Diese Zweifel an der Vorstellung, daß das freie Wirken der Marktkräfte für die optimale Durchsetzung des ökonomischen Fortschritts sorgt, lassen sich aus einer etwas anderen Perspektive auch so formulieren: Die Hypothese erscheint recht überzeugend, daß im Marktsystem sehr gute Möglichkeiten für die Ansammlung ökonomisch relevanten Wissens bestehen. Wäre die ökonomische Wohlfahrt ausschließlich eine Funktion dieses Wissens, ließe sich deshalb auch kaum an den positiven Fortschrittswirkungen der Marktwirtschaft zweifeln. Jedoch hängt die Produktion gleichfalls von erschöpfbaren Ressourcen ab, deren Bestand im Zeitablauf nicht wie der des Wissens immer zu-, sondern abnimmt. Die Gefahr liegt dann darin, daß das Wissen zwar stetig wächst, mit seiner Struktur aber nicht der längerfristigen Knappheitssituation bei Rohstoffen angepaßt ist. Es ergibt sich dann die Möglichkeit, daß ein Substanzverzehr bei den erschöpfbaren Ressourcen einen großen Teil des Fortschritts im Bereich des Wissens zunichte macht. Sind Rohstoffe erst einmal erschöpft, ohne daß adäquate Substitute zur Verfügung stehen, kann man wahrscheinlich viele der bis dahin angesammelten Erkenntnisse nicht länger verwenden. Die Chance, diejenigen Informationen, die man tatsächlich brauchen würde, zu erwerben, hat man aber mittlerweile vielleicht vertan. Die Wissensproduktion hat sich dann nicht in der Weise entwickelt, wie es im Interesse des längerfristigen ökonomischen Bestandserhalts gelegen hätte. Die Freiheit zum Experiment, die aus der Perspektive der Evolutionstheorie des Marktes als Mittel zum Fortschritt gilt, wirkt dann kontraproduktiv.

γ) Diese Einwände gegen den Markt gewinnen dadurch noch an Gewicht, daß die heute lebenden Individuen auf der Basis isoliert vorgenommener Markttransaktionen allein die kommenden Generationen nur eingeschränkt gegen die Risiken einer Rohstoffverknappung absichern können. Der Grund hierfür liegt

---

81 So spricht Ciriacy-Wantrup (1968, 252) in diesem Zusammenhang von der „possibility of immoderate losses".

82 Vgl. Blümle (1981, 287): „Der Wettbewerb arbeitet zwar nach dem Prinzip des konstruktiven Mißtrauensvotums und ersetzt alte Güter erst dann, wenn die neuen gewählt werden, die Frage aber bleibt wie bei der Kanzlerwahl, ob das Alte noch verfügbar ist, wenn das Neue sich nicht bewährt, ob man später überhaupt noch wählen kann, das heißt ob der Evolutionsprozeß reversibel ist."

auf der Hand, wenn einem derartigen Bestreben ein allgemeiner intergenerationeller Altruismus als Motiv zugrunde liegt. Die Garantie eines gewissen Wohlfahrtsniveaus für eine in der Zukunft liegende Generation hat ja aus heutiger Perspektive den Charakter eines öffentlichen Gutes[83]. Wie ein einzelnes Individuum auch immer handeln mag, so kann es das materielle Niveau einer zukünftigen Generation als ganzer nur marginal beeinflussen. Ein rational kalkulierendes Wirtschaftssubjekt wird deshalb in der Regel versuchen, die Position eines „moralischen Freifahrers" einzunehmen und so zu Verzichten zugunsten zukünftiger Generationen nur unter Zwang bereit sein. Allenfalls ist damit zu rechnen, daß ein Individuum dann freiwillig zu gewissen Opfern bereit ist, falls es sicher sein kann, daß eine große Anzahl anderer Individuen in der gleichen Weise handelt[84]. Daß in unserem speziellen Fall die Zukunftsvorsorge die Merkmale eines öffentlichen Gutes trägt, läßt sich aber noch auf eine andere Weise sehen: Auch bei privaten Gütern stellt die Aufrechterhaltung ihrer Verfügbarkeit am Markt zumindest dann ein öffentliches Gut dar, wenn bei eventuell auftretender Nachfrage niemand von der Nutzung des entsprechenden Gutes ausgeschlossen wird[85]. In unserem Beispiel geht es jedoch gerade um die Sicherung solcher Optionen: Zukünftigen Generationen sollen für den Fall Möglichkeiten zur Nutzung erschöpfbarer Ressourcen offengehalten werden, daß ein ausreichender Ersatz nicht rechtzeitig zur Verfügung steht.

Der Wunsch nach Sicherung solcher Optionen muß aber nicht unbedingt altruistischen Motiven entspringen, die sich auf ganze Generationen beziehen. Denkbar ist vielmehr auch, daß die einzelnen Individuen, ohne dabei das Wohlergehen aller Angehörigen kommender Generationen im Auge zu haben, zumindest für die eigenen Nachkommen Vorsorge treffen und sich eine Absicherung zukünftiger Generationen dann als Summe dieser Einzelhandlungen ergibt. Möglichkeiten für solche individuellen Vorkehrungen könnten etwa im Abschluß sehr langfristiger Verträge über die Lieferung von Rohstoffen oder aber in einer ausgedehnten Vorratshaltung liegen. In der Realität dürfte allerdings die Reichweite solcher privater Risikovermeidungsstrategien recht beschränkt sein. So ist auf der einen Seite mit wachsendem zeitlichen Abstand der Vertragspflichten vom Vertragsabschluß die Einhaltung der Verträge immer weniger gesichert[86]. Zudem dürften auf der anderen Seite in den meisten wichtigen Fällen schon bei einem noch relativ „kurzen" Vorsorgezeitraum von ein bis zwei Generationen beträchtliche Kosten für die Lagerhaltung von erschöpfbaren Ressourcen anfallen. Vor allem aber werden Individuen allein dadurch,

---

83 Vgl. hierzu z.B. Marglin (1963) oder Collard (1978, 170 ff.).

84 Vgl. hierzu die Unterscheidung bei Sen (1967) zwischen „isolation paradox" und „assurance problem".

85 Vgl. zum Öffentlichen-Guts-Charakter von Optionen allgemein v.a. Weisbrod (1964), Kahn (1966), Zeckhauser (1969).

86 Vgl. etwa Arrow (1974, 8).

daß ihnen ein gutwilliger Vorfahre die Nutzungsoption auf gewisse Rohstoffmengen gesichert hat, nicht automatisch vor allen bei einer Rohstoffverknappung drohenden Wohlfahrtsverlusten bewahrt. Der Lebensstandard unserer Nachkommen hängt ja nicht allein vom direkten Verbrauch erschöpbarer Ressourcen, sondern in viel stärkerem Maße vom Konsum von Gütern ab, zu deren Produktion selber wieder Rohstoffe nötig sind. Eine Berücksichtigung solcher indirekter Nutzungen erschöpfbarer Ressourcen ließe sich wohl aber nur durch Transaktionen erreichen, die um ein vielfaches komplexer sind als die, welche man auf „normalen" Märkten findet.

## 2. Die Grenzen staatlicher Maßnahmen

### *2.1. Die verschiedenen Ausgangspunkte bei der Begründung staatlicher Eingriffe*

Die eher skeptischen Diagnosen über die Fähigkeit des Marktes zur intergenerationell gerechten Allokation erschöpfbarer Ressourcen scheinen Forderungen nach staatlichen Korrekturmaßnahmen zu bestärken: Falls der Markt insofern versagt, als er die Interessen zukünftiger Generationen vernachlässigt, hat an seiner Stelle eben der Staat für deren ausreichenden Schutz zu sorgen[87]. Trotz der auf den ersten Blick gleichen Ausrichtung ihrer Therapievorschläge besteht zwischen den verschiedenen Befürwortern staatlicher Eingriffe in die Allokation erschöpfbarer Ressourcen genauer betrachtet keine allzu große Übereinstimmung.

So gibt es bereits beträchtliche Differenzen in den Auffassungen über die Funktion des Staates, auf die sich die Forderungen nach staatlichen Interventionen jeweils stützen. Bei weitem nicht nur die „Ökologen" gehen davon aus, daß der Staat der Hüter eines überindividuellen Gemeinwohls ist[88]. Seine Maßnahmen haben sich demgemäß an den Interessen der gesamten Gesellschaft zu orientieren, die aber in zeitlicher Hinsicht weit über die Lebensdauer und den Planungshorizont ihrer einzelnen Mitglieder hinausreicht. „Der Staat hat im Unterschied zum Individuum die Pflicht, so weit zu sehen, wie es unter Zuhilfenahme aller in einer bestimmten Epoche zur Verfügung stehenden Mittel mög-

[87] Vgl. z.B. sowohl Gruhl (1975, 233) als auch Solow (1973, 53).

[88] Diese Auffassung findet sich z.B. auch bei Pigou (1932, 29), der mit Bezug auf Burke (1797) wie folgt argumentiert: „But there is wide agreement that the State should protect the interests of the future *in some degree* against the effects of our irrational discounting and of our preference for ourselves over our descendants. The whole movement for 'conservation' in the United States is based on this conviction. It is the clear duty of Government, which is the trustee for unborn generations as well as for its present citizens, to watch over, and, if need be, by legislative enactment, to defend, the exhaustible natural resources of the country from rash and reckless spoliation."

lich ist."[89] Bei der Begründung staatlicher Maßnahmen zugunsten zukünftiger Generationen dürfte dieser – je nach Autor mehr oder weniger explizit formulierte – „kollektivistische" Ansatz dominieren. Alternativ dazu kann man in den Wirkungen, die vom Handeln einer Generation auf die nachfolgenden Generationen ausgehen, auch Externalitäten sehen, deren Internalisierung man dann mittels eines einfachen Analogieschlusses zum „normalen" intratemporalen Fall zur Aufgabe des Staates erklärt[90]. Da bei solchen *intergenerationellen* Externalitäten eine Lösung nach dem *Coase-Theorem*, d.h. durch direkte Verhandlungen zwischen den Betroffenen, von vornherein ausscheidet, scheint hier im Vergleich zum intragenerationellen Fall sogar noch mehr zugunsten korrigierender Eingriffe des Staates zu sprechen[91]. Wenn man in dieser Weise argumentiert, so liegt die Forderung nach staatlichen Schutzmaßnahmen für zukünftige Generationen keineswegs mehr so fern, wie es aus der Perspektive der Ökonomik auf den ersten Blick vielleicht erscheint[92].

Unterschiede finden sich aber nicht nur bei den Begründungsansätzen, sondern auch in der Art der von den verschiedenen Seiten aus vorgeschlagenen Maßnahmen: So halten gerade die „Ökologen" drastische staatliche Maßnahmen für erforderlich. Zumindest empfehlen sie in der Regel strenge Auflagen für die Nutzung erschöpfbarer Ressourcen und fordern teilweise sogar für den Rohstoffbereich eine völlige Ablösung des Marktes durch ein staatlich organisiertes Rationierungssystem[93]. Auf solche dirigistische Vorschläge trifft aber der folgende – auch aus anderen Zusammenhängen wohl vertraute – Einwand zu[94]: Da der Staat nicht über die zu einer Feinsteuerung einzelwirtschaftlichen Verhaltens notwendigen Informationen verfügen kann, bleiben seine Regelungen notwendigerweise pauschal und undifferenziert. Ein Wirtschaftssubjekt wird dann zu einem ganz bestimmten, gut kontrollierbaren Verhalten gezwungen, so in unserem Fall etwa dazu, bestimmte rohstoffverbrauchende Aktivitäten auf ein gewisses Maß zu beschränken oder den Jahresverbrauch eines Rohstoffes um eine vorgegebene Menge zu reduzieren. Durch derartige Vorschriften wird aber nicht nur die individuelle Freiheit vermindert, sondern es kommt in der Regel auch zu Verlusten an ökonomischer Effizienz. Starre Regelungen

89 Spaemann (1980, 190).

90 Vgl. etwa Frey (1972, 129).

91 Vgl. etwa Lippit / Hamada (1977, 292).

92 Dies sieht z.B. Scott (1973, 107 ff.) nicht, der den Befürwortern einer staatlichen Vorsorge für zukünftige Generationen vorschnell kollektivistische Tendenzen unterstellt.

93 Vgl. etwa Gruhl (1975, 296): „Es muß eine Gewichtung und Zuteilung der Grundstoffe versucht werden. Genau dies ist in den Planwirtschaften seit jeher der Fall, die darum nicht zu Unrecht als Mangelwirtschaften bezeichnet worden sind. Bei ihnen braucht daher nur die ferne Utopie der Fülle aufgegeben zu werden, um auf den Boden der Realität zurückzukehren."

94 Vgl. etwa Siebert (1981 b).

schließen ja Anpassungsmaßnahmen, die auf die jeweiligen individuellen Verhältnisse abgestimmt sind, von vornherein aus. Dies verhindert jedoch die kostenminimale Erreichung eines vorgegebenen Einsparungsziels bei einer nicht regenerierbaren Ressource. Zudem besteht nur ein Anreiz, die gegebenen „Auflagen" auf kostengünstigste Weise zu erfüllen. Ein darüber hinausgehender ressourcensparender technischer Fortschritt wird nicht angeregt[95].

## 2.2. *Die empfohlenen Maßnahmen*

Die von ökonomischer Seite aus vorgeschlagenen marktkonformen Strategien zielen gerade darauf ab, diesen Nachteil dirigistischer Maßnahmen zu vermeiden. Um den gewünschten Substitutionsprozeß einzuleiten, sollen sich nur die Rahmendaten für die individuellen Entscheidungen ändern. Dem einzelnen Wirtschaftssubjekt bleibt dann immer noch die Freiheit so zu reagieren, wie es seinen spezifischen Gegebenheiten am ehesten entspricht. Konkret werden dabei vor allem drei Arten von Maßnahmen empfohlen, die aber nicht gleichermaßen gut zur Verwirklichung von intergenerationeller Gerechtigkeit bei erschöpfbaren Ressourcen geeignet sein dürften.

Der Logik des Marktes am ehesten scheint die Forderung nach einem *Ausbau von Zukunftsmärkten* zu entsprechen. „Eine Stärkung von Terminmärkten für natürliche Rohstoffe führt zu einer stärkeren Berücksichtigung von Erwartungen und, wenn die Knappheitsthese zutrifft und Knappheit richtig antizipiert wird, zu einer Berücksichtigung von Interessen zukünftiger Generationen."[96] Man erhofft sich auf diesem Wege vor allem eine bessere Verwertung der zunächst nur verstreut vorhandenen Informationen über zukünftige Entwicklungen und damit eine Orientierung des einzelwirtschaftlichen Handelns an korrekten Prognosen. Durch eine Präzisierung und Verstetigung der individuellen Erwartungen soll ein bruchloser Anpassungsprozeß wahrscheinlicher werden[97]. Allerdings ist bei diesem Vorschlag nicht ganz klar, worauf er im einzelnen abzielt[98]. So liegt vor allen Dingen nicht unmittelbar auf der Hand, welche Rolle der Staat überhaupt bei der Organisation von Zukunftsmärkten spielen sollte. Von einem eventuell nötigen Abbau gesetzlicher Hemmnisse einmal abgesehen, bedarf es zur Einrichtung von Zukunftsmärkten nicht un-

---

95 Vgl. hierzu im Zusammenhang mit der Diskussion von Auflagen versus Abgaben im Umweltbereich Cansier (1978).

96 Siebert (1981 a, 38).

97 Vgl. zur Funktionsweise von Zukunftsmärkten allgemein und ohne speziellen Bezug zur intergenerationellen Problematik z.B. Streit (1980 a, b).

98 Die Vorschläge, die sich durch verstärkte Transaktionen auf Zukunftsmärkten eine verbesserte Berücksichtigung langfristiger Belange versprechen, bewegen sich durchweg auf einer sehr allgemeinen Ebene. Vgl. z.B. Solow (1974 b, 13).

bedingt staatlicher Aktivitäten. Falls sie darin einen Vorteil erkennen würden, könnten ja die Marktteilnehmer von sich aus Kontrakte über erst zu einem späteren Zeitpunkt erfolgende Lieferungen von Rohstoffen abschließen. Daß sie dies in den meisten Fällen nicht tun werden, ist einfach darauf zurückzuführen, daß angesichts der unvermeidbaren Unsicherheit über die zukünftige Entwicklung eine langfristige Festlegung der eigenen Handlungen nicht den Präferenzen der Wirtschaftssubjekte entspricht[99]. Staatliche Maßnahmen, die über die Schaffung der bloßen Möglichkeit einer Teilnahme an Zukunftsmärkten hinausgehen, können deshalb leicht empfindliche Eingriffe in die individuelle Entscheidungsfreiheit bedeuten. Am extremsten wäre dies bei der Einführung eines Kontraktionszwangs, der die Wirtschaftssubjekte zur Teilnahme an Zukunftsmärkten verpflichtet. Vielfach scheint jedoch bei dieser Forderung nicht einmal so sehr an Zukunftsmärkte im eigentlichen Sinne gedacht zu werden. So mündet der Vorschlag nach einer Förderung von Zukunftsmärkten teilweise in eine Empfehlung zu „indikativer Planung“[100]. Staatliche Instanzen sollen dann den Markt dadurch imitieren, daß sie von den einzelnen Marktteilnehmern gesammelte Informationen koordinieren und auf dieser Grundlage Rahmendaten für die langfristige wirtschaftliche Entwicklung setzen. Inwieweit sich aber in dieser Weise die Vorzüge „normaler“ Märkte realisieren lassen, erscheint höchst fraglich. So wird beispielsweise bezweifelt, daß die einzelnen Firmen in einem solchen System „indikativer Planung“ überhaupt über ausreichende Anreize zur Weitergabe korrekter Informationen über ihre Planungen verfügen können[101].

Im Hinblick auf das eigentlich zu lösende Problem sind aber andere Einwände gegen diesen Ansatz noch viel gravierender: Bei einer staatlichen Förderung von Zukunftsmärkten wird nicht *unmittelbar* ein konkretes inhaltliches Ziel anvisiert, sondern zunächst lediglich ein Verfahren zu etablieren versucht, von dem man sich dann intergenerationell gerechtere Allokationen erhofft. Daß der gewünschte Effekt tatsächlich eintritt, ist jedoch nicht gewährleistet. Auch an den durch staatliche Unterstützung neu entstehenden Zukunftsmärkten könnten ja zukünftige Generationen selber nicht teilnehmen. Theoretisch vorstellbar ist sogar, daß eine verbesserte Koordination zwischen Mitgliedern einer Generation zu Lasten ihrer Nachfolger geht[102]. Wenn aufgrund vertraglicher Vereinbarungen damit gerechnet werden kann, daß man bis zum eigenen Lebensende beispielsweise über hinreichende Mengen preiswerten Öls verfügt, wird sich die Bereitschaft zu Aufwendungen für die Entwicklung von Substitutionstechnologien eventuell stark vermindern. Schon auf wesentlich kürzere

---

99 Vgl. z.B. Arrow (1974, 1978).

100 In diese Richtung gehen etwa die Vorstellungen von Dasgupta / Heal (1979, 242).

101 Vgl. Lecomber (1979, 164).

102 Vgl. Page (1977 b, 73).

Sicht können sich aber auch Probleme daraus ergeben, daß die Erwartungen, von denen man beim Abschluß der Zukunftskontrakte ausgeht, sich im nachhinein als falsch erweisen. Mit Hilfe langfristiger Vereinbarungen reduziert man zwar gewisse Risiken, schafft aber gleichzeitig neue. Durch die eingegangenen Bindungen vermindert sich die Fähigkeit, auf unvorhergesehene Entwicklungen flexibel zu reagieren[103]. Eine reibungslose Durchsetzung des Substitutionsprinzips wird dadurch möglicherweise unnötig erschwert.

Ebensowenig klar sind die Effekte der zweiten zur Debatte stehenden marktkonformen Maßnahmen. So wird teilweise in einer *Senkung der Diskontrate* das adäquate Mittel gesehen, um den zukünftigen Generationen zu einer Absicherung ihrer materiellen Ansprüche zu verhelfen. Diesem Vorschlag liegen Überlegungen zugrunde, wie wir sie zuvor auch als typisch für die „Ökonomen" erkannt haben. Demnach geht es bei der Frage nach intergenerationeller Gerechtigkeit nicht um die Verteilung spezieller Güter wie etwa natürliche Ressourcen, sondern um die Verteilung von Konsummöglichkeiten ganz allgemein. Wenn man etwas zugunsten des ökonomischen Wohlergehens zukünftiger Generationen tun will, so hat dies so gesehen zweckmäßigerweise durch eine Steigerung der gesamten Kapitalakkumulation zu geschehen. Zu einer solchen globalen Investitionsförderung scheinen aber globale geld- und finanzpolitische Maßnahmen besonders gut geeignet, die auf eine Zinssenkung hinwirken[104]. Die Minderschätzung aller zukünftigen Erträge geht dadurch gleichmäßig zurück, und die Zahl der rentablen Investitionsprojekte erhöht sich. Durch den dann an die zukünftigen Generationen weitergegebenen größeren Gesamtkapitalstock sollen sich deren Konsummöglichkeiten verbessern. Gegen diesen Vorschlag läßt sich aber einwenden, daß eine Zinssenkung nur dann mit großer Sicherheit in der erwünschten Richtung wirken dürfte, falls sich die Ökonomie in der Nähe eines Hotelling-Pfades bewegt und der Substitutionsprozeß bereits in Gang gesetzt ist. Gemäß der Hotelling-Regel bewirkt die Zinssenkung dann eine Erhöhung der Rohstoffpreise und damit einen zusätzlichen Anreiz für Substitutionsinvestitionen. Wenn jedoch die Rohstoffpreise die zukünftigen Knappheiten nicht hinreichend genau signalisieren, kann ein Rückgang der Zinsen im Hinblick auf das Ziel intergenerationeller Gerechtigkeit unerwünschte Konsequenzen haben. Eventuell erfolgen dann nämlich in erster Linie Investitionen in solche Arten des Kapitals, deren Verwendung nicht substitutiv, sondern komplementär zum Einsatz erschöpfbarer Ressourcen sind. Der Rohstoffverbrauch wird in diesem Fall sogar gesteigert, wenn die durch eine rohstoffintensive Produktion gekennzeichnete Wirtschaftsstruktur fortgeschrieben wird[105]. Der zeit-

---

103 So spricht Lecomber (1979, 162) von „irreconcible aims of certainty and flexibility". Vgl. zu der gesamten Problematik auch die empirisch ausgerichtete Arbeit von Schmitt / Schürmann / Schulz (1980, v.a. 10 ff.).

104 Vgl. hierzu etwa Stiglitz (1979, 61) oder v. Weizsäcker (1980, 797 f.). Kritisch hierzu äußert sich etwa Page (1977 b, 64 f.).

liche Spielraum für eine möglichst reibungslose Durchsetzung des Substitutionsprinzips vermindert sich auf diese Weise, die zukünftigen Generationen auferlegte Risikolast steigt.

Um die Risiken für zukünftige Generationen zu vermindern, bieten sich schließlich auch *steuerliche Maßnahmen* an. Gerade weil die Wirkung globaler Maßnahmen auf das Ziel intergenerationeller Gerechtigkeit höchst unsicher erscheint, soll durch den Einsatz spezieller Lenkungssteuern auf die Konservierung der erschöpfbaren Ressourcen hingewirkt werden. Der Logik des Preisbildungsprozesses für erschöpfbare Ressourcen scheint dabei am ehesten eine Steuer zu entsprechen, die bei den Abbaufirmen ansetzt und deren Bemessungsgrundlage die innerhalb einer Periode geförderte Menge (und damit die jeweilige Bestandsminderung) ist. Gewissermaßen soll dann der Staat mit Hilfe einer solchen „severance tax“[106] für die Berücksichtigung von bislang vernachlässigten „user costs“ bei der Abbauentscheidung sorgen. Eine rohstoffproduzierende Firma würde als Reaktion auf eine solche Steuer ihr Angebot einschränken; die Rohstoffpreise würden steigen, der Rohstoffverbrauch ginge zurück[107]. So gelangt Page zu dem Schluß: „Intertemporally, the severance tax could be used to promote a fairer distribution of resource use and control across generations.“[108] Bei Rohstoffen, die nicht im eigenen Land gefördert werden, scheidet eine solche Lösung aus. Dann ergibt sich aber bei der Steuererhebung die folgende allgemeine Problematik: Je verbrauchsnäher die Rohstoffbesteuerung erfolgt, desto größer ist die Möglichkeit, daß nicht der gesamte Rohstoffverbrauch erfaßt wird. Eventuelle Umwandlungsverluste sind ja dann mit immer geringerer Wahrscheinlichkeit in der Bemessungsgrundlage enthalten[109].

Besonders die Forderung nach einer Besteuerung nicht-regenerierbarer Energieträger stellt einen kleinsten gemeinsamen Nenner ansonsten recht verschieden orientierter Theoretiker dar[110]. Der Grund hierfür dürfte vor allem darin

105 Vgl. hierzu Scott (1973, 120). Andere Einwände gegen diesen Vorschlag, wie sie sich etwa bei Lecomber (1979, 128 ff.) oder deutlicher noch bei Siebert (1981 a, 39 f.) finden, stellen genau genommen weniger die Effektivität einer Zinssenkungspolitik im Hinblick auf das angestrebte Ziel, sondern viel allgemeiner die Durchführbarkeit einer solchen Politik überhaupt in Frage.

106 Vgl. zu diesem Vorschlag v.a. Page (1977 a, z.B. 11) oder auch Kneese (1978, 821 f.).

107 Wie eine „severance tax“ auf die Abbaugeschwindigkeit wirkt, wird etwa von Dasgupta / Heal (1979, 367) theoretisch analysiert.

108 Page (1977 a, 11).

109 Vgl. zu den verschiedenen Ansatzmöglichkeiten speziell bei einer Energiesteuer Hansmeyer (1980).

110 Mit ganz ähnlichen Begründungen findet sich die Forderung nach einer Energiesteuer etwa bei Sievert (1977) und bei Binswanger (vgl. etwa Binswanger / Geissberger / Ginsburg (1979, 196 ff.)). Vgl. auch SVR (1977, 205; 1979, 169) und den Wissenschaftlichen Beirat beim Bundesministerium für Wirtschaft (1979, 19).

liegen, daß man sich von einer steuerlichen Regelung erhofft, einen wichtigen Vorzug des Marktsystems ausnutzen zu können. Der Substitutionsprozeß wird in diesem Falle nicht durch diskretionäre staatliche Eingriffe, sondern über Preise gesteuert. Dem einzelnen Marktteilnehmer verbleiben so individuelle Anpassungsmöglichkeiten. In Reaktion auf die Preiserhöhung wird er den Rohstoffverbrauch an den Stellen einschränken, an denen er ihm die geringsten Kosten verursacht[111]. Nur dadurch, daß es dem Markt überlassen wird, die Anpassungsmaßnahmen im einzelnen zu bestimmen, kommt es zur kostenminimalen Erreichung eines vorgegebenen Einsparungsziels. Dieser Lösungsansatz widerspricht noch in einer anderen Hinsicht nicht der Logik des Marktes. Das allgemeine Mißtrauen gegen eine staatliche Einflußnahme auf die Preisbildung beruht ja vor allem darauf, daß man eine sinnvolle Koordination der in einer Ökonomie verstreut vorhandenen Information durch eine zentrale Instanz für unmöglich hält. Im Hinblick auf die intertemporale Allokation erschöpfbarer Ressourcen dürfte aber gerade dieses Problem nicht dieselbe Bedeutung haben wie im Normalfall. Das Verhalten der einzelnen Marktteilnehmer hängt in diesem Fall ja bei weitem nicht nur von den eigenen Bedingungen und den aktuellen Preisen[112], sondern darüber hinaus auch in entscheidendem Maße von ihrem Wissen über die „allgemeinen Umstände" ab. Um seine Abbauentscheidungen richtig planen zu können, muß ein Minenbesitzer beispielsweise neben der Größe der Eigenbestände auch das Ausmaß des Gesamtvorkommens des betreffenden Rohstoffs sowie die im Bereich von Substitutionstechnologien zu erwartenden Entwicklungen abschätzen[113]. Diese Informationen über die allgemeine Lage müssen in gewisser Weise diejenigen Mängel der Preissignale ausgleichen, die das Fehlen von Zukunftsmärkten verursacht. Daß der Staat auch bei der Beschaffung dieser Art von Wissen den einzelnen Marktteilnehmern prinzipiell unterlegen ist, läßt sich aber nicht von vornherein annehmen. Man kann im Gegenteil sogar die Ansicht vertreten, daß sich solche Informationen, denen der Charakter eines öffentlichen Gutes zukommt, nur durch staatliche Aktivitäten bereitstellen lassen. Ganz unabhängig von speziellen Lenkungsmaßnahmen wird deshalb dem Staat vielfach auch eine wichtige Funktion bei der Informationsbeschaffung und -übermittlung im Rohstoffbereich zugesprochen[114].

111 Vgl. hierzu etwa SVR (1979, 169) oder Lecomber (1979, 139).

112 Vgl. zu dieser Vorstellung v.a. Hayek (1945), aber z.B. auch Hayek (1975).

113 Dies akzeptiert im Prinzip auch Hayek (1971, 457): „Eine vernünftige Entscheidung (über die Abbaugeschwindigkeit, W.B.) setzt eine rationale Abschätzung der zukünftigen Preisentwicklung des betreffenden Stoffes voraus und diese wiederum hängt von Voraussagen künftiger technischer Entwicklungen ab, die der kleine Einzelbesitzer gewöhnlich nicht vernunftsmäßig machen kann." Der Einwand, den er trotzdem gegen staatliche Maßnahmen vorbringt, läßt sich sinnvollerweise nur auf Detailregelungen, nicht jedoch auf global wirkende steuerliche Lösungen beziehen.

114 Vgl. etwa Solow (1974 b, 12) und Dasgupta / Heal (1979, 473).

So soll er etwa die Entwicklung des ressourcensparenden technischen Fortschritts oder die Exploration neuer Rohstofflagerstätten zumindest fördern und auf diese Weise die Durchsetzung des Substitutionsprinzips unterstützen[115]. Daß dabei auf die Wirtschaftssubjekte keinerlei Zwang (auch nicht auf indirekte Weise wie bei Rohstoffsteuern) ausgeübt wird, kann aus marktwirtschaftlicher Perspektive als wichtigster Vorzug solcher Maßnahmen gelten.

### *2.3. Politische Durchsetzungsprobleme*

Eine Politik zugunsten zukünftiger Generationen scheint also durchaus auch auf eine marktkonforme Weise denkbar. Ihre praktische Durchführung kann aber aus Gründen ganz verschiedener Art unterbleiben:

So kann das durch die Nutzung nicht regenerierbarer Rohstoffe zukünftigen Generationen auferlegte Risiko für so klein erachtet werden, daß man Maßnahmen zu seiner Reduzierung für nicht notwendig hält. Die Vernachlässigung der Interessen zukünftiger Generationen ist ja keine zwangsläufige Folge einer Allokation erschöpfbarer Ressourcen durch den Markt. Anders als etwa bei öffentlichen Gütern besteht hier nur die Gefahr eines „Marktversagens". Zukünftige Generationen sich selber zu überlassen, kann auch vom Standpunkt der intergenerationellen Gerechtigkeit aus betrachtet gerechtfertigt sein. Jedoch werden auch an sich erforderliche staatliche Eingriffe eventuell dadurch verhindert, daß die Norm „intergenerationelle Gerechtigkeit" in der Präferenzskala des staatlichen Souveräns keinen hohen Stellenwert besitzt. Dieser ist möglicherweise kurzsichtig und egoistisch, findet sich somit dann kaum zu irgendwelchen Opfern für zukünftige Generationen bereit und folgt stattdessen der Maxime: „Nach uns die Sintflut". Mit „Souverän" kann dabei – je nach Regierungsform – sowohl ein autokratischer Herrscher als auch eine Mehrheit der Stimmbürger gemeint sein. Im zweiten Fall – bei demokratisch legitimierter Herrschaft – tritt die Norm intergenerationelle Gerechtigkeit mit der Forderung nach Demokratie in Konflikt. Nur wenn hinreichend viele Stimmbürger aus der heutigen Generation sich freiwillig zur Beachtung ethischer Regeln gegenüber zukünftigen Generationen verpflichten, läßt sich in einem demokratischen System eine entsprechende Politik überhaupt durchsetzen[116].

---

115 Vgl. z.B. v. Weizsäcker (1980, 809 f.).

116 Daß sie diesem Konflikt zu wenig Beachtung schenken und über die Ansprüche der heute lebenden Individuen hinwegsehen, machen etwa Scott (1973) und Hayek (1971) den „Ökologen" zum Vorwurf. Hayek (1971, 456) setzt ihnen den Anspruch der heute lebenden Individuen auf Selbstbestimmung entgegen: „In einer freien Gesellschaft ist es ebenso wenig berechtigt, dem Einzelnen das Recht der Entscheidung über die Zukunft zu nehmen, wie wir einen Anspruch haben, daß frühere Generationen für uns mehr Vorsorge hätten treffen sollen." Scott (1973, 118) akzeptiert konsequenterweise eine freiwillige

Die Resultate des politischen Prozesses sind aber nicht ausschließlich präferenzabhängig. Vielmehr werden sie bis zu einem gewissen Grade auch von Eigengesetzlichkeiten des jeweiligen politischen Systems mitbestimmt, die sich auf die Erreichung des Ziels intergenerationelle Gerechtigkeit negativ auswirken können. So werden zum Teil gerade in parlamentarischen Demokratien beträchtliche systemimmanente Hindernisse für eine langfristig orientierte Politik gesehen[117]. Eine genauere Begründung für diese Behauptung eines prinzipiellen „Politikversagens" wird aber oftmals nicht geliefert. Einige vertraute Argumente aus der ökonomischen Theorie der Politik scheinen diese These jedoch zu unterstützen.

In seiner Rolle als Politiker hat ein in ein Staatsamt gewähltes Individuum kein Eigeninteresse an einer langfristig orientierten Politik. Die erst in zwanzig oder dreißig Jahren eintretenden Folgen einer heute von ihm durchgeführten Maßnahme interessieren ihn zunächst nur insoweit, als sie von den Stimmbürgern antizipiert werden und seine Wiederwahlchancen in der näheren Zukunft beeinflussen[118]. Die Vorstellung, daß er seine Handlungen primär an dem damit zu erzielenden Wahlerfolg ausrichten wird, entspringt dabei dem Grundverständnis der ökonomischen Theorie der Politik. Daß er aber nur die näheren Wahlen ins Auge faßt, läßt sich durch die folgende Überlegung begründen: Zeitlich weiter entfernte Wahlausgänge bei seiner Kalkulation des Ertrags an Wählerstimmen in stärkerem Maße zu berücksichtigen, würde sich für einen Politiker ja nur dann lohnen, wenn zwei Annahmen erfüllt wären. Zum einen müßten sich die Wähler späterer Perioden daran „erinnern", wer in früheren Zeiten die Maßnahmen in die Wege geleitet hat, von deren Erträgen erst sie profitieren. Zum anderen müßten sie solche länger zurückliegenden „Leistungen" dann auch durch eine entsprechende Wahlentscheidung honorieren. Beides erscheint jedoch eher unwahrscheinlich. Zum einen ist ganz generell kein sehr hoher Informationsstand der Wähler zu erwarten[119]. Angesichts der praktischen Folgenlosigkeit einer einzelnen Wahlentscheidung wird ein Individuum in der Regel kaum bereit sein, die Kosten zur Beschaffung der Informationen auf sich zu nehmen, die für eine bessere Beurteilung der Politik erforderlich sind. Zum

Selbstbeschränkung der heute lebenden Individuen: „If society does place this duty upon itself, the economist *per se* cannot protest."

117 So hält etwa Gruhl (1975, v.a. 306 ff.) die existierenden Demokratien für schwache Staaten ohne Autorität, von denen die von ihm für erforderlich gehaltene Umorientierung der Politik kaum erwartet werden kann. Vgl. zu diesem Thema auch v. Kielmannsegg (1979) sowie Lehner (1979), die allerdings wesentlich zurückhaltender argumentieren.

118 Die Behauptung, daß die Dominanz des Wiederwahlmotivs zu Kurzsichtigkeit in der Politik führen kann, findet sich sowohl bei den „Ökologen" als auch in der ökonomischen Theorie der Politik. Vgl. so einerseits Gruhl (1975, 308) als andererseits Downs (1968, 171) und Frey (1968, 93).

119 Vgl. zu dieser These etwa Downs (1968, 202 ff.; 1974) und Tullock (1974).

anderen werden die Wähler wohl insbesondere dann nicht von früheren „Leistungen“ auf zukünftige Erfolge schließen, wenn die Handlungen, die sie positiv sanktionieren sollen, bereits lange zurückliegen. Bei einzelnen Politikern dürfte dabei eine Orientierung der Wahlentscheidung an ihren früheren Verdiensten noch wahrscheinlicher sein als bei den Parteien. Diese haben ihre Ausrichtung bis dahin u.U. so stark geändert, daß die Wähler eine Partei heute kaum noch mit der gleichnamigen Gruppierung von vor zwanzig Jahren identifizieren können. Darüber hinaus können sich die Wähler auch selber um die Möglichkeit gebracht haben, die Erfolge einer langfristig orientierten Politik im Zeitpunkt ihres tatsächlichen Eintretens „belohnen“ zu können. In ihrer relativen Uniformiertheit auf die ihnen zunächst aufgebürdeten Lasten fixiert, haben die Bürger vielleicht bei den dazwischen liegenden Wahlen gegen die Initiatoren der an zukünftigen Belangen orientierten Maßnahmen votiert und sie dadurch aus dem politischen Rennen geworfen. Hierin äußert sich ein für viele Selektionsprozesse bedeutsames Problem: Möglicherweise setzen sich die längerfristig gesehen besten Alternativen deswegen nicht durch, weil sie bei kurzfristiger Betrachtung eher Selektions*nachteile* aufweisen und deshalb zu früh aus der Konkurrenz ausscheiden.

Diese aus ihrer eigenen Perspektive somit durchaus rationale Kurzsichtigkeit der Politiker verhindert aber nicht von vornherein, daß in einem demokratischen Staat eine Politik betrieben wird, die auf den Schutz zukünftiger Generationen abzielt[120]. Wenn etwa der intergenerationelle Altruismus bei den Stimmbürgern hinreichend stark ausgeprägt ist, werden sie natürlich eine Regierung bevorzugen, die sich zu der von ihnen gewünschten zukunftsorientierten Politik bereit erklärt. Ob eine solche Politik dann ihr eigentliches Ziel aber auf angemessene Weise verfolgen wird, scheint vor dem Hintergrund der eben aufgezeigten Bedingungen jedoch höchst zweifelhaft. Weil den Wählern wahrscheinlich die tatsächlich zu erwartenden Langfristwirkungen der Maßnahmen nicht hinreichend ins Bewußtsein treten, kann eine Regierung auch bei einer an sich auf zukünftige Generationen ausgerichteten Politik vordergründig und kurzsichtig handeln[121]. So ist es z.B. möglich, daß sich die Politiker bei der Verfolgung von „Zwischenzielen“ auf Maßnahmen mit rasch vorzeigbarem Erfolg und hohem symbolischen Wert konzentrieren werden[122]. Die Regierung wird sich dann bei

---

120 Vgl. hierzu Downs (1968, 172): „Diese Gegenwartsbezogenheit bedeutet nicht, daß die Regierung alle Tätigkeiten, die erst nach der nächsten Wahl Früchte tragen, vollkommen vernachlässigt.“ Vgl. auch Bernholz (1975, 89 f.). Speziell mit Bezug auf die Allokation erschöpfbarer Ressourcen argumentiert auch Siebert (1981 a) in dieser Richtung.

121 Der falsche Schluß von der einen Art der Kurzsichtigkeit auf die andere findet sich so bei vielen Kritikern des politischen Mechanismus, so auch bei Gruhl (1975, 306 ff.).

122 Vgl. hierzu auch v. Weizsäcker (1980, 812), der die These aufstellt, „daß in allen Institutionen, in denen es zur Delegation von Entscheidungen

ihrem Versuch einer Sicherung der Rohstoffe keine „Produktionsumwege" leisten wollen, sondern vielleicht eher auf eine einfach strukturierte Konservierungspolitik setzen, von deren Sinn sie ihre Wähler eher zu überzeugen hofft. Selbst wenn auf diese Weise das der Nachwelt auferlegte Risiko ein Stück weit vermindert wird, so geschieht dies – eben weil die staatlichen Planungen aller Voraussicht nach nicht „gut genug" sind – wahrscheinlich nicht mit den geringst möglichen Wohlfahrtseinbußen sowohl für die heutige als auch für die zukünftigen Generationen.

Mit ziemlicher Sicherheit vermindert werden aber die Chancen einer auf das Wohl zukünftiger Generationen ausgerichteten Politik aus einem anderen Grund: Der mit der Durchsetzung des Substitutionsprinzips einhergehende Strukturwandel wird sich kaum ohne *intra*generationelle Umverteilungseffekte bewerkstelligen lassen. So werden etwa durch den Preisanstieg bei einer erschöpfbaren Ressource in der Regel diejenigen Wirtschaftssubjekte besondere Nachteile erleiden, deren Verbrauch des betreffenden Rohstoffs besonders groß ist. Dadurch können selbst dann starke Widerstände gegen eine steuerlich bedingte Anhebung dieser Preise entstehen, wenn bei den Bürgern der Wunsch nach intergenerationeller Gerechtigkeit weit verbreitet ist. Unabhängig von etwaigen altruistischen Präferenzen werden die Individuen und gesellschaftliche Gruppierungen vor allem auch darauf aus sein, eine Verschlechterung der relativen Verteilungsposition zu vermeiden[123]. Zwar werden eventuell viele zu gewissen Opfern bereit sein, gleichzeitig jedoch auf einer gerechten Verteilung der Lasten bestehen. Daß man dem Staat bei der Bewältigung dieses Problems nicht vertraut und keine Lösung als wirklich gerecht akzeptiert, kann zum entscheidenden Hemmnis für eine auf die Einsparung und Substitution erschöpfbarer Ressourcen gerichteten Politik werden. Möglicherweise wird sich eine große Zahl von Bürgern immer zu der Gruppe der von einer bestimmten Regelung besonders Benachteiligten rechnen und somit Widerstand leisten. Zudem wird es in der Regel weniger auf die tatsächlichen, als auf die erwarteten Verteilungswirkungen ankommen. Deshalb ist der Fall denkbar, daß eine große Anzahl der Wähler in ihrer Unkenntnis der später tatsächlich eintretenden Umverteilungseffekte zunächst beträchtliche Verluste befürchtet, diese im Endeffekt aber wesentlich geringer ausfallen oder nur sehr wenige betreffen. Die Risikoaversion der Bürger kann dann Maßnahmen verhindern, die bei einem garantierten Risikoausgleich durchaus allgemeine Zustimmung hätten finden können. In

---

kommt, diese Entscheidungen mehr oder weniger stark zu Lasten künftiger Erträge und damit zu Lasten künftiger Generationen ausfallen. Denn der Entscheidungsdelegation entspricht die Erfolgskontrolle. ... Signale künftiger Erträge sind diffus und daher manipulierbar; sie eignen sich nicht als Kontrollinstrument. So werden wegen des Kontrollproblems die Entscheidungen stärker zugunsten gegenwärtiger Erträge verzerrt als es den Nutznießern dieser Erträge selbst lieb ist."

123 Vgl. hierzu auch Johansen (1979) sowie Thurow (1981, 197 ff.).

anderen Fällen kommt es eventuell gerade dadurch zu einer beträchtlichen Verengung des politischen Spielraums, weil die negativ betroffene Gruppe leicht identifizierbar ist. Auch eine gut organisierte Minderheit, die über ein gewisses gesellschaftliches Machtpotential verfügt, vermag sich möglicherweise durch Erpressung gegen den Willen der Mehrheit durchzusetzen.

Angesichts dieser Mängel des demokratischen Systems könnte man eine Lösung für attraktiv halten, für die sich ansonsten höchst unterschiedliche Theoretiker aussprechen[124]. Im Kern sieht sie eine Abkopplung der die Rohstoffallokation betreffenden Entscheidungen von den aktuell vorhandenen individuellen Präferenzen und dem „normalen" politischen Prozeß vor. Stattdessen soll der Schutz zukünftiger Generationen einer im wesentlichen autonomen Körperschaft übertragen werden, deren Mitglieder sich nicht an Partikularinteressen orientieren, sondern ganz nach den Maßstäben von Vernunft und Gerechtigkeit handeln können. Für die Entscheidungsträger würde auf diese Weise eine Art von „Urzustand" auf Dauer institutionalisiert. In Widerspruch zu demokratischen Vorstellungen muß dieser Vorschlag nicht unbedingt geraten. Denkbar ist ja, daß eine solche Institution durch eine „Verfassungswahl" („constitutional choice")[125] eine allgemeine Legitimation erhält, durch die ihr bei Einzelentscheidungen relativ weitgehende Freiheiten eingeräumt werden. Eine solche Einrichtung hätte dann in ihrer Konstruktion gewisse Ähnlichkeiten mit dem Bundesverfassungsgericht oder der Bundesbank[126].

Bei näherer Betrachtung ist diesem Ansatz jedoch vorzuwerfen, daß er nicht viel mehr als eine „verbale" Lösung liefert, bei welcher der Übergang von der normativen Zielsetzung zur Realität zu schnell erfolgt:

Der Vorschlag nach Schaffung eines unabhängigen Gremiums zeigt ja nicht auf, wie sich die Widerstände gegen eine auf den Schutz zukünftiger Generationen ausgerichtete Politik überwinden lassen, sondern setzt deren Beseitigung schon voraus. Die Opposition gegen eine solche Politik wird nur auf die Ebene der Institutionsbildung verlagert und dadurch in ihrer Intensität wahrscheinlich nur verstärkt. In der Regel wird man ja viel eher die Folgen einer einzelnen

124 Der Vorschlag nach Abschaffung bzw. Modifikation der parlamentarischen Demokratie findet sich so etwa bei Gruhl (1975, 306 ff.) als auch bei Hayek (1982), bei letzterem allerdings nicht in bezug auf unser Problem. Doch lassen sich seine Überlegungen sinngemäß übertragen. Hayek (1982, III/105 ff.) schlägt nämlich die Einrichtung einer zweiten, eher auf allgemeine und langfristige Belange ausgerichteten gesetzgebundenen Körperschaft neben dem normalen Parlament vor. Die Mitglieder dieser „nomothetae" sollen ganz anders gewählt werden als die heutigen Parlamentarier. Ihre Entscheidungen „should not be governed by interest but by opinion", und es wird von ihnen erwartet, daß sie „uphold justice impartially".

125 Vgl. hierzu etwa Mueller (1973) und Frey (1981, 22 ff.).

126 Vgl. hierzu auch Schüller (1981), der eine autonome Umweltbehörde mit der Bundesbank vergleicht.

Maßnahme hinnehmen als sich einer Institution ausliefern, deren Politik man nicht im einzelnen vorhersehen kann[127].

Sollte eine derartige Institution dennoch zustande kommen, so liegen im Hinblick auf das Ziel intergenerationelle Gerechtigkeit in ihrer Unabhängikeit überdies nicht nur Chancen, sondern auch Gefahren. Es ist ja nicht auszuschließen, daß die Mitglieder dieses Gremiums das eigentliche Ziel aus dem Auge verlieren oder aber unzweckmäßige Maßnahmen zu dessen Erreichung ergreifen. Der Mangel an demokratischer Kontrolle sowie der unüberwindliche Mangel an Information über den tatsächlichen Erfolg einer bestimmten Politik können ein autistisches Verhalten der Entscheidungsträger begünstigen. Die Korrektur der Fehler, die auch ein solcher „Rat der Weisen" nicht vollständig vermeiden kann, wird durch die Abschottung des Entscheidungsprozesses möglicherweise beträchtlich erschwert.

## 3. Markt und Staat im Vergleich

Die vorgetragenen Argumente über die Fähigkeit verschiedener Allokationssysteme zur intergenerationell gerechten Allokation erschöpfbarer Ressourcen sollen jetzt im Zusammenhang gewürdigt werden. Bereits zuvor haben wir festgestellt, daß der Hauptverdienst der „Ökonomen" darin liegt, die viel zu einfachen Vorstellungen der „Ökologen" zu korrigieren. Die gegen die „Ökonomen" dann vorgebrachten Einwände lassen sich als Versuch auffassen, die Grundgedanken der „Ökologen" auf eine festere Basis zu stellen. Dies gelingt ihnen zum Teil. So machen sie vor allem klar, daß im Falle des Problems der intergenerationellen Gerechtigkeit der erschöpfbaren Ressourcen die Gültigkeit zweier häufig zugunsten des Marktes vorgebrachten Rechtfertigungsargumente stark eingeschränkt ist. Im Hinblick auf zukünftige Generationen verliert die übliche Optimalitätsaussage an Überzeugungskraft, derzufolge der Markt im Prinzip zu einer bestmöglichen Abstimmung der Produktionsmöglichkeiten an die gegebenen Präferenzen führt. Voraussetzung für die Gültigkeit dieses Theorems ist ja, daß alle ökonomisch relevanten Vorgänge in den Markt integriert sind. Jedes Wirtschaftssubjekt hat dann einen gewissen Einfluß auf alle Allokationsentscheidungen, deren Folgen ihn betreffen. Während es aber bei „normalen" intragenerationellen Externalitäten immerhin noch denkbar scheint, daß sich die Betroffenen – etwa mit Hilfe von „Bestechungszahlungen" an die Verursacher – zu Beteiligten am Entscheidungsprozeß machen, besteht eine solche Möglichkeit im intergenerationellen Fall sicher nicht mehr.

---

127 So ähnlich auch Downs (1968, 180). „Und schließlich kann die Ungewißheit die Bürger dazu veranlassen, sich gegen die weitgehenden Vollmachten zu wenden, die der Regierung zur Erreichung eines optimalen Zustandes erteilt werden müßten, weil sie fürchten, daß der Gebrauch solcher Vollmachten einen Präzedenzfall schaffen würde, der in der Zukunft zu ihren Ungunsten ausgenützt werden könnte."

Zum anderen weckt die Abhängigkeit der Produktion von nicht regenerierbaren natürlichen Ressourcen gewisse Zweifel an der Vorstellung, daß das freie Wirken der Marktkräfte in jedem Falle für die optimale Durchsetzung des ökonomischen Fortschritts sorgt. Diese Hypothese ist zwar plausibel, wenn man sie auf die Entwicklung des Wissens als einer entscheidenden Determinante des Fortschritts bezieht. Sie wird jedoch fragwürdig, falls man erschöpfbare Ressourcen in die Überlegungen einbezieht. Dann wird nämlich denkbar, daß sich durch die Erschöpfung natürlicher Ressourcen die Anwendbarkeit des bisher angesammelten Wissens stark einschränkt und gleichzeitig der Erwerb neuen, einer weniger reichlichen Versorgung mit Rohstoffen angepaßten Wissens sehr erschwert wird.

So zutreffend diese Einwände auf einer grundsätzlichen Ebene als Hinweis auf denkbare Möglichkeiten auch sein mögen, so wenig klar sind auf der anderen Seite ihre praktischen Implikationen. Bezieht man diese Argumente nämlich unmittelbar auf die Empirie, kommt man leicht in die Gefahr, die Marktwirtschaft an völlig überhöhten Anforderungen zu messen. Von vornherein ist ja die Herstellung intergenerationeller Gerechtigkeit nicht nur ein ökonomisches, sondern vor allem auch ein naturwissenschaftlich-technisches Problem. Deshalb kann man vernünftigerweise kaum erwarten, daß ein Allokationsmechanismus wie der Markt, der zunächst nur gewisse Spielregeln für die ökonomischen Interaktionen zwischen Individuen setzt, die Erreichung eines solchen Ziels garantiert. Wenn sich die Welt auf der „falschen“ Seite des Solow-Modells befindet, ist die Frage nach der Fähigkeit des Marktes zur intergenerationell gerechten Allokation erschöpfbarer Ressourcen in ihrer strengen Form müßig. Darüber, wie gut diese Substitutionsmöglichkeiten auf lange Sicht sind, läßt sich heute nur spekulieren. Die Unsicherheiten wachsen dabei mit der Länge des jeweils zugrunde gelegten Planungszeitraums beträchtlich. Von einem unendlich langen Zeithorizont auszugehen, ist allenfalls im Rahmen eines ohnehin stark vereinfachten Modells angebracht. Dies gilt insbesondere auch deswegen, weil – ganz unabhängig davon, wie mit den Rohstoffen gewirtschaftet wird – das von den Marktskeptikern teilweise angeführte Entropiegesetz schließlich dazu führen wird, daß die Sonne erkaltet und alles irdische Leben erlischt. Erst dies dürfte der eigentliche „kosmische“ Aspekt des Rohstoffproblems sein. Somit kann es immer nur darum gehen, mit begrenzten Mitteln über eine begrenzte Zeitspanne hinweg auszukommen, so sehr dies auch dem menschlichen Streben nach Schaffung ewiger Werte widersprechen mag.

Von diesem sehr grundsätzlichen Problem abgesehen, betreffen die gegen die „Ökonomen“ vorgebrachten Argumente nur zum Teil allein den Markt. So können auch in keinem anderen Allokationssystem zukünftige Generationen unmittelbaren Einfluß auf die heute stattfindenden Entscheidungen nehmen. Vielmehr sind sie *immer* darauf angewiesen, daß ihre Vorgänger in ihrem Interesse handeln. Deshalb scheint auch die vielfach gezogene Schlußfolgerung recht vordergründig, der Staat als eine Art „deus ex machina" sollte die „Fehler" des Marktes beheben und dem unter moralischen Gesichtspunkten Gebotenen in der Realität Geltung verschaffen. Hinter diesem Lösungsvorschlag steckt zwar die an sich richtige Einsicht, daß dem Wirken der Marktkräfte keine Absicht zugrunde liegt, die sie in eine bestimmte Richtung lenkt, sondern daß man immer darauf vertrauen muß, daß aus der Vielzahl der einzelnen Handlungen insgesamt ein positives Gesamtergebnis resultiert. Gerade daraus ergibt sich die weitverbreitete Befürchtung, daß bei einem freien Wirken der Marktkräfte das Ziel des langfristigen ökonomischen Bestandserhalts eventuell eher kurzfristigen Erfolgen geopfert wird. Die Annahme, daß demgegenüber der Staat zu einem planvollen, an längerfristigen Zielen orientiertem Verhalten viel eher in der Lage ist, scheint jedoch grundsätzlich verfehlt. Genauso wie der Markt unterliegt auch jedes politische System gewissen Eigengesetzlichkeiten, die seinen Handlungsspielraum begrenzen. Weil man den Staat als autonomen Handlungsträger *definiert*, springen diese nur nicht so schnell ins Auge wie die des Marktes, den man viel eher als ein sich selbst regulierendes – und damit von vornherein viel weniger menschlichen Zwecksetzungen unterwerfbares – System begreift. Gerade parlamentarisch demokratische Systeme, wie sie sich in der Realität häufig in Verbindung mit Marktwirtschaften finden, sind jedoch von vornherein auf Machtbeschränkung angelegt. Weil man der Macht von Menschen über Menschen grundsätzlich skeptisch gegenübersteht, werden ihr straffe institutionelle Zügel angelegt. Auch bei einer ethischen Motivation der politischen Entscheidungsträger besteht keine Gewähr dafür, daß sie ihre Macht nicht zugunsten eigener Zwecke und zur willkürlichen Unterdrückung der Freiheit anderer mißbrauchen.

Vor dem Hintergrund solcher „Grenzen des Regierens" in einer parlamentarischen Demokratie erscheint die These keineswegs mehr abwegig, daß der Markt die bestehenden Möglichkeiten zur Erreichung intergenerationeller Gerechtigkeit bei erschöpfbaren Ressourcen noch am relativ besten ausnutzt. Dafür, daß der Markt eine „second best"-Lösung zustande bringt, sprechen die folgenden Gründe:

a) Gerade im Hinblick auf die Schwierigkeiten bei der Durchserzung eines Strukturwandels weist der Markt einen entscheidenden Vorteil auf. Anders als gewählte Politiker kann und braucht der Markt weder auf die Interessen spezieller Gruppen noch überhaupt auf Verteilungsgesichtspunkte Rücksicht zu nehmen. Den „Verlierern" marktmäßig induzierter Veränderungen fehlen die Adressaten für ihren Protest und damit Ansatzpunkte für eine Gegenwehr. Gerade die häufig kritisierte Unpersönlichkeit marktlicher Entscheidungen kann auf diese Weise bewirken, daß die Wandlungsprozesse, die im längerfristigen Interesse der Gemeinschaft liegen, auf schnelle und reibungslose Weise in die Wege geleitet werden.

b) Der „homo oeconomicus", auf dem das Funktionieren der Marktwirtschaft beruht, strebt nicht in erster Linie nach Konsum-, sondern nach Vermögensmaximierung. Die Akkumulation von Kapital ist eine Art Selbstzweck, so daß es eher irrelevant ist, ob ein Individuum das von ihm angesammelte Vermögen tatsächlich auch selber nutzen kann. Für die Besitzer eines Minenvorkommens werden dessen Wertsteigerungen nicht erst dadurch interessant, daß sie sie vor ihrem eigenen Tode realisieren und für Konsumzwecke verwenden können[128]. Vermögen bildet man in der Regel nicht nur für sich, sondern immer schon für die Nachkommen. Ein großer Teil des ökonomischen Handelns orientiert sich somit von vornherein an überindividuellen Zielsetzungen. Vom Ansatz her ist der Kapitalismus keineswegs ein System der Verschwendung, sondern eines des Konsumverzichts[129]. Gerade diese antihedonistische Komponente ist ein zentraler Bestandteil der „protestantischen Ethik". Durch dieses Streben nach Sicherung und Vergrößerung des Vermögens ergibt sich ein starkes Motiv für eine längerfristige Planung. Gerade hierin liegt ein wichtiger struktureller Unterschied zwischen der Marktwirtschaft und dem politischen System. Im Gegensatz zum Privatunternehmer verfügt ein politischer Unternehmer über keinen Kapitalstock, an dessen Veränderung er den Erfolg seiner Maßnahmen ablesen kann[130]. Mit den Wählerstimmen stehen dem Politiker als Orientierungsmaßstab ausschließlich „flow"-Größen zur Verfügung.

c) Die Ausrichtung der einzelnen Marktteilnehmer an Vermögensbeständen liefert gleichzeitig starke Anreize zur Beschaffung der für eine Langfristplanung notwendigen Informationen[131]. Da er kein Pawlowscher Hund, sondern ein rationaler „homo oeconomicus" ist, wird er erkennen, daß sich richtige Prognosen über die zu erwartende Knappheitssituation bei Rohstoffen nicht einfach durch Extrapolation der Preisentwicklung der Vergangenheit gewinnen lassen. Deshalb wird er sich um direkte Informationen über Faktoren bemühen, die Einfluß auf die zukünftigen Rohstoffpreise haben dürften. Er wird sich z.B. dafür interessieren, wie groß die Reserven seines Rohstoffs insgesamt sind und mit welchen Substitutionen man zu welchem Zeitpunkt rechnen kann. Bei seiner Langfristplanung wird er vielleicht von einer Zielprojektion ausgehen, die von kurzfristigen Preisschwankungen unabhängig ist. Wie sich durch Modellanalysen nachweisen läßt, werden gerade mit der Orientierung der Rohstoffanbieter an Bestandsgrößen gleichgewichtige Preisentwicklungen wahrscheinlicher[132]. Gleichzeitig

---

128 Vgl. Stiglitz (1979, 52): „... the forest does not have to be felled for him (the investor, W.B.) to get a return on him investment."

129 Vgl. hierzu bereits Smith (1789, v.a. 272 ff.).

130 Vgl. Downs (1968, 172): „Eine Regierung kann jedoch nicht für gegenwärtige Stimmen zukünftige einhandeln, wie der Wähler gegenwärtiges Einkommen für zukünftiges eintauschen kann."

131 Vgl. Stiglitz (1979, 52).

steigen auch die Chancen dafür, daß die Erwartungsbildung in der Ökonomie insgesamt auf eine strukturiertere Weise erfolgt. Wenn die Reserven eines Rohstoffs begrenzt sind und Ersatzmöglichkeiten nicht in Aussicht stehen, werden alle Marktteilnehmer wohl mit längerfristig steigenden Preisen rechnen, gleichgültig wie sich die Rohstoffpreise bisher entwickelt haben. In gewissem Sinne führen dann Überlegungen, wie sie auf theoretischer Ebene von der Ressourcenökonomie angestellt werden, dazu, daß sich die Marktteilnehmer bei ihren Planungen rationaler verhalten. Dadurch werden die Gleichgewichtsaussagen der Ressourcenökonomik möglicherweise zu einer „self-fulfilling-prophecy" werden[133].

[132] Vgl. Solow (1974 b) und Winckler / Pflug (1980).

[133] Der mögliche Einfluß theoretischer Erkenntnisse auf die Erwartungsbildung ist ein zentrales Element in der bislang v.a. auf die Stabilisierungspolitik angewandten Theorie rationaler Erwartungen. Vgl. zur Grundkonzeption Muth (1961) und zur neueren Literatur z.B. Neumann (1979).

# Schlußbemerkungen

Der Ansatzpunkt unserer Fragestellung war von einer recht speziellen Art. Wir gingen von der Feststellung aus, daß die theoretische Ressourcenökonomie bei ihrer Suche nach einem Kriterium für intergenerationelle Fairneß auf Rawls zurückgreift, dieses Vorgehen aber nicht im einzelnen begründet. Der Versuch, uns über die Anwendbarkeit der Rawlsschen Theorie auf die Frage nach der Gerechtigkeit zwischen den Generationen Klarheit zu verschaffen, hat uns aber über die ursprüngliche, eher abstrakte Formulierung des Problems hinausgeführt. Wir kamen nämlich zu dem Ergebnis, daß bei einer in sinnvoller Weise vorgenommenen Anwendung der Maximin-Regel auf die intergenerationelle Problematik Gerechtigkeitsvorstellungen zum Ausdruck gebracht werden, die viel allgemeiner sind als die Gerechtigkeitstheorie von Rawls: Individuen oder Gruppen, die als gleich anzusehen sind, haben bei der Verteilung von Gütern prinzipiell die gleichen Anspruchsrechte. Keiner darf bei der Zuweisung von Rechten gegenüber einem anderen diskriminiert werden. Innerhalb einer Generation werden sich in idealer Weise Gleiche in der Regel aber nur schwer finden lassen, da der eine leistungsfähiger oder leistungswilliger ist als der andere, so daß sich schon von daher Unterschiede in der Verteilungsposition rechtfertigen lassen. Daß einer früheren Generation im Vergleich zu einer späteren Privilegien zukommen sollten, läßt sich auf diese Weise aber nicht ableiten. Verschiedene Generationen müssen vom Standpunkt der Ethik als gleichartig gelten und deshalb auch die gleichen Anspruchsrechte zugesprochen bekommen. Daraus ergibt sich das Grundpostulat der intergenerationellen Gerechtigkeit: Keine Generation darf so handeln, daß sie damit die gleichberechtigten Forderungen ihrer Nachfolger auf die ökonomischen Erträge aus natürlichen Ressourcen verletzt. In dieser Allgemeinheit formuliert, dürfte dieser Satz auf allgemeine Zustimmung stoßen. Recht kontrovers sind aber die Bedingungen für eine Realisierung der darin enthaltenen Forderung. Nach den Vorstellungen gerade vieler Ökonomen brauchen aus diesem Gerechtigkeitspostulat keine Konsequenzen für das praktische Handeln gezogen zu werden. Wenn man der ökonomischen Entwicklung ihren freien Lauf läßt, wird den Interessen zukünftiger Generationen automatisch Rechnung getragen. Der Markt sorgt schon selber für eine akzeptable Verteilung der Rohstoffe zwischen den verschiedenen Generationen. Dieser Optimismus läßt sich v.a. auf drei, für das ökonomische Denken zentrale Grundüberzeugungen zurückführen, die keineswegs nur im Zusammenhang mit der Rohstoffproblematik von Bedeutung sind:

- Ganz allgemein geht man in der Ökonomik von der Vorstellung aus, daß man Individuen für von ihnen abgetretene Ansprüche entschädigen kann. Dieses Kompensationsprinzip, auf dem jeder Tauschakt beruht, nimmt im Hinblick auf die Frage nach intergenerationeller Gerechtigkeit mit erschöpfbaren Ressourcen die Form des Substitutionsprinzips an. Was zukünftigen Generationen an erschöpfbaren Ressourcen weniger zur Verfügung steht, läßt sich ohne Wohlfahrtseinbußen dadurch ausgleichen, daß man ihnen mehr produzierte Kapitalgüter hinterläßt. Will man diesen Gedanken in einem möglichst einfachen und übersichtlichen Modell in theoretisch präziser Form fassen, kommt man fast zwangsläufig zum zuvor ausführlich diskutierten Solow-Modell. Gerade darin dürfte die große Relevanz dieses Modells für die Ökonomie begründet liegen.
- Ganz generell übermitteln bei Ressourcen, für die langfristig gesicherte private Eigentumsrechte bestehen, Marktpreise die für eine Allokation wichtigen Informationen. Insbesondere kann man darauf vertrauen, daß die Durchsetzung des Substitutionsprinzips durch eine Steigerung der Rohstoffpreise induziert wird, die so bruchlos verläuft, daß sich größere wirtschaftliche Erschütterungen vermeiden lassen. Es wird somit davon ausgegangen, daß die „unsichtbare Hand“ auch im intergenerationellen Zusammenhang wirkt. Man nimmt an, daß das Preissystem die Handlungen der einzelnen Marktteilnehmer so koordiniert, daß dadurch auch den längerfristigen ökonomischen Belangen der Gemeinschaft Rechnung getragen wird.
- Die frühen Generationen tun durch ihr „normales“ Sparen von sich aus bereits genug für die späteren Generationen. Die Forderungen nach einem darüber hinausgehenden intergenerationellen Altruismus und damit verbundenen zusätzlichen Konsumverzichten zugunsten zukünftiger Generationen ist deshalb unbegründet. Aufgrund des ihnen verfügbaren größeren Wissens wird es den zukünftigen Generationen ohnehin besser gehen als der heutigen. Wenn überhaupt ein Problem der intergenerationellen Gerechtigkeit besteht, dann stellt es sich eher in der umgekehrten Richtung: Zu fragen ist weniger danach, wie Schaden von zukünftigen Generationen abgewendet werden kann, als vielmehr danach, ob nicht die heutige Generation bereits zu große Opfer für ihre Nachfolger erbringt[1].

Der Fortschrittsglaube, auf dem der letzte der angeführten Gründe beruht, dürfte das eigentliche Hauptmotiv dafür liefern, daß man von ökonomischer Seite Prophezeiungen über drohende Rohstoffverknappungen in der Regel nicht allzu ernst nimmt. Ein solcher Optimismus ist nicht nur im ökonomischen Denken tief verwurzelt und hält, wie wir gesehen haben, z.B. auch Rawls davon ab, sein Maximin-Prinzip auf das Problem der Gerechtigkeit zwischen den Generationen zu übertragen. Problematisch an diesem Fortschrittsargument

---

[1] Vgl. hierzu bereits Tullock (1964).

ist jedoch, daß sich derartige Überzeugungen weder definitiv beweisen noch widerlegen lassen. Dies wird auch von Hayek selber eingeräumt: „In gewissem Sinne beruht der Verbrauch unersetzlicher Vorkommen natürlich auf einem Akt des Vertrauens. Wir vertrauen im allgemeinen darauf, daß zu der Zeit, da das Vorkommen erschöpft ist, etwas Neues entdeckt worden sein wird, das entweder denselben Bedarf befriedigen oder uns zumindest für das entschädigen wird, war wir nicht mehr haben, so daß wir im ganzen nicht schlechter daran sein werden als vorher. Wir verbrauchen ständig Naturschätze auf Grund der bloßen Wahrscheinlichkeit, daß unser Wissen über verfügbare Mittel unbegrenzt wachsen wird ..."[2]. Vor allem diese laissez-faire-Haltung, die den Ausgang des ökonomischen Fortschrittsprozesses dem Zufall überläßt, dürfte Widerstand provozieren. Mit der Konzeption Hayeks erscheint es ja durchaus vereinbar, daß sich die von ihm propagierte freie Entfaltung des ökonomischen Fortschritts letzten Endes als Fehlentwicklung herausstellen wird. Einen solchen negativen Ausgang zu vermeiden, ist das Hauptziel derer, die dem unkontrollierten Wirken des Marktes bei der Allokation natürlicher und insbesondere erschöpfbarer Ressourcen Schranken setzen wollen. Ihr Streben nach dauerhafter Absicherung der materiellen Existenzgrundlagen entspricht sicherlich einem grundsätzlichen Bedürfnis des Menschen. Seinem Selbstverständnis dürfte es viel eher entsprechen, sich als Bestandteil einer Entwicklung fühlen zu können, die zumindest mit großer Wahrscheinlichkeit zu einem positiven Ende führt, als den Untergang seiner Kultur innerhalb der nächsten Generationen befürchten zu müssen. Ob sich ein solches kollektives Sicherheitsstreben jedoch auf vernünftige Weise in die Praxis umsetzen läßt, ist zweifelhaft. Vielleicht müßten dazu die Menschen über ihre moralischen Einsichten im allgemeinen hinaus in ihrem Alltagsleben zu einem altruistischen Verhalten in einem Maße bereit sein, wie es den bisherigen Erfahrungen widerspricht. Vielleicht führt der Versuch, den Wirtschaftsprozeß auf lange Sicht in planvoller Weise an Maßstäben von Ethik und Vernunft zu orientieren aufgrund der damit verbundenen Organisationsprobleme ins Chaos. Vielleicht ist ganz allgemein der Wunsch, den Fortschritt auf bestimmte vom Menschen gesetzte Ziele hin zu orientieren, nicht frei von Hybris. In diesem Falle läge in der Zurückhaltung von Ökonomen wie Hayek, welche eine gewisse Anarchie und Unkalkulierbarkeit des Entwicklungsprozesses als unausweichlich akzeptieren, die größere Weisheit.

---

2 Hayek (1971, 455 f.).

## Abkürzungen von Zeitschriftentiteln

| | | |
|---|---|---|
| AER | = | American Economic Review |
| EER | = | European Economic Review |
| EJ | = | Economic Journal |
| FA | = | Finanzarchiv |
| JbfNSt | = | Jahrbücher für Nationalökonomie und Statistik |
| JET | = | Journal of Economic Theory |
| JLE | = | Journal of Law and Economics |
| JPE | = | Journal of Political Economy |
| J. Publ. Econ. | = | Journal of Public Economics |
| NRJ | = | Natural Resources Journal |
| QJE | = | Quarterly Journal of Economics |
| RES | = | Review of Economic Studies |
| SEJ | = | Southern Economic Journal |
| SJE | = | Scandinavian Journal of Economics |
| TD | = | Theory and Decision |
| ZfN | = | Zeitschrift für Nationalökonomie |
| ZgS | = | Zeitschrift für die gesamte Staatswissenschaft |

# Literaturverzeichnis


*Albert*, H. (1975): Konstruktion und Kritik, Hamburg.

*Alchian*, A. A. (1950): Uncertainty, Evolution and Economic Theory, in: JPE 58, S. 211 ff.

*Alexander*, S. S. (1974): Social Evaluation through Notional Choice, in: QJE 88, S. 597 ff.

*Anderson*, L. G. (1977): The Economics of Fisheries Management, Baltimore and London.

*Arrow*, K. J. (1963): Social Choice and Individual Values, 2nd ed., New Haven and London.

– (1965): Criteria for Social Investment, in: Water Resources Research 1, S. 1 ff.

– (1973 a): Some Ordinalist-Utilitarian Notes on Rawls 'Theorie of Justice', in: Journal of Philosophy 70, S. 245 ff.

– (1973 b): Rawls' Principle of Just Saving, in: SJE 75, S. 323 ff.

– (1974): Limited Knowledge and Economic Analysis, in: AER 64, S. 1 ff.

– (1977): Extended Sympathy and the Possibility of Social Choice, in: AER 67, Papers and Proceedings, S. 219 ff.

– (1978): The Future and Present in Economic Life, in: Economic Inquiry 16, S. 157 ff.

– / *Lind*, R. C. (1970: Uncertainty and the Evaluation of Public Investment Decisions, in: AER 60, S. 364 ff.

– / *Hahn*, F. H. (1971): General Competitive Analysis, San Francisco and Edinburgh.

– / *Hurwicz*, L. (1972): An Optimality Criterion for Decision-Making under Ignorance, in: Carter, C. F. / Ford, J. L. (eds.): Uncertainty and Expectations in Economics, Oxford 1972, S. 1 ff.

*Atkinson*, A. B. (1970): On the Measurement of Inequality, in: JET 2, S. 244 ff.

*Barnett*, H. J. / *Morse*, Ch. (1963): Scarcity and Growth: The Economics of Natural Resource Availability, Baltimore.

*Barry*, B. (1973): The Liberal Theory of Justice. A Critical Examination of the Principle Doctrines, Oxford.

– (1977): Justice Between Generations, in: Hacker, P. M. S. / Raz, J. (eds.): Law, Morality, and Society, Oxford, S. 268 ff.

– (1978): Circumstances of Justice and Future Generations, in: Sikora / Barry (1978), S. 204 ff.

*Basler*, E. (1973): Strategie des Fortschritts, Frauenfeld.

*Baumol*, W. J. (1968): On the Social Rate of Discount, in: AER 58, S. 788 ff.

*Beckerman*, W. (1972): Economists, Scientists, and Environmental Catastrophe, in: Oxford Economic Papers 24, S. 327 ff.

– (1974): In Defence of Economic Growth, London.

*Bernholz*, P. (1975): Grundlagen der politischen Ökonomie, 2. Bd., Tübingen.

*Binswanger*, H. C. (1972): Eine umweltkonforme Wirtschaftsordnung, in: v. Walterskirchen, M. P. (Hrsg.): Umweltschutz und Wirtschaftswachstum, München, Bern, Wien, S. 127 ff.

– / *Geissberger*, W. / *Ginsburg*, T. (1979): Wege aus der Wohlstandsfalle, Frankfurt a.M.

– / *Bonus*, H. / *Timmermann*, M. (1981): Wirtschaft und Umwelt. Möglichkeiten einer ökologieverträglichen Wirtschaftspolitik, Stuttgart.

*Birnbacher*, D. (1977): Rawls' „Theorie der Gerechtigkeit" und das Problem der Gerechtigkeit zwischen den Generationen, in: Zeitschrift für Philosophische Forschung 31, S. 385 ff.

*Blackorby*, C. / *Donaldson*, D. (1977): Utility vs. Equity: Some Plausible Quasi-Orderings, in: J. Publ. Econ. 7, S. 365 ff.

– (1978): Measures of Relative Equality and their Meaning in Terms of Social Welfare, in: JET 18, S. 59 ff.

*Böhm-Bawerk*, E. v. (1921): Positive Theorie des Kapitals, Erster Band, 4. Aufl., Jena.

*Blümle*, G. (1980): Ungewißheit und Verteilung in marktwirtschaftlichen Ordnungen, in: Streißler / Watrin (1980), S. 253 ff.

– (1981): Die Bedeutung normativer Implikationen eines evolutionistischen Wettbewerbskonzepts, in: Wegehenkel (1981), S. 285 ff.

*Breyer*, F. / *Reiß*, W. (1981): Probleme des Konzepts preisabhängiger Ressourcenausstattungen, in: Zeitschrift für Wirtschafts- und Sozialwissenschaften 101, S. 83 ff.

*Brobst*, D. A. (1979): Fundamental Concepts for the Analysis of Resource Availability, in: Smith (1979), S. 106 ff.

*Buchanan*, J. M. (1972): Rawls on Justice as Fairness, in: Public Choice 13, S. 124 f.

– (1975): The Limits of Liberty. Between Anarchy and Leviathan, Chicago and London.

– (1976): A Hobbesian Interpretation of the Rawlsian Difference Principle, in: Kyklos 29, S. 5 ff.

– / *Faith*, R. L. (1980): Subjective Elements in Rawlsian Contractual Arrangement on Distributional Rules, in: Economic Inquiry 18, S. 23 ff.

*Buchholz*, W. (1980): Intergenerational Equity, a Savings Investment Rule, and the Efficient Allocation of an Exhaustible Resource, in: JbNSt 195, S. 271 ff.

– (1981): Zur Bedeutung des Durchschnittsnutzens für das Cake-Eating-Problem, in: ZgS 137, S. 97 ff.

– (1982): On the Possibility of Economic Growth with Exhaustible Resources, in: Eichhorn (1982), S. 295 ff.

*Burke*, E. (1797): Betrachtungen über die französische Revolution, Frankfurt a.M. 1967.

*Butts*, R. / *Hintikka*, J. (1977) (eds.): Foundational Problems in the Special Sciences, Dordrecht.

*Cansier*, D. (1975): Ökonomische Grundprobleme der Umweltpolitik, Berlin.
– (1978): Die Forderung des umweltfreundlichen technischen Fortschritts durch die Anwendung des Verursacherprinzips, in: Jahrbuch für Sozialwissenschaft 29, S. 149 ff.
– (1982): Zur Bestimmung des verschuldungsbedingten Ausgabenspielraums, in: JbfNSt 197, 97 ff.
*Ciriacy-Wantrup*, S. v. (1968): Resource Conservation. Economics and Policies, 3rd ed., Berkeley.
*Clark*, C. W. (1976): Mathematical Bioeconomics: The Optimal Management of Renewable Resources, New York.
*Collard*, D. (1978): Altruism and Economy. A Study in Non-Selfish Economics, Oxford.
*Daniels*, N. (1975) (ed.): Reading Rawls. Critical Studies of a 'Theory of Justice', Oxford.
*Darwall*, S. L. (1976): A Defense of the Kantian Interpretation, in: Ethics 86, S. 58 ff.
– (1980): Is there a Kantian Foundation for Rawlsian Justice?, in: Blocker, G. H. / Smith, E.: John Rawls' Theory of Justice, Athens (Ohio), S. 311 ff.
*Dasgupta*, P. S. (1974 a): On Some Problems Arising from Rawls' Conception of Distributive Justice, in: TD 4, S. 325 ff.
– (1974 b): On Alternative Criteria for Justice Between Generations, in: J. Publ. Econ. 3, S. 405 ff.
– / *Heal*, G. M. (1974): The Optimal Depletion of Exhaustible Resources, in: RES, Symposium on the Economics of Exhaustible Resources, S. 3 ff.
– (1979): Economic Theory and Exhaustible Resources, Welwyn.
*D'Aspremont*, C. / *Gevers*, L. (1977): Equity and the Informational Basis of Collective Choice, in: RES 44, S. 199 ff.
*Debreu*, G. (1954): Representation of a Preference Ordering by a Numerical Function, in: Thrall (1954), S. 159 ff.
*Deschamps*, R. / *Gevers*, L. (1977): Separability, Risk-Bearing, and Social Welfare Judgements, in: EER 10, S. 77 ff.
– (1978): Leximin and Utilitarian Rules: A Joint Characterization, in: JET 17, S. 143 ff.
*Dixit*, A. / *Hammond*, P. / *Hoel*, M. (1980): On Hartwick's Rule for Regular Maximin Paths of Capital Accumulation and Resource Depletion, in: RES 47, S. 551 ff.
*Domar*, E. D. (1944): The 'Burden of the Debt' and the National Income, in: AER 34, S. 798 ff.
*Downs*, A. (1968): Eine ökonomische Theorie der Demokratie, Tübingen.
– (1974): Warum das staatliche Budget in einer Demokratie zu klein ist, in: Frey / Meißner (1974), S. 105 ff.
*Duwendag*, D. / *Siebert*, H. (1980) (Hrsg.): Politik und Markt. Wirtschaftliche Probleme der Achtziger Jahre, Stuttgart/New York.
*Eichhorn*, W. u.a. (1982): Economic Theory of Natural Resources, Würzburg/Wien.
*Ferejohn*, J. / *Page*, T. (1978): On the Foundations of Intertemporal Choice, in: American Journal of Agricultural Economics 60, S. 270 ff.

*Fisher*, A. C. (1973 a): Environmental Externalities and the Arrow-Lind Public Investment Theorem, in: AER 63, S. 722 ff.
– (1973 b): A Paradox in the Theory of Public Investment, in: J. Publ. Econ. 2, S. 405 ff.
*Frey*, B. S. (1968): Ein politisches Modell wirtschaftlichen Wachstums, in: Kyklos 21, S. 70 ff.
– (1972): Umweltökonomie, Göttingen.
– (1981): Theorie demokratischer Wirtschaftspolitik, München.
– / *Meißner*, W. (1974) (Hrsg.): Zwei Ansätze der Politischen Ökonomie. Marxismus und ökonomische Theorie der Politik, Frankfurt a.M.
*Fritsch*, B. (1980): Über die partielle Substitution von Energie, Ressourcen und Wissen, in: Siebert (1980 a), S. 339 ff.
*Gaertner*, W. (1981): Rawlsianism, Utilitarianism, and Profiles of Extended Orderings, in: ZgS 137, S. 78 ff.
*Gaffney*, M. (1967) (ed.): Extractive Resources and Taxation, Madison and London.
*Georgescu-Roegen*, N. (1975): Energy and Economic Myths, in: SEJ 41, S. 347 ff.
– (1979): Comments on Papers by Daly and Stiglitz, in: Smith (1979), S. 95 ff.
*Gevers*, L. (1979): On Interpersonal Comparability and Social Welfare Orderings, in: Econometrica 47, S. 75 ff.
*Giersch*, H. (1977): Konjunktur- und Wachstumspolitik in der offenen Wirtschaft. Allgemeine Wirtschaftspolitik, Band 2, Wiesbaden.
– (1981): Wie Wissen und Wirtschaft wachsen, in: List-Forum 11, S. 143 ff.
*Golding*, M. P. (1972): Obligations to Future Generations, in: Monist 56, S. 85 ff.
*Goodin*, R. E. (1980): No Moral Nukes, in: Ethics 90, S. 417 ff.
*Gordon*, H. S. (1958): Economics and the Conservation Question, in: JLE 1, S. 110 ff.
– (1973): Today's Apocalypses and Yesterday's, in: AER 63, Papers and Proceedings, S. 106 ff.
– (1976): The New Contractarians, in: JPE 84, S. 573 ff.
*Gray*, L. C. (1913): The Economic Possibilities of Conservation, in: QJE 27, S. 497 ff.
*Grout*, P. (1978): A Rawlsian Intertemporal Consumption Rule, in: RES 45, S. 337 ff.
*Gruhl*, H. (1975): Ein Planet wird geplündert. Die Schreckensbilanz unserer Politik, Frankfurt a.M.
*Haller*, H. (1969): Neue Motivation der Staatsverschuldung?, in: Haller, H. / Recktenwald, H. C. (Hrsg.): Finanz- und Geldpolitik im Umbruch, Mainz, S. 301 ff.
– (1980): Die Steuern, 3. Aufl., Tübingen.
*Hammond*, P. J. (1976): Equity, Arrow's Conditions, and Rawls' Difference Principle, in: Econometrica 44, S. 793 ff.
*Hansmeyer*, K. H. (1980): Finanzwissenschaftliche Aspekte der Energiebesteuerung, in: Duwendag / Siebert (1980), S. 403 ff.

*Hare*, R. M. (1975): Rawls' Theory of Justice, in: Daniels (1975), S. 81 ff.
*Harris*, D. P. / *Skinner*, B. J. (1982): The Assessment of Long-Term Supplies of Minerals, in: Smith / Krutilla (1982), S. 247 ff.
*Harsanyi*, J. C. (1953): Cardinal Utility in Welfare Economics and in the Theory of Risk-Taking, in: JPE 61, S. 434 f.
– (1955): Cardinal Welfare, Individualistic Ethics, and Interpersonal Comparisons of Utility, in: JPE 63, S. 309 ff.
– (1975 a): Can the Maximin Principle Serve as a Basis for Morality? A Critique of John Rawls' Theory, in: American Political Science Review 69, S. 594 ff.
– (1975 b): Nonlinear Social Welfare Functions, in: TD 6, S. 311 ff.
– (1977 a): Rational Behavior and Bargaining Equilibrium in Games and Social Situations, Cambridge et al.
– (1977 b): Nonlinear Social Welfare Functions: A Rejoinder to Professor Sen, in: Butts / Hintikka (1977), S. 293 ff.
– (1978): Bayesian Decision Theory and Utilitarian Ethics, in: AER 68, Papers and Proceedings, S. 223 ff.
*Hartwick*, J. M. (1977): Intergenerational Equity and the Investing of Rents from Exhaustible Resources, in: AER 67, S. 972 ff.
– (1978): Substitution Among Exhaustible Resources and Intergenerational Equity, in: RES 45, S. 347 ff.
*Haveman*, R. H. (1977): The Economic Evaluation of Long-Run Uncertainties, in: Futures 9, S. 365 ff.
*Hayek*, F. A. v. (1935): The Maintenance of Capital, in: Economica N.S. 2, S. 241 ff.
– (1936): The Mythology of Capital, in: QJE 50, S. 199 ff.
– (1940): The Pure Theory of Capital, London.
– (1945): The Use of Knowledge in Society, in: AER 35, S. 519 ff.
– (1971): Die Verfassung der Freiheit, Tübingen.
– (1982): Law, Legislation, and Liberty, Vol. I-III, London, Melbourne, Henley.
*Heal*, G. M. (1975 a): Economic Aspects of Natural Resource Depletion, in: Pearce, D. W. (1975) (ed.), S. 118 ff.
– (1975 b): The Depletion of Exhaustible Resources, in: Parkin, M. / Nobay, R. (eds.): Contemporary Issues in Economics, Manchester, S. 211 ff.
– (1980): Intertemporal Allocation and Intergenerational Equity, in: Siebert (1980 a), S. 37 ff.
– (1981): Scarcity, Efficiency and Disequilibrium in Resource Markets, in: SJE 83, S. 334 ff.
– (1982): The Use of Common Property Resources, in: Smith / Krutilla (1982), S. 72 ff.
*Helmstädter*, E. (1979): Marktwirtschaft, Wachstum und erschöpfbare Ressourcen, in: List-Forum 10, S. 137 ff.
*Herfindahl*, O. C. (1961): What is Conservation?, in: ders.: Three Studies in Mineral Economics, Washington, S. 1 ff.
*Hirshleifer*, J. (1974): Kapitaltheorie, Köln.

*Höffe*, O. (1979): Ethik und Politik. Grundmodelle und -probleme der praktischen Philosophie, Frankfurt a.M.

*Hotelling*, H. (1931): The Economics of Exhaustible Resources, in: JPE 39, S. 137 ff.

*Houthakker*, H. S. (1976): The Economics of Nonrenewable Resources, in: Beihefte der Konjunkturpolitik, Heft 23, S. 115 ff.

*Howe*, Ch. W. (1979): Natural Resource Economics. Issues, Analysis, and Policy, New York et al.

*Hubbard*, F. P. (1978): Justice, Limits to Growth, and an Equilibrium State, in: Philosophy and Public Affairs 7, S. 326 ff.

*Hubin*, D. C. (1976): Justice and Future Generations, in: Philosophy and Public Affairs 6, S. 70 ff.

*James*, E. (1975): A Note on Uncertainty and the Evaluation of Public Investment Decisions, in: AER 65, S. 200 ff.

*Johansen*, L. (1979): The Bargaining Society and the Inefficiency of Bargaining, in: Kyklos 32, S. 497 ff.

*Kahn*, A. E. (1966): The Tyranny of Small Decisions: Market Failures, Imperfections, and the Limits of Economics, in: Kyklos 19, S. 23 ff.

*Kalai*, E. (1977): Proportional Solutions to Bargaining Situations, in: Econometrica 45, S. 1623 ff.

*Kant*, I. (1785 a): Grundlegung zur Metaphysik der Sitten, in: Theorie-Werkausgabe Immanuel Kant, hrsg. v. W. Weischedel. Bd. VII, Frankfurt a.M. 1968.

– (1785 b): Idee zu einer allgemeinen Geschichte in weltbürgerlicher Absicht, in: Theorie-Werkausgabe Immanuel Kant, hrsg. v. W. Weischedel. Bd. XI, Frankfurt a.M. 1968.

*Kapp*, K. W. (1979): Soziale Kosten der Marktwirtschaft, Frankfurt a.M.

*Kavka*, G. (1978): The Futurity Problem, in: Sikora / Barry (1978), S. 186 ff.

*Kay*, J. / *Mirrlees*, J. (1975): The Desirability of Natural Resource Depletion, in: Pearce, D. W. (1975) (ed.), S. 140 ff.

*Kern*, L. (1980): Neue Vertragstheorie: Zur rationalen Rekonstruktion politisch-ethischer Grundprinzipien, Königstein/Ts.

*Keynes*, J. M. (1936): The General Theory of Employment, Interest and Money. (The Collected Work of John Maynard Keynes, Vol. VII), London and Basingstoke 1973.

*Kielmannsegg*, P. Graf (1979): Politik in der Sackgasse? Umweltschutz in der Wettbewerbsdemokratie, in: Geißler, H. (Hrsg.): Optionen auf eine lebenswerte Zukunft, München / Wien, S. 37 ff.

*Kirchgäßner*, G. (1980): Wirtschaftswachstum, Ressourcenverbrauch und Energieknappheit, in: Siebert (1980 a), S. 355 ff.

*Kirzner*, I. M. (1978): Wettbewerb und Unternehmertum, Tübingen.

*Kneese*, A. V. (1978): Energy Conservation Policies, in: NRJ 18, S. 815 ff.

*Küng*, E. (1972): Wohlstand und Wohlfahrt. Von der Konsumgesellschaft zur Kulturgesellschaft, Tübingen.

*Kuhlmann*, W. (1981): Reflexive Letztbegründung. Zur These von der Unhintergehbarkeit der Argumentationssituation, in: Zeitschrift für Philosophische Forschung 35, S. 221 ff.

*de la Grandville*, O. (1980): Optimal Growth Theory with Exhaustible Resources: A Suggested Interpretation, with Applications to Economic Policy, in: ZfN 40, S. 91 ff.

*Lecomber*, R. (1979): The Economics of Natural Resources, London and Basingstoke.

*Lehner*, F. (1979): Grenzen des Regierens, Königstein/Ts.

*Levine*, A. (1974): Rawls' Kantianism, in: Social Theory and Practice 3, S. 47 ff.

*Linde*, R. (1981): Produktion II: Produktionsfunktionen, in: Handwörterbuch der Wirtschaftswissenschaft (HdWW), 6. Band, hrsg. v. W. Albers u.a., Stuttgart u.a., S. 277 ff.

*Lippit*, V. D. / *Hamada*, K. (1977): Efficiency and Equity in Intergenerational Distribution, in: Pirages, D. C. (ed.): The Sustainable Society. Implications for Limited Growth, New York and London, S. 285 ff.

*Lübbe*, H. (1980): Philosophie nach der Aufklärung, Düsseldorf.

*Marglin*, S. (1963): The Social Rate of Discount and the Optimal Rate of Investment, in: QJE 77, S. 95 ff.

*Marx*, K. (1894): Das Kapital, Bd. 3, MEW 25, Berlin 1973.

*Maskin*, E. (1978): A Theorem on Utilitarianism, in: RES 45, S. 93 ff.

– (1979): Decision-Making under Ignorance with Implications for Social Choice, in: TD 11, S. 319 ff.

*Mead*, W. J. (1978): Political-Economic Problems of Energy – A Synthesis, in: NRJ 18, S. 703 ff.

*Meadows*, D. u.a. (1972): Die Grenzen des Wachstums. Bericht des Club of Rome zur Lage der Menschheit, Stuttgart.

*Meyer*, J. (1975): Increasing Risk, in: JET 11, S. 119 ff.

*Meyer-Abich*, K. M. (1981): Vier Alternativen, in: ders. / Schefold, B. (Hrsg.): Wie möchten wir in Zukunft leben. Der ‚harte' und der ‚sanfte' Weg, München, S. 23 ff.

*Milnor*, J. W. (1954): Games against Nature, in: Thrall (1954), S. 124 ff.

*Mishan*, E. J. (1977): Economic Criteria for Intergenerational Comparisons, in: ZfN 37, S. 281 ff.

– (1981): Introduction to Normative Economics, New York and Oxford.

*Mitra*, T. (1980): On Optimal Depletion of Exhaustible Resources: Existence and Characterization Results, in: Econometrica 48, S. 1431 ff.

*Morse*, Ch. (1976): Depletion, Exhaustibility and Conservation, in: Vogely, W. A. (ed.): Economics of the Mineral Industries, New York, S. 224 ff.

*Mückl*, W. J. (1981): Ein Beitrag zur Theorie der Staatsverschuldung, in: FA 39, S. 255 ff.

*Mueller*, D. C. (1973): Constitutional Democracy and Social Welfare, in: QJE 87, S. 60 ff.

– (1974): Intergenerational Justice and the Social Discount Rate, in: TD 5, S. 263 ff.

– (1979): Public Choice, Cambridge u.a.

– / *Tollison*, R. D. / *Willett*, T. D. (1974): The Utilitarian Contract: A Generalization of Rawls' Theory of Justice, in: TD 4, S. 345 ff.

*Müller*, F. G. (1981): Zur Kontroverse über die Verfügbarkeit der natürlichen Ressourcen: Ressourcenknappheit und Ressourcenknappheitsindikatoren, in: Schweizerische Zeitschrift für Volkswirtschaft und Statistik 117, S. 634 ff.

*Murrell*, P. (1980): The Use of the Maximin Principle as a Criterion for Just Savings, in: SJE 82, S. 15 ff.

*Musgrave*, R. A. (1974): Maximin, Uncertainty, and the Leisure Trade-off, in: QJE 88, S. 625 ff.

*Muth*, J. F. (1961): Rational Expectations and the Theory of Price Movements, in: Econometrica 29, S. 315 ff.

*Nagel*, Th. (1975): Rawls on Justice, in: Daniels (1975), S. 1 ff.

*Narveson*, J. (1978): Future People and Us, in: Sikora / Barry (1978), S. 38 ff.

*Neumann*, M. J. M. (1979): Rationale Erwartungen in Makromodellen, in: Zeitschrift für Wirtschafts- und Sozialwissenschaften 99, S. 371 ff.

*Ng*, Y.-K. (1979): Welfare Economics: Introduction and Development of Basic Concepts, London.

– (1981): Bentham or Nash? On the Acceptable Form of Social Welfare Functions, in: Economic Record 57, S. 238 ff.

*Nießlein*, E. (1980): Waldeigentum und Gesellschaft. Eine Studie zur Sozialbindung des Eigentums, Hamburg und Berlin.

*Nordhaus*, W. D. (1973): The Allocation of Energy Resources, in: Brookings Papers on Economic Activity 3, S. 529 ff.

– (1974): Resources as a Constraint on Growth, in: AER 64, Papers and Proceedings, S. 22 ff.

– / *Tobin*, J. (1972): Is Economic Growth Obsolete? (National Bureau of Economic Research, General Series 96), New York.

*Olson*, M. / *Bailey*, M. J. (1981): Positive Time Preference, in: JPE 89, S. 1 ff.

*Otani*, Y. (1970): A Note on Variable Elasticity of Substitution, in: JET 2, S. 86 ff.

*O'Toole*, R. P. / *Walton*, A. L. (1982): Intergenerational Equity as it Relates to Conservation and Coal Extraction Standards, in: NRJ 22, S. 53 ff.

*Page*, T. (1977 a): Conservation and Economic Efficiency, Baltimore and London.

– (1977 b): Intertemporal and International Aspects of Virgin Materials Taxes, in: Pearce, D. W. / Walter, I. (eds.): Resource Conservation. Social and Economic Dimensions of Recycling, New York 1977, S. 63 ff.

– (1980): A Kantian Perspective on the Social Rate of Discount, in: Siebert (1980 a), S. 183 ff.

*Pattanaik*, P. K. (1968): Risk, Impersonality, and the Social Welfare Function, in: JPE 76, S. 1152 ff.

*Pauly*, M. V. (1970): Risk and the Social Rate of Discount, in: AER 60, S. 195 ff.

*Pearce*, D. W. (1975) (ed.): The Economics of Natural Resource Depletion, London and Basingstoke.

– (1977): Accounting for the Future, in: Futures 9, S. 360 ff.

*Pearce*, I. (1975): Resource Conservation and the Market Mechanism, in: Pearce, D. W. (1975) (ed.), S. 191 ff.

*Peterson*, F. M. / *Fisher*, A. C. (1977): The Exploitation of Renewable and Non-Renewable Natural Resources, in: EJ 85, S. 681 ff.

*Pethig*, R. (1979): Die Knappheit natürlicher Ressourcen, in: Jahrbuch für Sozialwissenschaft 30, S. 189 ff.

*Pettit*, P. (1974): A Theory of Justice?, in: TD 4, S. 331 ff.

*Phelps*, E. S. (1973 a): Taxation of Wage Income for Economic Justice, in: QJE 87, S. 331 ff.

– (1973 b): Introduction, in: ders. (ed.): Economic Justice, Harmondsworth, S. 9 ff.

– (1979): Social Policy and Uncertain Careers: Beyond Rawls's Paradigm Case, in: ders.: Studies in Macroeconomic Theory, Vol. 1, Employment and Inflation, New York, San Francisco, London, S. 399 ff.

*Pigou*, A. C. (1932): The Economics of Welfare, 4th ed., London.

– (1935): Net Income and Capital Depletion, in: EJ 45, S. 235 ff.

*Rae*, D. (1975): Maximin Justice and an Alternative Principle of General Advantage, in: American Political Science Review 69, S. 630.

*Rawls*, J. (1958): Justice as Fairness, in: Philosophical Review 57, S. 164 ff.

– (1963): The Sense of Justice, in: Philosophical Review 62, S. 34 ff.

– (1974 a): Some Reasons for the Maximin Criterion, in: AER 64, Papers and Proceedings, S. 141 ff.

– (1974 b): Reply to Alexander and Musgrave, in: QJE 88, S. 633 ff.

– (1975 a): Eine Theorie der Gerechtigkeit, Frankfurt a.M.

– (1975 b): A Kantian Conception of Equality, in: Cambridge Review, S.94 ff.

*Riley*, J. G. (1976): Further Remarks on the Rawlsian Principle of Just Saving, in: SJE 78, S. 16 ff.

*Roberts*, K. W. S. (1980): Interpersonal Comparability and Social Choice Theory, in: RES 47, S. 421 ff.

*Röpke*, J. (1977): Die Strategie der Innovation. Eine systemtheoretische Untersuchung der Interaktion von Individuum, Organisation und Umwelt im Neuerungsprozeß, Tübingen.

– (1980): Zur Stabilität und Evolution marktwirtschaftlicher Systeme aus klassischer Sicht, in: Streißler / Watrin (1980), S. 124 ff.

– (1981): Marktallokation ökologischer Ressourcen, Eigentumsrechte und Transaktionskosten im evolutiven Abbau, in: Wegehenkel (1981), S. 271 ff.

*Rothkirch*, Ch. v. (1981): Rationales Handeln im öffentlichen Interesse, Frankfurt, New York.

*Rosenberg*, N. (1973): Innovative Responses to Materials Shortages, in: AER 63, Papers and Proceedings, S. 111 f.

*Roth*, A. E. (1979 a): Axiomatic Models of Bargaining, Lecture Notes in Economics and Mathematical Systems, Vol. 170, Berlin, Heidelberg, New York.

– (1979 b): Proportional Solutions to the Bargaining Problem, in: Econometrica 47, S. 775 ff.

*Rowley*, C. K. / *Peacock*, A. T. (1975): Welfare Economics, London.

*Sachverständigenrat* zur Begutachtung der gesamtwirtschaftlichen Entwicklung (SVR) (1977): Stellungnahme zu Problemen der Energieversorgung, in:

ders.: Mehr Wachstum – Mehr Beschäftigung. Jahresgutachten 1977/78, Stuttgart und Mainz.

– (1979): Herausforderung von Außen. Jahresgutachten 1979/80, Stuttgart und Mainz.

*Schmitt*, D. / *Schürmann*, H. J. / *Schulz*, W. (1979): Zur Problematik internationaler Ölabkommen, in: Zeitschrift für Energiewirtschaft 2, S. 3 ff.

*Schneeweiß*, H. (1967): Entscheidungskriterien bei Risiko, Berlin, Heidelberg.

*Schneider*, H. K. (1980): Implikationen der Theorie erschöpfbarer natürlicher Ressourcen für wirtschaftspolitisches Handeln, in: Siebert (1980a), S. 815 ff.

*Schüller*, A. (1981): Gründe für eine Fortentwicklung der Emissionsrechtelösung, in: Wegehenkel (1981), S. 78 ff.

*Schumacher*, E. F. (1977): Die Rückkehr zum menschlichen Maß, Reinbek.

*Scott*, A. D. (1953): Notes on User Cost, in: EJ 61, S. 369 ff.

– (1967): The Theory of the Mine Under Conditions of Certainty, in: Gaffney (1967), S. 25 ff.

– (1973): Natural Resources: The Economics of Conservation, 2nd ed., Toronto.

*Sen*, A. K. (1967): Isolation, Assurance and the Social Rate of Discount, in: QJE 81, S. 112 ff.

– (1970): Collective Choice and Social Welfare, San Francisco.

– (1974): Informational Bases of Alternative Welfare Approaches, in: J. Publ. Econ. 3, S. 387 ff.

– (1976): Welfare Inequalities and Rawlsian Axiomatics, in: TD 7, S. 243 ff.

– (1977 a): On Weights and Measures: Informational Constraints in Social Welfare Analysis, Econometrica 45, S. 1539 ff.

– (1977 b): Non-Linear Social Welfare Functions: A Reply to Professor Harsanyi, in: Butts / Hintikka (1977), S. 297 ff.

– (1979): Personal Utilities and Public Judgements: Or What's Wrong whith Welfare Economics?, in: EJ 89, S. 537 ff.

*Shell*, K. / *Stiglitz*, J. E. (1967): The Allocation of Investment in a Dynamic Economy, in: QJE 81, S. 592 ff.

*Sidgwick*, H. (1907): The Methods of Ethics, 7th ed., London.

*Siebert*, H. (1980 a) (Hrsg.): Erschöpfbare Ressourcen. Schriften des Vereins für Socialpolitik, N. F., Bd. 108, Berlin.

– (1980 b): Allokationen zwischen Generationen, in: Duwendag / Siebert (1980), S. 353 ff.

– (1981 a): Ökonomische Theorie natürlicher Ressourcen. Ein Überblick. (Institut für Volkswirtschaftslehre und Statistik der Universität Mannheim, Discussion Paper Nr. 176-81).

– (1981 b): Öl- und Benzinrationierung – ein ratsamer Ansatz?, in: Wirtschaftsdienst 61, S. 41 ff.

*Siep*, L. (1977): Eine exakte Lösung des Gerechtigkeitsproblems. Bemerkungen zur Rawls-Diskussion, in: Zeitschrift für Politik 4, S. 342 ff.

*Sievert*, O. (1977): Besteuerung von engpaßverdächtigen Energieträgern, in: Wirtschaftsdienst 57, S. 595 ff.

*Singer*, M. G. (1975): Verallgemeinerung in der Ethik. Zur Logik des moralischen Argumentierens, Frankfurt a.M.

*Skinner*, B. J. (1976): A Second Iron Age Ahead?, in: American Scientist 64, S. 258 ff.

*Smith*, A. (1789): Der Wohlstand der Nationen. Eine Untersuchung seiner Natur und seiner Ursachen, eingeleitet von H. C. Recktenwald, München 1978.

*Smith*, V. K. (1979) (ed.): Scarcity and Growth Reconsidered, Baltimore.

– / *Krutilla*, J. V. (1979 a): The Economics of Natural Resource Scarcity: An Interpretative Introduction, in: Smith (1979), S. 1 ff.

– (1979 b): Summary and Research Issues, in: Smith (1979), S. 276 ff.

– (1979 c): Resource and Environmental Constraints to Growth, in: American Journal of Agricultural Economics 61, S. 395 ff.

– (1982) (eds.): Explorations in Natural Resource Economics, Baltimore and London.

*Sohmen*, E. (1976): Allokationstheorie und Wirtschaftspolitik, Tübingen.

*Solow*, R. M. (1973): Is the End of the World at Hand?, in: Weintraub, A. et al. (eds.): The Economic Growth Controversy, London and Basingstoke.

– (1974 a): Intergenerational Equity and Exhaustible Resources, in: RES, Symposium on the Economics of Exhaustible Resources, S. 29 ff.

– (1974 b): The Economics of Resources and the Resources of Economics, AER 64, Papers and Proceedings, S. 1 ff.

*Spaemann*, R. (1980): Technische Eingriffe in die Natur als Problem der politischen Ethik, in: Birnbacher, D. (Hrsg.): Ökologie und Ethik, Stuttgart, S. 180 ff.

*Steinhaus*, H. (1948): The Problem of Fair Division, in: Econometrica 16, S. 101 ff.

*Stiglitz*, J. (1974 a): Growth with Exhaustible Natural Resources: The Competitive Economy, in: RES, Symposium on the Economics of Exhaustible Resources, S. 123 ff.

– (1974 b): Growth with Exhaustible Natural Resources: The Competitive Economy, in: RES, Symposium on the Economics of Exhaustible Resources, S. 139 ff.

– (1975): The Efficiency of Market Prices in Long-run Allocations in the Oil Industry, in: Brannon, G. (ed.): Studies in Energy Tax Policy, Boston, S. 55 ff.

– (1979): A Neoclassical Analysis of the Economics of Natural Resources, in: Smith (1979), S. 167 ff.

*Strasnick*, S. (1976): Social Choice and the Derivation of Rawls' Difference Principle, in: Journal of Philosophy 73, S. 85 ff.

– (1977): The Problem of Social Choice: Arrow to Rawls, in: Philosophy and Public Affairs 5, S. 241 ff.

– (1979): Extended Sympathy Comparisons and the Basis of Social Choice, in: TD 10, S. 311 ff.

*Streißler*, E. (1980): Kritik des neoklassischen Gleichgewichtsansatzes als Rechtfertigung marktwirtschaftlicher Ordnungen, in: Streißler / Watrin (1980), S. 38 ff.

– / *Watrin*, Ch. (1980) (Hrsg.): Zur Theorie marktwirtschaftlicher Ordnungen, Tübingen.

*Streit*, M. E. (1980 a): Zur Funktionsweise von Terminkontraktmärkten, in: JbfNSt 195, S. 533 ff.
– (1980 b): Möglichkeiten der Funktionsverbesserung von Rohstoffmärkten durch Terminkontrakthandel, in: Zeitschrift für Wirtschafts- und Sozialwissenschaften 100, S. 507 ff.
*Ströbele*, W. (1982): Growth Models with Restrictions Concerning Energy Resources: An Attempt to Identify Critical Parameters and Structural Features, in: Eichhorn (1982), S. 389 ff.
*Stucken*, R. (1964): Finanzwissenschaftliche Deckungsgrundsätze, in: Jecht, H. (Hrsg.): Probleme des öffentlichen Budgets, Schriften des Vereins für Socialpolitik, N.F., Bd. 31, Berlin.
*Sudgen*, R. / *Weale*, A. (1979): A Contractual Reformulation of Certain Aspects of Welfare Economics, in: Economica 46, S. 111 ff.
*Tullock*, G. (1964): The Social Rate of Discount and the Optimal Rate of Investment: Comment, in: QJE 78, S. 331 ff.
– (1974): Öffentliche Entscheidungen als öffentliche Güter, in: Frey / Meißner (1974), S. 97 ff.
*Thrall*, R. M. et al. (1954) (eds.): Decision Processes, New York.
*Thurow*, L. C. (1981): Die Null-Summen-Gesellschaft, München.
*Vickrey*, W. (1960): Utility, Strategy, and Social Decision Rules, in: QJE 74, S. 249 ff.
– (1967): Economic Criteria for Optimum Rates of Depletion, in: Gaffney (1967), S. 315 ff.
*Wagner*, R. H. (1980): Impartiality and Equity, in: TD 12, S. 61 ff.
*Wald*, A. (1950): Statistical Decision Functions, New York.
*Wan*, H. jr. (1971): Economic Growth, New York.
*Webb*, M. G. / *Ricketts*, M. J. (1980): The Economics of Energy, London and Basingstoke.
*Wegehenkel*, L. (1981) (Hrsg.): Marktwirtschaft und Umwelt, Tübingen.
*Weinstein*, M. C. / *Zeckhauser*, R. J. (1975): The Optimal Consumption of Depletable Natural Resources, in: QJE 89, S. 371 ff.
*Weisbrod*, B. A. (1964): Collective-Consumption Services of Individual Consumption Goods, in: QJE 78, S. 471 ff.
*Weizsäcker*, C. C. v. (1965): Existence of Optimal Programs of Accumulation for an Infinite Time Horizon, in: RES 32, S. 85 ff.
– (1979): Das eherne Zinsgesetz, in: Kyklos 32, S. 270 ff.
– (1980): Leistet der Markt die optimale intertemporale Allokation erschöpfbarer Ressourcen?, in: Siebert (1980 a), S. 795 ff.
– (1981): Rechte und Verhältnisse in der modernen Wirtschaftslehre, in: Kyklos 34, S. 345 ff.
*Williams*, M. B. (1978): Discounting versus Maximum Sustainable Yield, in: Sikora / Barry (1978), S. 169 ff.
*Winckler*, G. / *Pflug*, G. (1980): Stabilitäts- und Ungleichgewichtsprobleme von Märkten für erschöpfbare Ressourcen, in: Siebert (1980 a), S. 407 ff.
*Wissenschaftlicher Beirat* beim Bundesministerium für Wirtschaft (1979): Wirtschaftspolitische Folgerungen aus der Ölkverknappung, Göttingen.

*Wittman*, D. (1979): A Diagrammatic Exposition of Justice, in: TD 11, S. 207 ff.

*Wolff*, R. P. (1977): Understanding Rawls. A Reconstruction and Critique of 'A Theory of Justice', Princeton N.J.

*Zeckhauser*, R. (1969): Resource Allocation with Probabilistic Individual Preferences, in: AER 59, S. 546 ff.

MIX
Papier | Fördert gute Waldnutzung
FSC® C083411

Kolibri 360 GmbH
Ferdinand-Jühlke-Straße 7
99095 Erfurt, Deutschland
produktsicherheit@kolibri360.de

Druck:
CPI Druckdienstleistungen GmbH
im Auftrag der
Kolibri 360 GmbH
Ferdinand-Jühlke-Str. 7
99095 Erfurt